AKTUALISIERTES ITIL V4 FOUNDATION PRÜFUNGSHANDBUCH

Ein umfassender Vorbereitungsleitfaden für Service Design und Incident Management mit mehr als 300 Übungsfragen und detaillierten Erklärungen.

James K. Coulter

Copyright © 2024 von James K. Coulter

Alle Rechte vorbehalten. Diese Veröffentlichung darf ohne vorherige schriftliche Genehmigung des Herausgebers in keiner Form oder mit irgendwelchen Mitteln, einschließlich Fotokopieren, Aufzeichnen oder elektronischer oder mechanischer Methoden, vervielfältigt, verbreitet oder übertragen werden, mit Ausnahme von kurzen Zitaten in kritischen Rezensionen und bestimmten anderen nichtkommerziellen Nutzungen, die nach dem Urheberrecht zulässig sind.

INHALTSVERZEICHNIS

KAPITEL 1 12
ITIL V4 FRAMEWORK ÜBERSICHT 12
    Schlüsselkonzepte von ITIL v4 12
    Das Vier-Dimensionen-Modell 13
    Die Service-Wertschöpfungskette 14
    ITIL v4 Leitprinzipien 15
    ITIL v4-Praktiken 16
    Die Service-Wertschöpfungskette im Detail 17

KAPITEL 2 19
ITIL V4 LEITPRINZIPIEN 19
    Fokus auf Wert 19
    Beginnen Sie dort, wo Sie sind 20
    Iterativ mit Feedback voranschreiten 20
    Zusammenarbeit und Förderung der Sichtbarkeit 21
    Ganzheitlich denken und arbeiten 21
    Halten Sie es einfach und praktisch 22
    Optimieren und automatisieren 22

KAPITEL 3 25
    Allgemeine Managementpraktiken 25
    Beziehungsmanagement 27
    Service-Management-Praktiken 28
    Technische Managementpraktiken 30
    Anwenden von ITIL v4-Praktiken 32

KAPITEL 4 34
ITIL V4-PRAKTIKEN 34
    Kontinuierliche Verbesserung 34
    Informationssicherheitsmanagement 36

- Beziehungsmanagement 37
- Lieferantenmanagement 38
- Service-Management-Praktiken 39
- Verfügbarkeitsmanagement 39
- Kapazitäts- und Leistungsmanagement 41
- Change Enablement 42
- Störungsmanagement 43
- Problemmanagement 44
- Service-Desk 45
- Technische Managementpraktiken 46
- Bereitstellungs-Management 48
- Infrastruktur- und Plattformmanagement 49
- Softwareentwicklung und -management 50

KAPITEL 5 53
ITIL V4-ZERTIFIZIERUNGSSCHEMA 53

- Überblick über das ITIL v4-Zertifizierungsschema 53
  - ITIL-Stiftung 54
  - ITIL Managing Professional (MP) 54
  - ITIL Strategischer Leiter (SL) 55
  - ITIL-Meister 56
- Vorteile der ITIL v4-Zertifizierung 57
  - Für Einzelpersonen: 57
  - Für Organisationen: 57
- Grundstufe 58
- Führungskraft (MP) 60
- Strategische Führungskraft (SL) 62
  - ITIL-Stratege: Steuern, Planen und Verbessern (DPI): 62
  - ITIL-Leiter: Digital- und IT-Strategie (DITS): 63
  - ITIL-Meister 64

Zertifizierungsanforderungen und Prüfungsdetails 67
    ITIL Managing Professional (MP) Zertifizierungsanforderungen und Prüfungsdetails
    67
    ITIL Strategic Leader (SL) Zertifizierungsanforderungen und Prüfungsdetails 68
    ITIL Master-Zertifizierungsanforderungen und Prüfungsdetails 69
Lerntipps und Ressourcen 69
Betriebsmittel 71

KAPITEL 6 73
IMPLEMENTIERUNG VON ITIL V4 73
Bewertung der aktuellen IT-Service-Management-Praktiken 78
Planung der ITIL-Implementierung 79
Einbindung von Stakeholdern und Aufbau von Unterstützung 81
Schulung und Entwicklung für ITIL 84
Tools und Technologien für die ITIL-Implementierung 86
Erfolg messen und berichten 88

KAPITEL 7 91
REALE ANWENDUNGEN UND FALLSTUDIEN 91
Fallstudie 1: Großes Finanzinstitut 91
Fallstudie 2: Gesundheitsdienstleister 92
Fallstudie 3: Einzelhandelsunternehmen 94

KAPITEL 8 97
FORTGESCHRITTENE ITIL V4-THEMEN 97
Integration von ITIL mit anderen Frameworks 97
    Agile Integration: 97
    DevOps-Integration: 98
Automatisierung und künstliche Intelligenz in ITIL 98
Digitale Transformation managen 99
Zukünftige Trends im IT-Service-Management 100
ITIL im Cloud-Zeitalter 101

Automatisierung und KI in ITIL 104

Digitale Transformation und ITIL 107

    Wichtige ITIL-Praktiken in der digitalen Transformation: 108

Zukünftige Trends im IT-Service-Management 110

KAPITEL 9 114
RESSOURCEN UND WEITERFÜHRENDE LITERATUR 114

Bücher und Publikationen 114

Online-Kurse und Zertifizierungen 115

Websites und Online-Communities 116

    Branchenpublikationen und Zeitschriften 117

Praktische Tools und Software 118

KAPITEL 10: ANHÄNGE 119

Glossar der ITIL v4-Begriffe 119

ITIL v4-Prozessvorlagen 120

    Formular für Änderungsanträge 120

    Vorlage für eine Vereinbarung zum Servicelevel (SLA) 120

    Checklisten für die Implementierung 121

    ITIL-Implementierungs-Checkliste 121

    Checkliste für das Änderungsmanagement 121

Fallstudien 122

Weiterführende Literatur und Ressourcen 122

Häufig gestellte Fragen (FAQs) 123

Q&A-ABSCHNITT 125

EINLEITUNG

Zweck des Leitfadens

Willkommen zum ITIL v4 Guide für 2024. Dieser Leitfaden soll ein umfassendes Verständnis von ITIL v4 vermitteln und Einblicke und praktische Ratschläge bieten, die IT-Experten und Organisationen dabei helfen, ITIL-Praktiken effektiv zu implementieren und zu übertreffen. Unabhängig davon, ob Sie ein erfahrener ITIL-Praktiker oder neu im IT-Service-Management (ITSM) sind, soll dieser Leitfaden eine wertvolle Ressource sein, die alle Aspekte von ITIL v4 abdeckt, von grundlegenden Konzepten bis hin zu fortgeschrittenen Praktiken und realen Anwendungen.

Durch die Lektüre dieses Leitfadens erhalten Sie ein tieferes Verständnis des ITIL v4-Frameworks, seiner Leitprinzipien und seiner verschiedenen Praktiken. Sie erfahren auch mehr über das ITIL-Zertifizierungsschema, Implementierungsstrategien und Fallstudien, die erfolgreiche ITIL-Implementierungen hervorheben. In diesem Leitfaden geht es nicht nur um Theorie; es geht darum, ITIL auf praktische Weise anzuwenden, um IT-Services zu verbessern, die Kundenzufriedenheit zu steigern und den Geschäftswert zu steigern.

WAS IST ITIL?

IchTIL, was für Information Technology Infrastructure Library steht, ist ein weltweit anerkanntes Framework für IT-Service-Management. Es bietet eine Reihe von Best Practices für die Bereitstellung von IT-Services in einer Weise, die auf die Bedürfnisse von Unternehmen und Kunden abgestimmt ist. ITIL wurde in den 1980er Jahren von der Central Computer and Telecommunications Agency (CCTA) im Vereinigten Königreich mit dem Ziel entwickelt, einen einheitlichen Satz von Richtlinien für ein effektives IT-Service-Management zu schaffen.

Im Laufe der Jahre hat sich ITIL durch mehrere Versionen weiterentwickelt, um der sich verändernden Landschaft der IT- und Geschäftsanforderungen gerecht zu werden. Das Framework legt den Schwerpunkt auf die Ausrichtung von IT-Services an den Geschäftszielen, die Verbesserung der Servicebereitstellung und die Gewährleistung einer konsistenten und zuverlässigen IT-Leistung. ITIL wird von Organisationen weltweit verwendet, um Prozesse zu standardisieren, die Effizienz zu verbessern und die Servicequalität zu verbessern.

ENTWICKLUNG VON ITIL: VON V3 ZU V4

Der Übergang von ITIL v3 zu ITIL v4 stellt eine bedeutende Weiterentwicklung des Frameworks dar und adressiert neue Trends im Technologie- und Servicemanagement. ITIL v3 wurde 2007 eingeführt und konzentrierte sich auf einen Lebenszyklusansatz für das IT-Service-Management mit fünf Kernpublikationen zu Service-Strategie, Service-Design, Service-Übergang, Service-Betrieb und kontinuierlicher Service-Verbesserung. Diese Version bot eine robuste und strukturierte Methodik für die Verwaltung von IT-Services.

Mit dem rasanten technologischen Fortschritt, dem Aufkommen der digitalen Transformation und der zunehmenden Bedeutung von Agile- und DevOps-Praktiken bestand jedoch die Notwendigkeit, ITIL zu aktualisieren, um relevant und effektiv zu bleiben. ITIL v4, das 2019 veröffentlicht wurde, führt einen flexibleren, ganzheitlicheren Ansatz für das IT-Service-Management ein. Es baut auf den Stärken von ITIL v3 auf, enthält jedoch moderne Praktiken und Methoden, um die Komplexität der heutigen IT-Umgebungen zu bewältigen.

BEDEUTUNG VON ITIL IM MODERNEN IT-SERVICE-MANAGEMENT

Im modernen digitalen Zeitalter sind Unternehmen stark auf IT-Services angewiesen, um effizient zu arbeiten und den Kunden einen Mehrwert zu bieten. Ein effektives IT-Service-Management ist entscheidend, um sicherzustellen, dass IT-Services zuverlässig, skalierbar und auf die Geschäftsziele abgestimmt sind. Hier spielt ITIL eine entscheidende Rolle.

ITIL bietet ein strukturiertes Framework, das Unternehmen dabei unterstützt, IT-Services systematisch und konsistent zu verwalten. Durch die Befolgung der Best Practices von ITIL können Unternehmen mehrere Vorteile erzielen:

1. Verbesserte Servicequalität: ITIL trägt dazu bei, dass IT-Services gemäß definierten Standards und Erwartungen bereitgestellt werden, was zu einer höheren Qualität und zuverlässigeren Services führt.

2. Erhöhte Effizienz: ITIL-Prozesse sind darauf ausgelegt, Verschwendung zu vermeiden, Ressourcen zu optimieren und Abläufe zu rationalisieren, was zu mehr Effizienz und Kosteneinsparungen führt.

3. Verbesserte Kundenzufriedenheit : Durch die Konzentration auf die Bereitstellung von Mehrwert für Kunden und die Ausrichtung von IT-Services an den Geschäftsanforderungen trägt ITIL zur Verbesserung der Kundenzufriedenheit und -loyalität bei.

4. Besseres Risikomanagement: ITIL bietet Richtlinien zur Identifizierung, Bewertung und Minderung von Risiken und hilft Unternehmen, Unsicherheiten zu bewältigen und ihre IT-Ressourcen zu schützen.

5. Compliance und Governance: ITIL unterstützt die Einhaltung gesetzlicher Anforderungen und Governance-Frameworks und stellt sicher, dass IT-Services den gesetzlichen und organisatorischen Standards entsprechen.

6. Kontinuierliche Verbesserung: ITIL betont die Bedeutung der kontinuierlichen Verbesserung und ermutigt Unternehmen, ihre IT-Prozesse und -Services regelmäßig zu bewerten und zu verbessern.

ÜBERBLICK ÜBER ITIL V4

ITIL v4 führt mehrere Schlüsselkonzepte und -komponenten ein, die die Grundlage des Frameworks bilden. Dazu gehören das Service Value System (SVS), das Vier-Dimensionen-Modell, die Service-Wertschöpfungskette und die Leitprinzipien.

Service Value System (SVS): Das SVS stellt dar, wie verschiedene Komponenten und Aktivitäten zusammenarbeiten, um durch IT-gestützte Dienste einen Mehrwert zu schaffen. Es umfasst alle Elemente, die für ein effektives Management von IT-Services erforderlich sind, einschließlich Governance, Praktiken und kontinuierlicher

Verbesserung. Das SVS stellt sicher, dass die gesamte Organisation ausgerichtet und integriert ist, um den Stakeholdern einen Mehrwert zu bieten.

Vier-Dimensionen-Modell: Das Vier-Dimensionen-Modell bietet eine ganzheitliche Sicht auf das Service-Management unter Berücksichtigung von vier Schlüsselbereichen: Organisationen und Menschen, Information und Technologie, Partner und Lieferanten sowie Wertströme und Prozesse. Dieses Modell stellt sicher, dass alle Aspekte des Service-Managements berücksichtigt werden, und fördert einen ausgewogenen Ansatz für die Bereitstellung von IT-Services.

Service-Wertschöpfungskette: Die Service-Wertschöpfungskette ist ein flexibles Betriebsmodell, das die wichtigsten Aktivitäten beschreibt, die für die Erstellung und Verwaltung von Produkten und Dienstleistungen erforderlich sind. Es besteht aus sechs Aktivitäten: Planen, Verbessern, Engagieren, Entwerfen und Übertragen, Erhalten/Bauen sowie Bereitstellen und Support. Diese Aktivitäten können auf verschiedene Weise kombiniert werden, um Wertströme zu bilden, die bestimmte Ergebnisse liefern.

Leitprinzipien: ITIL v4 enthält sieben Leitprinzipien, die allgemeine Empfehlungen für die Verwaltung von IT-Services enthalten. Diese Prinzipien sind: Konzentrieren Sie sich auf den Wert, fangen Sie dort an, wo Sie sind, gehen Sie iterativ mit Feedback voran, arbeiten Sie zusammen und fördern Sie die Sichtbarkeit, denken und arbeiten Sie ganzheitlich, halten Sie es einfach und praktisch und optimieren und automatisieren. Diese Prinzipien leiten die Entscheidungsfindung und das Verhalten und stellen sicher, dass ITIL-Praktiken effektiv angewendet werden.

KAPITEL 1

ITIL V4 FRAMEWORK ÜBERSICHT

Das ITIL v4-Framework stellt eine bedeutende Weiterentwicklung gegenüber seinen Vorgängern dar und wurde entwickelt, um den dynamischen Anforderungen des modernen IT-Service-Managements gerecht zu werden. Es bietet einen umfassenden, flexiblen Ansatz, der verschiedene Methoden und Best Practices integriert und die Ausrichtung von IT-Services an den Geschäftszielen erleichtert, um einen überragenden Mehrwert zu erzielen. Dieses Kapitel bietet einen detaillierten Überblick über die Schlüsselkomponenten des ITIL v4-Frameworks, einschließlich des Service Value System (SVS), des Vier-Dimensionen-Modells und der Service-Wertschöpfungskette.

Schlüsselkonzepte von ITIL v4

Service-Wert-System (SVS)

Das Service Value System (SVS) ist das Herzstück von ITIL v4. Es zeigt, wie verschiedene Komponenten und Aktivitäten zusammenarbeiten, um durch IT-gestützte Dienste Werte zu schaffen. Das SVS umfasst alle Elemente, die für ein effektives Management von IT-Services erforderlich sind, und gewährleistet einen ganzheitlichen Ansatz für die Wertbereitstellung. Das SVS umfasst die folgenden Komponenten:

1. **Leitprinzipien:** Diese Prinzipien bilden eine Grundlage für Entscheidungen und Maßnahmen und gewährleisten Konsistenz und Ausrichtung an den Unternehmenszielen.
2. **Governance:** Governancestrukturen stellen sicher, dass Richtlinien, Strategien und Kontrollen vorhanden sind, um Servicemanagementaktivitäten zu steuern und zu regulieren.
3. **Service-Wertschöpfungskette:** Die Service-Wertschöpfungskette ist der Kern des SVS und beschreibt die wichtigsten Aktivitäten, die für die Erstellung und Verwaltung von Produkten und Dienstleistungen erforderlich sind.

4. **Praktiken:** ITIL v4 führt Praktiken ein, bei denen es sich um flexible Sätze von Organisationsressourcen handelt, die für die Ausführung von Arbeit oder das Erreichen von Zielen entwickelt wurden.
5. **Kontinuierliche Verbesserung:** Ein ständiger Fokus auf Verbesserung stellt sicher, dass Dienstleistungen, Prozesse und Praktiken im Laufe der Zeit relevant und effektiv bleiben.

Das Vier-Dimensionen-Modell

Das Vier-Dimensionen-Modell bietet eine ganzheitliche Sicht auf das Servicemanagement und berücksichtigt alle Aspekte, die die Servicebereitstellung beeinflussen können. Es gewährleistet einen ausgewogenen Ansatz für die Verwaltung von IT-Services, indem es vier kritische Dimensionen berücksichtigt:

1. **Organisationen und Menschen:** Diese Dimension betont die Bedeutung von Organisationskultur, Rollen, Verantwortlichkeiten und Fähigkeiten. Es

unterstreicht die Notwendigkeit einer Belegschaft, die fähig, motiviert und auf die Ziele des Unternehmens ausgerichtet ist.
2. **Information und Technologie:** Diese Dimension umfasst die Informationen und Technologien, die für die Verwaltung und Unterstützung von Diensten erforderlich sind. Es beinhaltet Überlegungen zum Datenmanagement, Wissensmanagement und zur Integration verschiedener IT-Systeme und -Tools.
3. **Partner und Lieferanten:** Diese Dimension befasst sich mit den Beziehungen zu externen Partnern und Lieferanten. Es unterstreicht die Bedeutung eines effektiven Lieferantenmanagements und die Notwendigkeit, externe Dienstleistungen nahtlos in interne Prozesse zu integrieren.
4. **Wertströme und Prozesse:** Diese Dimension konzentriert sich auf die Workflows, Aktivitäten und Prozesse, die einen Mehrwert liefern. Es betont die Notwendigkeit effizienter und effektiver Prozesse, die auf die Service-Wertschöpfungskette abgestimmt sind.

Die Service-Wertschöpfungskette

Die Service-Wertschöpfungskette ist ein zentrales Element des SVS und beschreibt die wichtigsten Aktivitäten, die für die Erstellung und Verwaltung von Produkten und Dienstleistungen erforderlich sind. Es bietet ein Betriebsmodell, das sowohl flexibel als auch anpassungsfähig ist und es Unternehmen ermöglicht, ihre Wertströme an spezifische Bedürfnisse anzupassen. Die Dienstleistungswertschöpfungskette besteht aus sechs miteinander verbundenen Aktivitäten:

1. **Plan:** Diese Aktivität stellt ein gemeinsames Verständnis der Vision, des aktuellen Status und der Verbesserungsrichtung für alle vier Dimensionen und alle Produkte und Dienstleistungen im gesamten Unternehmen sicher.
2. **Verbessern:** Diese Aktivität gewährleistet die kontinuierliche Verbesserung von Produkten, Dienstleistungen und Praktiken über alle Aktivitäten der Wertschöpfungskette und die vier Dimensionen des Servicemanagements hinweg.
3. **Engage:** Diese Aktivität beinhaltet das Verständnis der Bedürfnisse und Erwartungen der Stakeholder, die Sicherstellung eines kontinuierlichen Engagements und der Ausrichtung an den Geschäftszielen.

4. **Design und Übergang:** Diese Aktivität umfasst das Design, die Entwicklung und den Übergang neuer oder geänderter Dienste, um sicherzustellen, dass sie den Erwartungen der Stakeholder entsprechen und mit der Strategie des Unternehmens übereinstimmen.
5. **Erhalten/Erstellen:** Diese Aktivität stellt sicher, dass Servicekomponenten verfügbar sind, wann und wo sie benötigt werden, und dass sie den vereinbarten Spezifikationen entsprechen.
6. Bereitstellen und Unterstützen: Bei dieser Aktivität wird sichergestellt, dass Dienstleistungen gemäß den vereinbarten Spezifikationen und den Erwartungen der Stakeholder bereitgestellt und unterstützt werden.

ITIL v4 Leitprinzipien

Das ITIL v4-Framework basiert auf sieben Leitprinzipien, die eine Grundlage für die Entscheidungsfindung und das Handeln in allen Aspekten des Service-Managements bilden. Diese Prinzipien sind so konzipiert, dass sie universell und dauerhaft sind und auf alle Situationen und Arten von Arbeit anwendbar sind.

1. **Fokus auf Wert:** Alles, was das Unternehmen tut, sollte direkt oder indirekt mit dem Wert für sich selbst, seine Kunden und andere Stakeholder verbunden sein. Es ist wichtig zu verstehen, was Wert für den Kunden bedeutet.
2. **Beginnen Sie dort, wo Sie sind: Bewerten Sie** den aktuellen Zustand und verwenden Sie ihn als Ausgangspunkt. Beginnen Sie nicht von vorne, ohne zu berücksichtigen, was bereits zur Nutzung verfügbar ist.
3. **Iterativ voranschreiten mit Feedback:** Widerstehen Sie der Versuchung, alles auf einmal zu tun. Selbst große Initiativen müssen iterativ durchgeführt werden. Holen Sie vor, während und nach jeder Iteration Feedback ein und verwenden Sie es.
4. **Zusammenarbeit und Sichtbarkeit fördern:** Zusammenarbeit ist unerlässlich. Die Zusammenarbeit über Grenzen hinweg führt zu Ergebnissen, die mehr Zustimmung, Relevanz und Unterstützung haben. Die Arbeit und ihre Ergebnisse sichtbar zu machen, ist von entscheidender Bedeutung, um sicherzustellen, dass sie verstanden, vereinbart und umgesetzt werden.
5. **Denken und arbeiten Sie ganzheitlich:** Keine Dienstleistung oder kein Element, das zur Bereitstellung einer Dienstleistung verwendet wird, steht für sich. Die vom Dienstanbieter und vom Dienstanbieter erzielten Ergebnisse leiden, wenn die

Organisation nicht nur an der Dienstleistung als Ganzes arbeitet, nicht nur an ihren Teilen.
6. **Halten Sie es einfach und praktisch:** Wenn ein Prozess, eine Dienstleistung, eine Aktion oder eine Metrik keinen Mehrwert bietet oder kein nützliches Ergebnis liefert, entfernen Sie sie. Verwenden Sie die Mindestanzahl von Schritten, die erforderlich sind, um die Ziele zu erreichen.
7. Optimieren und automatisieren: Optimieren Sie vor der Automatisierung. Stellen Sie sicher, dass Prozesse und Services optimiert sind, um die besten Ergebnisse zu erzielen, bevor Sie die Automatisierung einführen. Nutzen Sie die Automatisierung, um Kosten und menschliche Eingriffe zu reduzieren, damit sich die Personalabteilung auf komplexere Aufgaben konzentrieren kann.

ITIL v4-Praktiken

ITIL v4 führt das Konzept der Praktiken ein, bei denen es sich um eine Reihe von organisatorischen Ressourcen handelt, die für die Ausführung von Arbeiten oder das Erreichen eines Ziels entwickelt wurden. Diese Praktiken ersetzen die Prozesse von ITIL v3 und bieten einen flexibleren und ganzheitlicheren Ansatz. ITIL v4 kategorisiert Praktiken in drei Typen:

1. **Allgemeine Managementpraktiken:** Diese Praktiken werden für das Servicemanagement aus allgemeinen betriebswirtschaftlichen Bereichen übernommen und angepasst. Beispiele hierfür sind kontinuierliche Verbesserung, Informationssicherheitsmanagement und Beziehungsmanagement.
2. **Service-Management-Praktiken:** Diese Praktiken wurden in den Bereichen Service-Management und IT-Service-Management entwickelt. Beispiele hierfür sind Incident Management, Service Request Management und Service Level Management.
3. **Technische Managementpraktiken:** Diese Praktiken wurden von Technologiemanagementdomänen für Servicemanagementzwecke angepasst, indem ihr Fokus von Technologielösungen auf IT-Services erweitert oder verlagert wurde. Beispiele hierfür sind das Bereitstellungsmanagement, das Infrastruktur- und Plattformmanagement sowie die Softwareentwicklung und -verwaltung.

Die Service-Wertschöpfungskette im Detail

Jede Aktivität in der Dienstleistungswertschöpfungskette spielt eine entscheidende Rolle bei der Gewährleistung der nahtlosen Bereitstellung und Unterstützung von Dienstleistungen. Hier ist ein genauerer Blick auf jede Aktivität:

1. **Planen:** Die Planung stellt ein gemeinsames Verständnis der Vision, des aktuellen Status und der Verbesserungsrichtung für alle vier Dimensionen und alle Produkte und Dienstleistungen im gesamten Unternehmen sicher. Es umfasst strategische Planung, Serviceportfoliomanagement und Finanzplanung.
2. **Verbessern:** Kontinuierliche Verbesserung ist der Kern von ITIL v4. Diese Aktivität konzentriert sich auf die Bewertung des aktuellen Zustands, die Identifizierung von Verbesserungsbereichen, die Implementierung von Änderungen und die Messung der Auswirkungen dieser Änderungen. Es handelt sich um Techniken wie Kaizen und PDCA (PlanDoCheckAct).
3. **Engagement:** Engagement stellt sicher, dass die Bedürfnisse und Erwartungen der Stakeholder verstanden und erfüllt werden. Es umfasst Aktivitäten wie Stakeholder-Management, Kommunikation und Service-Desk-Interaktionen. Effektives Engagement schafft Vertrauen und fördert positive Beziehungen zu Kunden und anderen Stakeholdern.
4. **Design und Übergang:** Diese Aktivität umfasst das Entwerfen, Entwickeln und Übertragen neuer oder geänderter Dienste, um sicherzustellen, dass sie die Erwartungen der Stakeholder erfüllen und mit der Strategie des Unternehmens übereinstimmen. Es umfasst Service Design, Service Catalog Management und Change Enablement.
5. **Abrufen/Erstellen:** Diese Aktivität stellt sicher, dass Dienstkomponenten verfügbar sind, wann und wo sie benötigt werden. Es umfasst Aktivitäten wie

Beschaffung, Entwicklung und Tests. Die Sicherstellung, dass die Komponenten den vereinbarten Spezifikationen entsprechen, ist entscheidend für den Erfolg dieser Aktivität.
6. **Bereitstellung und Support:** Diese Aktivität umfasst die Bereitstellung und Unterstützung von Dienstleistungen gemäß den vereinbarten Spezifikationen und den Erwartungen der Stakeholder. Es umfasst den Servicebetrieb, das Incident Management und die Erfüllung von Anfragen. Effektive Bereitstellung und Support stellen sicher, dass die Dienste verfügbar, zuverlässig und leistungsfähig bleiben.

PS:

Das ITIL v4-Framework bietet einen umfassenden und anpassungsfähigen Ansatz für das IT-Service-Management, der die Komplexität und Dynamik moderner IT-Umgebungen widerspiegelt. Durch das Verständnis und die Implementierung des SVS, des Vier-Dimensionen-Modells, der Service-Wertschöpfungskette und der Leitprinzipien können Unternehmen sicherstellen, dass ihre IT-Services auf die Geschäftsziele abgestimmt sind und Kunden und Stakeholdern einen Mehrwert bieten.

KAPITEL 2

ITIL V4 LEITPRINZIPIEN

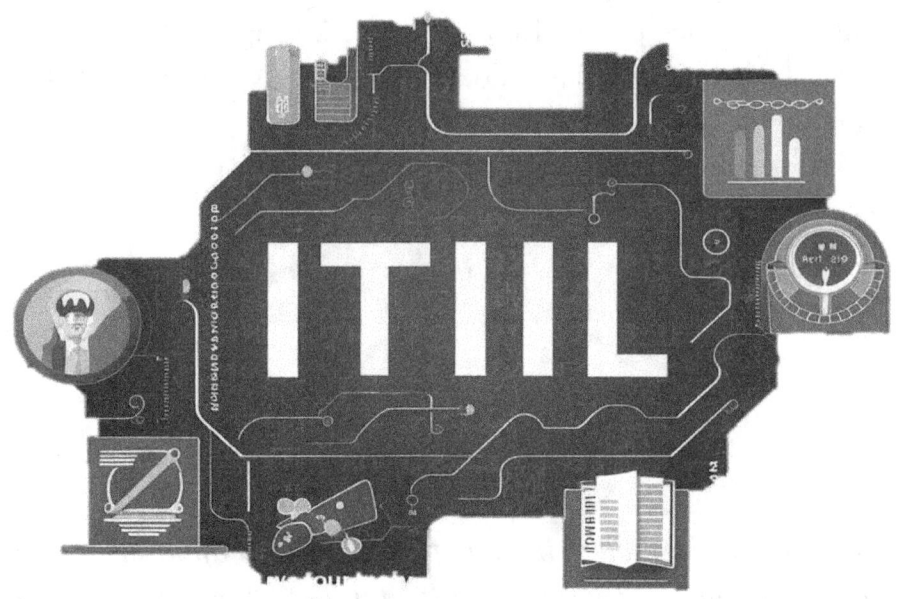

Mrd.

Das ITIL v4-Framework führt eine Reihe von sieben Leitprinzipien ein, die Unternehmen dabei helfen sollen, die Komplexität des IT-Service-Managements in einer sich schnell entwickelnden digitalen Landschaft zu bewältigen. Diese Prinzipien bilden eine Grundlage für Entscheidungen und Maßnahmen und stellen sicher, dass ITIL-Praktiken auf allen Ebenen des Unternehmens konsistent und effektiv angewendet werden. Durch die Einhaltung dieser Prinzipien können Unternehmen ihre Service-Management-Fähigkeiten verbessern, IT-Services an den Geschäftszielen ausrichten und Kunden und Stakeholdern einen größeren Mehrwert bieten.

Fokus auf Wert

Das Hauptziel jeder Service-Management-Aktivität besteht darin, einen Mehrwert für Kunden, Benutzer und das Unternehmen selbst zu schaffen. Sich auf den Wert zu konzentrieren bedeutet, zu verstehen, was den Stakeholdern wichtig ist, und sicherzustellen, dass alle Aktivitäten zur Schaffung und Verbesserung dieses Wertes beitragen.

Wichtige Überlegungen:

- **Kundenbedürfnisse verstehen:** Treten Sie mit Kunden in Kontakt, um ihre Bedürfnisse, Vorlieben und Erwartungen zu verstehen. Dies hilft bei der Entwicklung und Bereitstellung von Dienstleistungen, die ihre Erwartungen erfüllen oder übertreffen.
- **Definieren Sie den Wert im Kontext:** Der Wert kann je nach Kontext und Stakeholder-Perspektive variieren. Es ist wichtig zu definieren, was Wert für jeden Stakeholder bedeutet, und sicherzustellen, dass die Dienstleistungen entsprechend ausgerichtet sind.
- **Wert messen:** Verwenden Sie Metriken und Feedback-Mechanismen, um den von Diensten gelieferten Wert zu messen. Bewerten und passen Sie die Dienstleistungen regelmäßig an, um sicherzustellen, dass sie weiterhin einen Mehrwert bieten.

Beginnen Sie dort, wo Sie sind

Dieses Prinzip betont, wie wichtig es ist, den aktuellen Zustand zu verstehen, bevor Änderungen vorgenommen werden. Es ermutigt Unternehmen, vorhandene Fähigkeiten, Prozesse und Ressourcen zu nutzen, anstatt bei Null anzufangen.

Wichtige Überlegungen:

- **Bewerten Sie den aktuellen Zustand:** Führen Sie eine gründliche Bewertung der vorhandenen Prozesse, Tools und Fähigkeiten durch. Identifizieren Sie Stärken und verbesserungswürdige Bereiche.
- **Vermeiden Sie unnötige Änderungen:** Konzentrieren Sie sich auf inkrementelle Verbesserungen, anstatt alles auf einmal zu überarbeiten. Bewahren Sie, was gut funktioniert, und bauen Sie darauf auf.
- **Verwenden Sie Daten und Beweise:** Treffen Sie Entscheidungen auf der Grundlage genauer Daten und Beweise. Vermeiden Sie Annahmen und stellen Sie sicher, dass Änderungen durch sachliche Informationen gesteuert werden.

Iterativ mit Feedback voranschreiten

Iterativ voranzuschreiten bedeutet, kleine, inkrementelle Verbesserungen vorzunehmen, anstatt zu versuchen, große Änderungen auf einmal zu implementieren. Dieser Ansatz reduziert Risiken, ermöglicht kontinuierliches Lernen und stellt sicher, dass Änderungen auf der Grundlage von Feedback angepasst werden können.

Wichtige Überlegungen:

- **Arbeit aufteilen:** Teilen Sie die Arbeit in überschaubare Teile auf, die in kürzeren Zeiträumen erledigt und ausgewertet werden können. Dies erleichtert die Verwaltung und reduziert die Komplexität.
- **Feedback einholen:** Sammeln Sie regelmäßig Feedback von Stakeholdern, um die Auswirkungen von Änderungen zu verstehen und Bereiche für weitere Verbesserungen zu identifizieren. Verwenden Sie dieses Feedback, um nachfolgende Iterationen zu steuern.
- **Anpassen und Lernen:** Seien Sie darauf vorbereitet, Pläne auf der Grundlage von Feedback und Erkenntnissen aus früheren Iterationen anzupassen. Kontinuierliche Verbesserung ist ein wesentlicher Aspekt dieses Prinzips.

Zusammenarbeit und Förderung der Sichtbarkeit

Effektive Zusammenarbeit und Kommunikation sind für ein erfolgreiches Servicemanagement unerlässlich. Durch die Förderung der Transparenz können Unternehmen sicherstellen, dass jeder Zugang zu den Informationen hat, die er benötigt, und so eine Kultur der Transparenz und des Vertrauens fördern.

Wichtige Überlegungen:

- **Fördern Sie die Teamarbeit:** Fördern Sie die Zusammenarbeit zwischen verschiedenen Teams und Abteilungen. Schaffen Sie ein Umfeld, in dem Wissen und Ideen frei geteilt werden können.
- **Transparenz fördern:** Stellen Sie sicher, dass Informationen über Arbeit, Fortschritt und Leistung für alle relevanten Stakeholder sichtbar sind. Verwenden

Sie Tools und Plattformen, die Transparenz und offene Kommunikation unterstützen.
- ❖ **Vertrauen aufbauen:** Transparenz und Zusammenarbeit tragen dazu bei, Vertrauen zwischen Teammitgliedern und Stakeholdern aufzubauen. Vertrauen ist entscheidend für eine effektive Teamarbeit und das Erreichen gemeinsamer Ziele.

Ganzheitlich denken und arbeiten

Ein ganzheitlicher Ansatz für das Service-Management betrachtet das gesamte System, anstatt sich isoliert auf einzelne Komponenten zu konzentrieren. Dieses Prinzip betont die Abhängigkeiten und Beziehungen zwischen verschiedenen Teilen der Organisation.

Wichtige Überlegungen:

- ❖ Verstehen Sie Abhängigkeiten: Erkennen Sie, dass sich Änderungen in einem Bereich auf andere Bereiche auswirken können. Betrachten Sie das breitere System und wie verschiedene Komponenten interagieren.
- ❖ Optimieren Sie das Ganze: Konzentrieren Sie sich auf die Optimierung der gesamten Service-Wertschöpfungskette und nicht nur auf einzelne Prozesse oder Funktionen. Stellen Sie sicher, dass alle Teile nahtlos zusammenarbeiten, um einen Mehrwert zu schaffen.
- ❖ Fördern Sie das Systemdenken: Fördern Sie eine Kultur des Systemdenkens innerhalb der Organisation. Ermutigen Sie die Mitarbeiter, über ihre unmittelbare Verantwortung hinaus zu denken und das Gesamtbild zu betrachten.

Halten Sie es einfach und praktisch

Einfachheit ist ein wichtiger Treiber für Effizienz und Effektivität. Indem sie Prozesse und Lösungen einfach halten, können Unternehmen die Komplexität reduzieren, Fehler minimieren und die Gesamtleistung verbessern.

Wichtige Überlegungen:

- ❖ **Vermeiden Sie OverEngineering**: Widerstehen Sie der Versuchung, Prozesse oder Lösungen unnötig zu verkomplizieren. Konzentrieren Sie sich auf das Wesentliche, um das gewünschte Ergebnis zu erzielen.
- ❖ **Vereinfachen Sie die Kommunikation: Verwenden Sie** eine klare und unkomplizierte Sprache, wenn Sie mit Stakeholdern kommunizieren. Vermeiden Sie Jargon und stellen Sie sicher, dass die Botschaften leicht verständlich sind.
- ❖ Verschwendung eliminieren: Identifizieren und eliminieren Sie Aktivitäten, die keinen Mehrwert schaffen. Optimieren Sie Prozesse, um unnötige Schritte zu vermeiden und Ineffizienzen zu reduzieren.

Optimieren und automatisieren

Optimierung und Automatisierung sind entscheidend für die Steigerung von Effizienz und Effektivität. Durch die Optimierung von Prozessen und die Nutzung von Automatisierung können Unternehmen den manuellen Aufwand reduzieren, die Konsistenz verbessern und Ressourcen für höherwertige Aktivitäten freisetzen.

Wichtige Überlegungen:

- ❖ **Optimieren vor der Automatisierung:** Stellen Sie sicher, dass Prozesse optimiert werden, bevor Sie die Automatisierung implementieren. Die Automatisierung ineffizienter Prozesse kann Probleme verschlimmern, anstatt sie zu lösen.
- ❖ **Technologie mit Bedacht einsetzen:** Nutzen Sie Technologie, um sich wiederholende Aufgaben zu automatisieren und die Genauigkeit zu verbessern. Konzentrieren Sie sich auf Bereiche, in denen die Automatisierung die größten Vorteile bringen kann.
- ❖ **Überwachen und verbessern:** Überwachen Sie automatisierte Prozesse kontinuierlich, um sicherzustellen, dass sie wie beabsichtigt funktionieren. Nehmen Sie bei Bedarf Anpassungen vor, um die Leistung zu optimieren.

ANWENDUNG DER LEITPRINZIPIEN

Die Leitprinzipien von ITIL v4 sind universell und anpassungsfähig und in allen Bereichen des Servicemanagements und verschiedenen Arten von Organisationen anwendbar. Hier sind einige praktische Tipps für die effektive Anwendung dieser Prinzipien:

1. **Integrieren Sie Prinzipien in die tägliche Praxis: Stellen** Sie sicher, dass die Leitprinzipien in die Kultur und die täglichen Praktiken des Unternehmens eingebettet sind. Ermutigen Sie die Mitarbeiter, diese Prinzipien bei ihren Entscheidungen und Handlungen anzuwenden.
2. **Mitarbeiter schulen und schulen:** Stellen Sie Schulungen und Ressourcen bereit, um den Mitarbeitern zu helfen, die Leitprinzipien zu verstehen und anzuwenden. Bekräftigen Sie regelmäßig ihre Bedeutung durch Workshops, Meetings und Kommunikation.
3. **Verwenden Sie Prinzipien als Entscheidungsrahmen**: Beziehen Sie sich bei der Entscheidungsfindung auf die Leitprinzipien, um sicherzustellen, dass die Maßnahmen mit Best Practices und Unternehmenszielen übereinstimmen. Dies hilft, Konsistenz und Konzentration zu erhalten.
4. **Regelmäßige Überprüfung und Reflexion**: Überprüfen Sie regelmäßig, wie gut die Leitprinzipien angewendet werden. Sammeln Sie Feedback von Mitarbeitern und Stakeholdern, um verbesserungswürdige Bereiche zu identifizieren und eine kontinuierliche Ausrichtung an den Prinzipien sicherzustellen.

PS

Die ITIL v4-Leitprinzipien sind ein Eckpfeiler des ITIL v4-Frameworks und bieten eine solide Grundlage für ein effektives Service-Management. Indem sie sich auf den Wert konzentrieren, dort beginnen, wo Sie sind, iterativ vorankommen, zusammenarbeiten, ganzheitlich denken, die Dinge einfach halten, optimieren und automatisieren, können Unternehmen die Komplexität moderner IT-Umgebungen bewältigen und ihren Kunden und Stakeholdern einen überlegenen Mehrwert bieten.

Diese Prinzipien sind nicht nur theoretische Konzepte; Sie sind praktische Werkzeuge, die angewendet werden können, um die Praktiken und Ergebnisse des Servicemanagements zu verbessern. Durch die Integration dieser Prinzipien in die Unternehmenskultur und den täglichen Betrieb können IT-Experten und Unternehmen eine höhere Effizienz, Effektivität und Ausrichtung an den Geschäftszielen erreichen. Dieses Kapitel hat einen Überblick über die einzelnen Leitprinzipien gegeben und Einblicke und praktische Ratschläge zu ihrer Anwendung gegeben. Wenn Sie das ITIL v4-Framework weiter erkunden, dienen diese Prinzipien als wertvoller Leitfaden, der Ihnen hilft, Herausforderungen zu meistern und auf Ihrem Weg zum IT-Service-Management erfolgreich zu sein.

KAPITEL 3

ITIL v4 LEITPRINZIPIEN

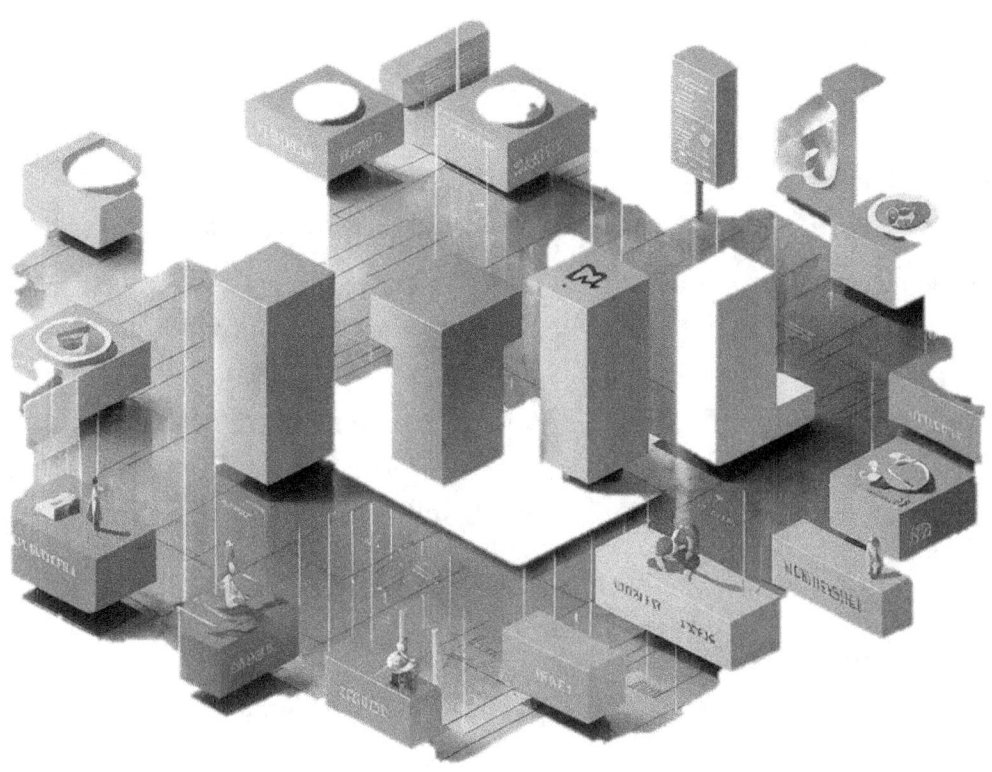

Das ITIL v4-Framework führt einen robusten und flexiblen Ansatz für das IT-Service-Management ein, indem es Praktiken in drei Haupttypen kategorisiert: Allgemeine Managementpraktiken, Service-Management-Praktiken und technische Managementpraktiken. Diese Praktiken sollen das ganzheitliche und effektive Management von IT-Services unterstützen und sicherstellen, dass sie mit den Geschäftszielen übereinstimmen und den Stakeholdern einen Mehrwert bieten. Dieses Kapitel bietet eine eingehende Untersuchung der einzelnen Praktiken und bietet detaillierte Einblicke und praktische Anleitungen, wie Sie sie in Ihrem Unternehmen implementieren und optimieren können.

Allgemeine Managementpraktiken

Allgemeine Managementpraktiken werden aus allgemeinen betriebswirtschaftlichen Bereichen übernommen und angepasst und sind für das allgemeine Management und die Governance von IT-Services von entscheidender Bedeutung.

1. Kontinuierliche Verbesserung

Kontinuierliche Verbesserung ist das kontinuierliche Bemühen, Dienstleistungen, Prozesse und Praktiken innerhalb einer Organisation zu verbessern. Diese Praxis umfasst die Identifizierung von Verbesserungsmöglichkeiten, die Implementierung von Änderungen und die Messung ihrer Auswirkungen.

Wichtigste Aktivitäten:

- **Bewertung:** Bewerten Sie regelmäßig aktuelle Prozesse und Dienstleistungen, um verbesserungswürdige Bereiche zu identifizieren.
- **Planung:** Entwickeln Sie Verbesserungspläne auf der Grundlage von Bewertungen und Feedback.
- **Implementierung:** Führen Sie Verbesserungsinitiativen und Änderungen durch.
- **Überprüfen:** Messen und überprüfen Sie die Auswirkungen von Verbesserungen, um sicherzustellen, dass sie die gewünschten Ergebnisse erzielen.

Bewährte Methoden:

- Nutzen Sie Frameworks wie PDCA (PlanDoCheckAct) für strukturierte Verbesserungsprozesse.
- Fördern Sie eine Kultur der kontinuierlichen Verbesserung innerhalb der Organisation.
- Sammeln und analysieren Sie Feedback von Kunden und Stakeholdern, um Verbesserungsbemühungen zu unterstützen.

2. Informationssicherheitsmanagement

Das Informationssicherheitsmanagement stellt sicher, dass die Informationsressourcen des Unternehmens vor Bedrohungen und Schwachstellen geschützt sind. Diese Praxis umfasst die Festlegung von Richtlinien, Prozessen und Kontrollen, um die Integrität, Vertraulichkeit und Verfügbarkeit von Informationen zu gewährleisten.

Wichtigste Aktivitäten:

- ❖ **Risikobewertung:** Identifizieren und bewerten Sie Risiken für die Informationssicherheit.
- ❖ **Richtlinienentwicklung:** Erstellen und Durchsetzen von Informationssicherheitsrichtlinien und -richtlinien.
- ❖ **Kontrollimplementierung:** Implementieren Sie technische und verfahrenstechnische Kontrollen, um Sicherheitsrisiken zu mindern.
- ❖ **Überwachung:** Überwachen Sie kontinuierlich Sicherheitsvorfälle und Schwachstellen.

Bewährte Methoden:

- ❖ Führen Sie regelmäßige Sicherheitsaudits und -bewertungen durch.
- ❖ Informieren Sie Ihre Mitarbeiter über Best Practices für die Informationssicherheit.
- ❖ Implementieren Sie robuste Verfahren zur Reaktion auf Vorfälle, um Sicherheitsverletzungen umgehend zu beheben.

Beziehungsmanagement

Das Beziehungsmanagement konzentriert sich auf die Aufrechterhaltung positiver und produktiver Beziehungen zu Stakeholdern, einschließlich Kunden, Lieferanten und Partnern. Diese Praxis stellt sicher, dass die Bedürfnisse und Erwartungen der Stakeholder verstanden und erfüllt werden.

Wichtigste Aktivitäten:

- ❖ **Stakeholder-Analyse:** Identifizieren und analysieren Sie die Interessen und den Einfluss der Stakeholder.
- ❖ **Kommunikation:** Richten Sie effektive Kommunikationskanäle mit Stakeholdern ein.
- ❖ **Engagement:** Engagieren Sie sich mit Stakeholdern, um Vertrauen und gegenseitiges Verständnis aufzubauen.
- ❖ **Feedback:** Sammeln Sie Feedback von Stakeholdern und reagieren Sie darauf, um die Dienstleistungen zu verbessern.

Bewährte Methoden:

- ❖ Entwickeln Sie einen Stakeholder-Managementplan, um Interaktionen und Kommunikation zu steuern.
- ❖ Verwenden Sie Umfragen und Feedback-Tools, um Erkenntnisse über Stakeholder zu sammeln.
- ❖ Fördern Sie eine kundenorientierte Kultur innerhalb des Unternehmens.

Service-Management-Praktiken

Service-Management-Praktiken sind spezifisch für das IT-Service-Management und entscheidend für die effektive Entwicklung, Bereitstellung und Unterstützung von IT-Services.

1. Störungsmanagement

Das Incident Management konzentriert sich auf die Verwaltung und Behebung von Vorfällen (ungeplante Unterbrechungen oder Minderungen der Servicequalität), um den normalen Servicebetrieb so schnell wie möglich wiederherzustellen.

Wichtigste Aktivitäten:

- ❖ Vorfallerkennung: Identifizieren und protokollieren Sie Vorfälle.
- ❖ Klassifizierung: Kategorisieren und priorisieren Sie Vorfälle basierend auf ihren Auswirkungen und ihrer Dringlichkeit.
- ❖ Untersuchung: Diagnostizieren Sie die Ursache von Vorfällen.
- ❖ Lösung: Implementieren Sie Lösungen zum Beheben von Vorfällen.
- ❖ Schließung: Bestätigen Sie, dass Incidents behoben wurden, und schließen Sie sie im System.

Bewährte Methoden:

- ❖ Verwenden Sie automatisierte Überwachungstools, um Vorfälle umgehend zu erkennen.

- Implementieren Sie einen robusten Incident-Management-Prozess mit klaren Rollen und Verantwortlichkeiten.
- Bieten Sie Schulungen für Mitarbeiter an, um Vorfälle effizient zu bewältigen.

2. Problemmanagement

Das Problemmanagement zielt darauf ab, das Auftreten von Vorfällen zu verhindern und die Auswirkungen von Vorfällen, die nicht verhindert werden können, zu minimieren. Diese Praxis beinhaltet die Identifizierung der Ursache von Problemen und die Implementierung dauerhafter Lösungen.

Wichtigste Aktivitäten:

- Problemidentifikation: Erkennen und protokollieren Sie Probleme basierend auf Vorfalltrends und -analysen.
- Ursachenanalyse: Untersuchen und ermitteln Sie die Ursache von Problemen.
- Lösungsentwicklung: Entwickeln und implementieren Sie Lösungen, um Probleme zu beseitigen.
- Proaktives Management: Identifizieren und beheben Sie potenzielle Probleme, bevor sie zu Vorfällen führen.

Bewährte Methoden:

- Verwenden Sie Techniken wie das Five Whys und das Fishbone-Diagramm für die Ursachenanalyse.
- Pflegen Sie eine Problemmanagement-Datenbank, um Probleme und deren Lösungen zu verfolgen.
- Arbeiten Sie mit anderen ITIL-Praktiken wie Change Management zusammen, um Lösungen effektiv zu implementieren.

3. Change Enablement (ehemals Change Management)

Change Enablement verwaltet Änderungen an IT-Services, -Systemen und -Prozessen, um Unterbrechungen zu minimieren und sicherzustellen, dass Änderungen reibungslos und effektiv implementiert werden.

Wichtigste Aktivitäten:

- **Änderungsvorschlag:** Einreichen und Bewerten von Änderungsvorschlägen.
- **Änderungsplanung:** Entwickeln Sie Änderungspläne, einschließlich Risikobewertungen und Rollback-Plänen.
- **Änderungsgenehmigung:** Genehmigen oder lehnen Sie Änderungen basierend auf der Auswirkungs- und Risikoanalyse ab.
- **Implementierung**: Führen Sie genehmigte Änderungen gemäß Plan aus.
- **Review:** Bewerten Sie die Ergebnisse von Änderungen und dokumentieren Sie die gewonnenen Erkenntnisse.

Bewährte Methoden:

- Verwenden Sie ein Change Advisory Board (CAB), um wesentliche Änderungen zu bewerten und zu genehmigen.
- Implementieren Sie ein Änderungsmanagementsystem, um Änderungen zu verfolgen und zu verwalten.
- Kommunizieren Sie Änderungen effektiv an alle relevanten Stakeholder.

Technische Managementpraktiken

Technische Managementpraktiken umfassen das Management von Technologie und Infrastruktur zur Unterstützung von IT-Services und -Abläufen.

1. Bereitstellungs-Management

Das Bereitstellungsmanagement überwacht die Bereitstellung neuer oder geänderter Software- und Hardwarekomponenten in der Live-Umgebung und stellt sicher, dass Bereitstellungen effizient und mit minimaler Unterbrechung durchgeführt werden.

Wichtigste Aktivitäten:

- **Bereitstellungsplanung:** Entwickeln Sie detaillierte Bereitstellungspläne, einschließlich Zeitplänen und Ressourcenanforderungen.
- **Testen:** Führen Sie vor der Bereitstellung gründliche Tests der Komponenten durch.

- ❖ **Implementierung:** Führen Sie die Bereitstellung gemäß dem Plan aus.
- ❖ **Validierung:** Stellen Sie sicher, dass Bereitstellungen erfolgreich sind und die Komponenten wie erwartet funktionieren.

Bewährte Methoden:

- ❖ Verwenden Sie automatisierte Bereitstellungstools, um den Bereitstellungsprozess zu optimieren.
- ❖ Führen Sie Überprüfungen nach der Bereitstellung durch, um Probleme zu identifizieren und zu beheben.
- ❖ Verwalten Sie einen Bereitstellungszeitplan, um mehrere Bereitstellungen zu koordinieren und zu verwalten.

2. Infrastruktur- und Plattformmanagement

Das Infrastruktur- und Plattformmanagement umfasst die Verwaltung der IT-Infrastruktur und -Plattformen des Unternehmens, um sicherzustellen, dass sie zuverlässig, skalierbar und sicher sind.

Wichtigste Aktivitäten:

- **Infrastrukturplanung:** Entwickeln und pflegen Sie Infrastrukturpläne zur Unterstützung der Geschäftsanforderungen.
- **Wartung:** Führen Sie regelmäßige Wartungsarbeiten und Aktualisierungen von Infrastrukturkomponenten durch.
- **Überwachung:** Kontinuierliche Überwachung der Infrastrukturleistung und -verfügbarkeit.
- **Optimierung:** Optimieren Sie die Infrastruktur, um Effizienz und Leistung zu verbessern.

Bewährte Methoden:

- Implementieren Sie Überwachungstools, um den Zustand und die Leistung der Infrastruktur zu verfolgen.
- Verwenden Sie die Automatisierung für routinemäßige Wartungsaufgaben.
- Entwickeln Sie Notfallwiederherstellungs- und Geschäftskontinuitätspläne, um die Ausfallsicherheit zu gewährleisten.

3. Softwareentwicklung und -management

Softwareentwicklung und -management konzentriert sich auf die Entwicklung, Bereitstellung und Wartung von Softwareanwendungen und -systemen, um die Anforderungen des Unternehmens zu erfüllen.

Wichtigste Aktivitäten:

- ❖ **Anforderungserfassung:** Sammeln und dokumentieren Sie Softwareanforderungen.
- ❖ **Design:** Entwickeln Sie Softwaredesigns basierend auf Anforderungen.
- ❖ **Entwicklung:** Schreiben und Testen von Softwarecode.
- ❖ **Bereitstellung:** Stellen Sie Software in Produktionsumgebungen bereit.
- ❖ Wartung: Führen Sie laufende Wartungsarbeiten und Software-Updates durch.

Bewährte Methoden:

- ❖ Führen Sie agile oder DevOps-Methoden ein, um die Zusammenarbeit und Effizienz zu verbessern.
- ❖ Verwenden Sie Versionskontrollsysteme, um Softwarecode zu verwalten.
- ❖ Implementieren Sie automatisierte Tests, um die Softwarequalität sicherzustellen.

Anwenden von ITIL v4-Praktiken

Die erfolgreiche Implementierung von ITIL v4-Praktiken erfordert einen strategischen Ansatz und die Verpflichtung zur kontinuierlichen Verbesserung. Hier sind einige praktische Tipps für die effektive Anwendung dieser Praktiken:

1. **Maßgeschneiderte Praktiken für Ihr Unternehmen: Passen Sie ITIL-Praktiken** an die spezifischen Bedürfnisse und den Kontext Ihres Unternehmens an. Vermeiden Sie einen einheitlichen Ansatz und passen Sie die Praktiken an Ihre individuellen Herausforderungen und Ziele an.
2. **Investieren Sie in Schulung und Entwicklung:** Bieten Sie Ihren Mitarbeitern kontinuierliche Schulungs- und Entwicklungsmöglichkeiten, um sicherzustellen, dass sie über die Fähigkeiten und Kenntnisse verfügen, die für eine effektive Implementierung von ITIL Praktiken erforderlich sind.
3. **Technologie nutzen:** Verwenden Sie Technologien und Tools zur Unterstützung und Automatisierung von ITIL-Praktiken. Dies kann die Effizienz steigern, den manuellen Aufwand reduzieren und die Genauigkeit verbessern.
4. **Messen und Bewerten:** Messen Sie kontinuierlich die Leistung von ITIL-Praktiken anhand relevanter Metriken und KPIs. Bewerten Sie regelmäßig ihre Wirksamkeit und nehmen Sie bei Bedarf Anpassungen vor, um eine kontinuierliche Verbesserung zu gewährleisten.
5. **Fördern Sie eine Kultur der Zusammenarbeit:** Fördern Sie die Zusammenarbeit und Kommunikation zwischen verschiedenen Teams und Abteilungen. Dies trägt

dazu bei, dass ITIL-Praktiken nahtlos integriert werden und alle auf gemeinsame Ziele hinarbeiten.

PS

Die ITIL v4-Praktiken bieten einen umfassenden und flexiblen Rahmen für die effektive Verwaltung von IT-Services. Durch die Einführung und Implementierung dieser Praktiken können Unternehmen die Servicequalität verbessern, die Kundenzufriedenheit steigern und ihre Geschäftsziele erreichen. Dieses Kapitel bietet eine eingehende Untersuchung der wichtigsten ITIL v4-Praktiken und bietet praktische Einblicke und Anleitungen, wie Sie sie in Ihrem Unternehmen anwenden können. Im weiteren Verlauf dieses Leitfadens erhalten Sie ein tieferes Verständnis dafür, wie Sie ITIL v4 nutzen können, um im IT-Service-Management zu glänzen und Ihren Kunden und Stakeholdern einen größeren Mehrwert zu bieten.

KAPITEL 4

ITIL V4-PRAKTIKEN

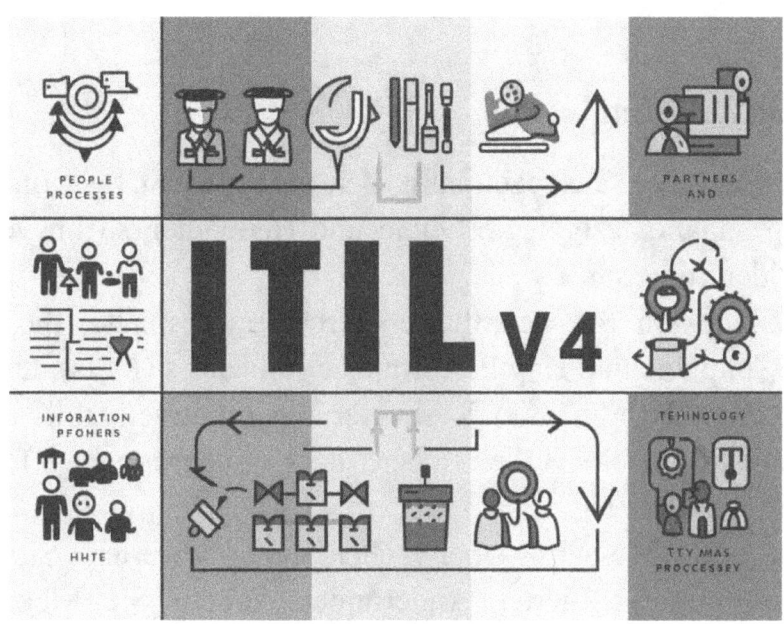

Allgemeine Managementpraktiken

Allgemeine Managementpraktiken sind grundlegende organisatorische Praktiken, die den allgemeinen Managementrahmen bereitstellen, der zur Unterstützung von IT-Services erforderlich ist. Diese Praktiken werden aus allgemeinen betriebswirtschaftlichen Bereichen übernommen und angepasst und sind für ein effektives IT-Service-Management von entscheidender Bedeutung. Sie stellen sicher, dass IT-Services mit den Geschäftszielen übereinstimmen und tragen zur Erreichung strategischer Ziele bei. Zu den wichtigsten allgemeinen Managementpraktiken in ITIL v4 gehören kontinuierliche Verbesserung, Informationssicherheitsmanagement, Beziehungsmanagement und Lieferantenmanagement.

Kontinuierliche Verbesserung

Kontinuierliche Verbesserung ist ein Kernprinzip und eine zentrale Praxis in ITIL v4 und betont die Notwendigkeit kontinuierlicher Bemühungen zur Verbesserung von Services, Prozessen und der Gesamtleistung des Unternehmens. Es beinhaltet einen strukturierten Ansatz zur Identifizierung, Planung, Implementierung und Bewertung von Verbesserungen.

Wichtigste Aktivitäten:

- **Bewertung:** Bewerten Sie regelmäßig den aktuellen Status von Prozessen, Services und Leistung anhand festgelegter Ziele und Benchmarks, um verbesserungswürdige Bereiche zu identifizieren.
- **Planung:** Entwickeln Sie detaillierte Verbesserungspläne, die Ziele, erforderliche Ressourcen, Zeitpläne und Key Performance Indicators (KPIs) umreißen.
- **Implementierung:** Führen Sie Verbesserungsinitiativen mit einem strukturierten Ansatz durch und stellen Sie sicher, dass Änderungen effektiv verwaltet und kommuniziert werden.
- **Überprüfen und Messen:** Überwachen und bewerten Sie kontinuierlich die Auswirkungen implementierter Änderungen, indem Sie Metriken und Feedback verwenden, um deren Wirksamkeit zu bestimmen und weitere Verbesserungsmöglichkeiten zu identifizieren.

Bewährte Methoden:

- **Führen Sie ein Framework ein:** Verwenden Sie strukturierte Verbesserungsframeworks wie PDCA (PlanDoCheckAct) oder DMAIC (Define, Measure, Analyze, Improve, Control), um kontinuierliche Verbesserungsbemühungen zu leiten.
- **Fördern Sie eine Kultur der Verbesserung:** Fördern Sie eine Organisationskultur, die kontinuierliche Verbesserungen auf allen Ebenen schätzt und unterstützt und die Mitarbeiter ermutigt, Verbesserungsmöglichkeiten zu erkennen und dazu beizutragen.
- **Nutzung von Daten und Feedback:** Nutzen Sie Datenanalysen, Kundenfeedback und Leistungsmetriken, um Verbesserungsbereiche zu identifizieren und den Erfolg von Verbesserungsinitiativen zu messen.
- **Stakeholder einbeziehen:** Beziehen Sie relevante Stakeholder in den Verbesserungsprozess ein, um sicherzustellen, dass die Änderungen ihren

Bedürfnissen und Erwartungen entsprechen, und um ihre Unterstützung für die Umsetzung zu gewinnen.

Informationssicherheitsmanagement

Das Informationssicherheitsmanagement stellt sicher, dass die Informationsressourcen des Unternehmens angemessen vor Bedrohungen, Schwachstellen und unbefugtem Zugriff geschützt sind. Diese Praxis ist entscheidend für die Aufrechterhaltung der Integrität, Vertraulichkeit und Verfügbarkeit von Informationen.

Wichtigste Aktivitäten:

- **Risikobewertung:** Identifizieren und bewerten Sie potenzielle Sicherheitsrisiken und Schwachstellen, die sich auf Informationsressourcen auswirken könnten. Dazu gehört die Bewertung der Wahrscheinlichkeit und der Auswirkungen verschiedener Bedrohungen.
- **Richtlinienentwicklung:** Legen Sie umfassende Richtlinien, Richtlinien und Verfahren für die Informationssicherheit fest und setzen Sie sie durch, um Informationsressourcen zu schützen.
- **Kontrollimplementierung:** Implementieren Sie technische und verfahrenstechnische Kontrollen wie Firewalls, Verschlüsselung, Zugriffskontrollen und Incident-Response-Pläne, um identifizierte Risiken zu mindern.
- **Überwachung und Überprüfung:** Überwachen Sie die Informationssicherheitsumgebung kontinuierlich auf potenzielle Bedrohungen und Schwachstellen. Überprüfen und aktualisieren Sie regelmäßig Sicherheitsrichtlinien und -kontrollen, um neuen Risiken und Veränderungen in der Bedrohungslandschaft zu begegnen.

Bewährte Methoden:

- **Führen Sie regelmäßige Audits** durch: Führen Sie regelmäßige Sicherheitsaudits und -bewertungen durch, um die Wirksamkeit von Sicherheitskontrollen zu bewerten und verbesserungswürdige Bereiche zu identifizieren.
- **Mitarbeiter schulen und schulen:** Bieten Sie fortlaufende Schulungen und Sensibilisierungsprogramme für Informationssicherheit an, um sicherzustellen, dass die Mitarbeiter Sicherheitsrichtlinien und Best Practices verstehen.

- ❖ **Implementieren Sie ein Sicherheits-Framework:** Übernehmen Sie anerkannte Sicherheits-Frameworks wie ISO/IEC 27001, um die Entwicklung und Implementierung von Informationssicherheitsmanagementsystemen zu leiten.
- ❖ **Incident-Response-Verfahren einrichten:** Entwickeln und pflegen Sie robuste Incident-Response-Verfahren, um Sicherheitsverletzungen und -vorfälle schnell und effektiv zu beheben.

Beziehungsmanagement

Das Beziehungsmanagement konzentriert sich auf die Pflege und Verbesserung der Beziehungen zu wichtigen Stakeholdern, einschließlich Kunden, Lieferanten und Partnern. Ein effektives Beziehungsmanagement stellt sicher, dass die Bedürfnisse und Erwartungen der Stakeholder verstanden und erfüllt werden, was Vertrauen und Zusammenarbeit fördert.

Wichtigste Aktivitäten:

- ❖ **Stakeholder-Identifizierung:** Identifizieren Sie die wichtigsten Stakeholder und verstehen Sie ihre Rollen, Interessen und ihren Einfluss auf die Dienstleistungen und Ziele der Organisation.
- ❖ **Kommunikationsmanagement:** Entwickeln und pflegen Sie effektive Kommunikationskanäle, um die Stakeholder auf dem Laufenden zu halten und zu engagieren. Dazu gehören regelmäßige Updates, Meetings und Feedback-Mechanismen.
- ❖ **Engagement und Zusammenarbeit:** Engagieren Sie sich aktiv mit Stakeholdern, um ihre Bedürfnisse und Erwartungen zu verstehen. Fördern Sie ein kollaboratives Umfeld, um gemeinsam auf gemeinsame Ziele hinzuarbeiten.
- ❖ **Feedback und Verbesserung:** Sammeln Sie Feedback von Stakeholdern und reagieren Sie darauf, um Dienstleistungen und Beziehungen kontinuierlich zu verbessern. Dazu gehören Umfragen, Meetings und andere Feedback-Tools, um Erkenntnisse von Stakeholdern zu erfassen.

Bewährte Methoden:

- ❖ **Entwickeln Sie einen Stakeholder-Managementplan:** Erstellen Sie einen umfassenden Plan, der Strategien für die Einbindung und das Management von

Stakeholder-Beziehungen skizziert. Dieser Plan sollte Kommunikationsstrategien, Engagement-Aktivitäten und Feedback-Mechanismen enthalten.
- ❖ **Vertrauen und Transparenz aufbauen:** Fördern Sie eine Kultur des Vertrauens und der Transparenz, indem Sie offen, ehrlich und konsistent in der Kommunikation und im Handeln sind.
- ❖ **Ziele und Erwartungen aufeinander abstimmen:** Stellen Sie sicher, dass die Ziele und Erwartungen der Stakeholder mit den Zielen des Unternehmens übereinstimmen. Dies hilft dabei, Erwartungen zu managen und gegenseitigen Nutzen zu erzielen.
- ❖ **Überwachen und überprüfen Sie Beziehungen**: Bewerten Sie regelmäßig die Wirksamkeit von Beziehungsmanagementaktivitäten und nehmen Sie bei Bedarf Anpassungen vor, um die Zufriedenheit und das Engagement der Stakeholder zu verbessern.

Lieferantenmanagement

Das Lieferantenmanagement umfasst die Verwaltung der Beziehungen zu externen Lieferanten, um sicherzustellen, dass das Unternehmen qualitativ hochwertige Produkte und Dienstleistungen erhält, die seinen Anforderungen entsprechen. Diese Praxis ist unerlässlich, um die Lieferantenleistung zu optimieren, Risiken zu minimieren und ein gutes Preis-Leistungs-Verhältnis zu gewährleisten.

Wichtigste Aktivitäten:

- ❖ **Lieferantenidentifikation und -auswahl:** Identifizieren Sie potenzielle Lieferanten und bewerten Sie ihre Fähigkeiten, Zuverlässigkeit und Eignung, um die Anforderungen des Unternehmens zu erfüllen. Dazu gehört die Durchführung gründlicher Bewertungen und Due Diligence.
- ❖ **Vertragsmanagement** : Entwickeln, verhandeln und verwalten Sie Verträge mit Lieferanten, um klare Bedingungen und Leistungserwartungen zu gewährleisten. Dazu gehört die Definition von Service-Leveln, Ergebnissen und Strafen bei Nichteinhaltung.
- ❖ **Leistungsüberwachung:** Überwachen Sie kontinuierlich die Leistung der Lieferanten anhand vereinbarter Service-Levels und vertraglicher Verpflichtungen. Verwenden Sie Metriken und KPIs, um die Leistung zu bewerten und verbesserungswürdige Bereiche zu identifizieren.
- ❖ **Beziehungsmanagement:** Pflegen Sie positive und produktive Beziehungen zu Lieferanten durch regelmäßige Kommunikation, Zusammenarbeit und Engagement. Dies hilft, Probleme schnell anzugehen und langfristige Partnerschaften zu fördern.

- ❖ **Risikomanagement:** Identifizieren und mindern Sie Risiken im Zusammenhang mit Lieferantenbeziehungen, wie z. B. Unterbrechungen der Lieferkette, Qualitätsprobleme und Compliance-Bedenken. Dazu gehört die Umsetzung von Risikomanagementstrategien und Notfallplänen.

Bewährte Methoden:

- ❖ **Entwickeln Sie eine Lieferantenmanagementstrategie:** Erstellen Sie eine umfassende Strategie, die den Ansatz des Unternehmens für das Lieferantenmanagement umreißt, einschließlich Auswahlkriterien, Leistungskennzahlen und Risikomanagementverfahren.
- ❖ **Fördern Sie die Zusammenarbeit:** Arbeiten Sie eng mit Lieferanten zusammen, um starke, kooperative Beziehungen aufzubauen, die gemeinsame Ziele und kontinuierliche Verbesserungen unterstützen.
- ❖ **Führen Sie regelmäßige Überprüfungen durch:** Führen Sie regelmäßige Überprüfungen der Lieferantenleistung und -verträge durch, um die Einhaltung der Vorschriften sicherzustellen und Verbesserungsmöglichkeiten zu identifizieren. Dazu gehört die Durchführung von Leistungsbewertungen, Vertragsprüfungen und Risikobewertungen.
- ❖ **Implementieren Sie ein Lieferantenmanagementsystem:** Verwenden Sie Technologielösungen wie Lieferantenmanagement-Software, um Lieferantenmanagementaktivitäten zu rationalisieren und zu automatisieren. Dies kann die Effizienz, Genauigkeit und Transparenz bei der Verwaltung von Lieferantenbeziehungen verbessern.

PS

General Management Practices in ITIL v4 bieten eine solide Grundlage für ein effektives IT-Service-Management und stellen sicher, dass IT-Services mit den Geschäftszielen übereinstimmen und den Stakeholdern einen Mehrwert bieten. Kontinuierliche Verbesserung, Informationssicherheitsmanagement, Beziehungsmanagement und Lieferantenmanagement sind wesentliche Praktiken, die die allgemeine Governance, Verwaltung und Optimierung von IT-Services unterstützen.

Durch die Einführung dieser Praktiken können Unternehmen ihre Servicequalität verbessern, die Zufriedenheit der Stakeholder verbessern und ihre strategischen Ziele erreichen. Dieses Kapitel bietet detaillierte Einblicke und praktische Anleitungen zu jeder Praxis und bietet wertvolle Informationen für IT-Experten und Organisationen, die ITIL v4-Praktiken implementieren und übertreffen möchten. Während Sie das ITIL v4-Framework weiter erkunden, werden diese Praktiken als Schlüsselkomponenten auf Ihrem Weg zu effektivem IT-Service-Management und kontinuierlicher Verbesserung dienen.

Service-Management-Praktiken

Service-Management-Praktiken in ITIL v4 wurden entwickelt, um die Planung, Bereitstellung und Unterstützung von IT-Services zu unterstützen und sicherzustellen, dass sie die Anforderungen des Unternehmens und seiner Kunden erfüllen. Diese Praktiken sind entscheidend für ein effektives und effizientes Service-Management, die Ausrichtung von IT-Services auf die Geschäftsziele und die Wertschöpfung In diesem Abschnitt werden die wichtigsten Service-Management-Praktiken behandelt, einschließlich Verfügbarkeitsmanagement, Kapazitäts- und Performance-Management, Change Enablement, Incident Management und Problem Management.

Verfügbarkeitsmanagement

Das Verfügbarkeitsmanagement stellt sicher, dass IT-Services die vereinbarten Verfügbarkeitsanforderungen erfüllen, um die Geschäftsanforderungen zu unterstützen. Diese Praxis umfasst die Planung, den Entwurf, die Messung und die Verbesserung der Verfügbarkeit von IT-Services, um sicherzustellen, dass sie verfügbar sind, wenn sie von Kunden und Benutzern benötigt werden.

Wichtigste Aktivitäten:

- ❖ **Planung und Design:** Entwickeln Sie Verfügbarkeitsanforderungen und integrieren Sie sie in das Servicedesign. Stellen Sie sicher, dass die Architektur und Infrastruktur die erforderlichen Verfügbarkeitsstufen unterstützen.
- ❖ **Überwachung und Messung:** Überwachen Sie kontinuierlich die Serviceverfügbarkeit und sammeln Sie Daten, um die Leistung anhand der Verfügbarkeitsziele zu messen. Verwenden Sie Metriken wie MTBF (Mean Time

Between Failures) und MTRS (Mean Time to Restore Service), um die Verfügbarkeit zu bewerten.
- ❖ **Analyse und Berichterstellung:** Analysieren Sie Verfügbarkeitsdaten, um Trends, Muster und potenzielle Probleme zu identifizieren. Erstellen Sie Verfügbarkeitsberichte, um Stakeholder zu informieren und die Entscheidungsfindung zu unterstützen.
- ❖ **Verbesserung:** Identifizieren Sie Möglichkeiten zur Verbesserung der Verfügbarkeit durch proaktive Maßnahmen wie Redundanz, Failover-Mechanismen und robuste Wartungspraktiken.

Bewährte Methoden:

- ❖ **Legen Sie klare Verfügbarkeitsziele fest:** Definieren Sie klare Verfügbarkeitsziele basierend auf den Geschäftsanforderungen und stellen Sie sicher, dass sie allen Beteiligten mitgeteilt werden.
- ❖ **Implementieren von Redundanz und Ausfallsicherheit:** Entwerfen Sie Services mit Redundanz und Ausfallsicherheit, um die Auswirkungen von Ausfällen zu minimieren und eine schnelle Wiederherstellung zu gewährleisten.
- ❖ **Führen Sie regelmäßige Tests durch:** Führen Sie regelmäßige Tests von Notfallwiederherstellungs- und Failover-Mechanismen durch, um sicherzustellen, dass sie wie erwartet funktionieren.
- ❖ **Zusammenarbeit mit anderen Praktiken:** Arbeiten Sie eng mit anderen ITIL-Praktiken wie Incident Management und Problem Management zusammen, um Verfügbarkeitsprobleme zu beheben und Korrekturmaßnahmen zu implementieren.
- ❖ Das Verfügbarkeitsmanagement ist für die Aufrechterhaltung der Zuverlässigkeit und Leistung von IT-Services unerlässlich und stellt sicher, dass sie bei Bedarf zur Unterstützung kritischer Geschäftsvorgänge verfügbar sind.

Kapazitäts- und Leistungsmanagement

Kapazitäts- und Performance-Management stellt sicher, dass IT-Services und -Infrastruktur in der Lage sind, aktuelle und zukünftige Anforderungen kostengünstig zu erfüllen. Diese Praxis umfasst die Planung, Überwachung und Optimierung der Kapazität und Leistung von IT-Diensten und -Ressourcen.

Wichtigste Aktivitäten:

- **Bedarfprognose:** Analysieren Sie aktuelle Nutzungsmuster und prognostizieren Sie die zukünftige Nachfrage nach IT-Services. Verwenden Sie historische Daten, Geschäftsprognosen und Trendanalysen, um die Kapazitätsplanung zu unterstützen.
- **Kapazitätsplanung:** Entwickeln Sie Kapazitätspläne, um sicherzustellen, dass IT-Services und -Infrastruktur erwartete Workloads bewältigen können. Dazu gehört die Identifizierung potenzieller Engpässe und die Skalierung von Ressourcen nach Bedarf.
- **Leistungsüberwachung:** Überwachen Sie kontinuierlich die Leistung von IT-Services und -Infrastrukturen, um sicherzustellen, dass sie die Leistungsziele erreichen. Verwenden Sie Metriken wie Antwortzeit, Durchsatz und Ressourcenauslastung, um die Leistung zu bewerten.
- **Optimierung:** Identifizieren und implementieren Sie Verbesserungen zur Optimierung von Kapazität und Leistung. Dazu gehören das Optimieren von Systemen, das Aktualisieren von Hardware und das Optimieren der Ressourcenzuweisung.

Bewährte Methoden:

- Richten Sie die Kapazität an den Geschäftsanforderungen aus: Stellen Sie sicher, dass die Kapazitätspläne auf die Geschäftsziele abgestimmt sind und das erwartete Wachstum und die erwarteten Veränderungen unterstützen können.
- Implementieren Sie proaktive Überwachung: Verwenden Sie automatisierte Überwachungstools, um Leistungsprobleme frühzeitig zu erkennen und zu beheben, bevor sie sich auf die Benutzer auswirken.
- Optimierung der Ressourcennutzung: Optimieren Sie kontinuierlich die Ressourcennutzung, um die Effizienz zu verbessern und die Kosten zu senken. Dazu gehören Lastausgleich, Virtualisierung und Kapazität nach Bedarf.
- Zusammenarbeit mit anderen Praktiken: Arbeiten Sie eng mit anderen ITIL-Praktiken wie Verfügbarkeitsmanagement und Change Enablement zusammen, um sicherzustellen, dass Kapazitäts- und Leistungsüberlegungen in das Servicedesign und die Änderungen integriert werden.

Das Kapazitäts- und Leistungsmanagement ist entscheidend, um sicherzustellen, dass IT-Services zuverlässig und reaktionsschnell sind und den Geschäftsbetrieb unter unterschiedlichen Lasten und Bedingungen unterstützen können.

Change Enablement

Change Enablement, früher bekannt als Change Management, stellt sicher, dass Änderungen an IT-Services, Prozessen und Infrastruktur kontrolliert und effizient verwaltet werden. Diese Praxis minimiert das Risiko von Unterbrechungen und stellt sicher, dass Änderungen den beabsichtigten Nutzen bringen.

Wichtigste Aktivitäten:

- **Änderungsvorschlag:** Identifizieren und dokumentieren Sie vorgeschlagene Änderungen, einschließlich der Gründe, Vorteile, Risiken und Auswirkungen. Bewerten und priorisieren Sie Änderungsanforderungen basierend auf ihrem geschäftlichen Nutzen und ihrer Dringlichkeit.
- **Planung und Genehmigung:** Entwickeln Sie detaillierte Änderungspläne, einschließlich Risikobewertungen, Implementierungsschritte und Rollback-Verfahren. Holen Sie die Zustimmung der relevanten Stakeholder und des Change Advisory Board (CAB) ein.
- **Implementierung:** Führen Sie genehmigte Änderungen gemäß dem Änderungsplan aus. Stellen Sie sicher, dass Änderungen an alle betroffenen Parteien kommuniziert werden und dass die erforderlichen Ressourcen verfügbar sind.
- **Überprüfung und Abschluss:** Überprüfen Sie das Ergebnis von Änderungen, um sicherzustellen, dass sie die gewünschten Ergebnisse erzielt haben. Dokumentieren Sie die gewonnenen Erkenntnisse und schließen Sie die Änderungsanforderung.

Bewährte Methoden:

- Richten Sie einen Änderungsmanagementprozess ein: Definieren und dokumentieren Sie einen klaren Prozess für die Verwaltung von Änderungen, einschließlich Rollen, Verantwortlichkeiten und Workflows.
- Verwenden Sie ein Change Advisory Board (CAB): Verwenden Sie ein CAB, um wesentliche Änderungen zu überprüfen und zu genehmigen und sicherzustellen, dass Risiken und Auswirkungen gründlich bewertet werden.
- Implementieren Sie die Änderungsverfolgung: Verwenden Sie ein Änderungsmanagementsystem, um Änderungen während ihres gesamten

Lebenszyklus zu verfolgen und zu verwalten. Dies gewährleistet Transparenz und Verantwortlichkeit.
- ❖ **Effektiv kommunizieren:** Stellen Sie sicher, dass alle Beteiligten über bevorstehende Änderungen, ihre Auswirkungen und alle erforderlichen Maßnahmen informiert sind. Eine klare Kommunikation ist unerlässlich, um Störungen zu minimieren.

Change Enablement ist unerlässlich, um die dynamische Natur von IT-Umgebungen zu verwalten und sicherzustellen, dass Änderungen reibungslos implementiert werden und einen Mehrwert liefern, ohne unnötige Unterbrechungen zu verursachen.

Störungsmanagement

Das Incident Management konzentriert sich darauf, den normalen Servicebetrieb nach einer ungeplanten Unterbrechung oder Verschlechterung der Servicequalität so schnell wie möglich wiederherzustellen. Diese Praxis zielt darauf ab, die Auswirkungen von Vorfällen auf den Geschäftsbetrieb zu minimieren und sicherzustellen, dass die vereinbarten Service-Level eingehalten werden.

Wichtigste Aktivitäten:

- ❖ **Vorfallerkennung und -protokollierung:** Erkennen Sie Vorfälle durch Überwachungstools, Benutzerberichte und automatisierte Warnungen. Protokollieren Sie Vorfälle mit relevanten Details wie Symptomen, Auswirkungen und Dringlichkeit.
- ❖ **Klassifizierung und Priorisierung:** Klassifizieren Sie Vorfälle basierend auf ihren Auswirkungen und ihrer Dringlichkeit. Priorisieren Sie Vorfälle, um sicherzustellen, dass kritische Probleme umgehend behoben werden.
- ❖ **Untersuchung und Diagnose:** Untersuchen Sie die Ursache von Vorfällen und diagnostizieren Sie das Problem. Bestimmen Sie die beste Vorgehensweise zur Behebung des Vorfalls.
- ❖ **Lösung und Wiederherstellung:** Implementieren Sie Lösungen, um Vorfälle zu beheben und den normalen Dienstbetrieb wiederherzustellen. Stellen Sie sicher, dass der Vorfall behoben wurde und der Dienst ordnungsgemäß funktioniert.

- ❖ Abschluss und Dokumentation: Schließen Sie den Vorfall ab und dokumentieren Sie die Lösungsdetails, einschließlich der gewonnenen Erkenntnisse und etwaiger Folgemaßnahmen.

Bewährte Methoden:

- ❖ Implementieren Sie eine robuste Überwachung: Verwenden Sie automatisierte Überwachungstools, um Vorfälle frühzeitig zu erkennen und die Reaktionszeiten zu verkürzen.
- ❖ Klare Incident-Prozesse einrichten: Definieren und dokumentieren Sie Incident-Management-Prozesse, einschließlich Rollen, Verantwortlichkeiten und Workflows.
- ❖ Bieten Sie effektive Schulungen an: Schulen Sie Ihre Mitarbeiter in Verfahren und Tools für das Vorfallmanagement, um sicherzustellen, dass sie effektiv auf Vorfälle reagieren können.
- ❖ Kommunizieren Sie mit Stakeholdern: Halten Sie Stakeholder über den Status von Vorfällen und die erwarteten Lösungszeiten auf dem Laufenden. Klare Kommunikation hilft, Erwartungen zu managen und Frustration zu reduzieren.

Incident Management ist entscheidend für die Aufrechterhaltung der Servicekontinuität und die Minimierung der Auswirkungen von Unterbrechungen auf den Geschäftsbetrieb.

Problemmanagement

Das Problemmanagement zielt darauf ab, das Auftreten von Vorfällen zu verhindern und die Auswirkungen von Vorfällen, die nicht verhindert werden können, zu minimieren. Diese Praxis konzentriert sich darauf, die Ursachen von Problemen zu identifizieren und dauerhafte Lösungen zu implementieren, um sie zu beseitigen.

Wichtigste Aktivitäten:

- ❖ **Problemidentifikation:** Erkennen und protokollieren Sie Probleme basierend auf Vorfalltrends, größeren Vorfällen und proaktiven Analysen. Verwenden Sie Daten aus verschiedenen Quellen, um potenzielle Probleme zu identifizieren.

- **Ursachenanalyse:** Untersuchen und ermitteln Sie die Ursache von Problemen mithilfe von Techniken wie den fünf Warums, dem Fischgrätendiagramm und der Fehlermöglichkeits- und Einflussanalyse (FMEA).
- **Lösungsentwicklung:** Entwickeln und implementieren Sie Lösungen, um Probleme zu beseitigen und ein erneutes Auftreten zu verhindern. Dazu gehören Korrekturmaßnahmen, Prozessverbesserungen und Änderungen an Infrastruktur oder Systemen.
- **Proaktives Problemmanagement:** Identifizieren und beheben Sie potenzielle Probleme, bevor sie zu Vorfällen führen. Dazu gehören Trendanalysen, Risikobewertungen und vorbeugende Wartung.
- **Problemüberprüfung und -abschluss:** Überprüfen Sie die Wirksamkeit der implementierten Lösungen und dokumentieren Sie die gewonnenen Erkenntnisse. Schließen Sie den Problemdatensatz, sobald die Ursache behoben und die Lösung überprüft wurde.

Bewährte Methoden:

- Integration mit Incident Management: Stellen Sie eine enge Zusammenarbeit zwischen Problem Management und Incident Management sicher, um die zugrunde liegenden Ursachen von Vorfällen zu identifizieren und zu beheben.
- Verwenden Sie strukturierte Analysetechniken: Wenden Sie strukturierte Techniken für die Ursachenanalyse an, um die wahren Ursachen von Problemen zu identifizieren und effektive Lösungen zu entwickeln.
- Pflegen einer Problemmanagement-Datenbank: Verwenden Sie eine Datenbank, um Probleme, ihre Ursachen, Lösungen und damit verbundenen Vorfälle zu verfolgen. Dies hilft bei der Identifizierung wiederkehrender Probleme und Trends.
- Stakeholder in die Problemlösung einbeziehen: Beziehen Sie relevante Stakeholder in den Problemlösungsprozess ein, um sicherzustellen, dass die Lösungen praktikabel sind und den Anforderungen des Unternehmens entsprechen. Das Problemmanagement ist unerlässlich, um die Servicequalität und -zuverlässigkeit zu verbessern, die Anzahl der Vorfälle zu reduzieren und das allgemeine Kundenerlebnis zu verbessern.

Service-Desk

Der Service Desk ist eine wichtige Funktion innerhalb von ITIL v4 und fungiert als primärer Kontaktpunkt zwischen Benutzern und IT-Services. Sein Hauptzweck besteht darin, Vorfälle und Serviceanfragen zu verwalten und sicherzustellen, dass Benutzer zeitnahen und effektiven Support erhalten.

Wichtigste Aktivitäten:

- Incident Management: Behandeln Sie von Benutzern gemeldete Incidents, indem Sie sie protokollieren, kategorisieren und priorisieren. Versuchen Sie, Vorfälle schnell zu beheben, um den normalen Servicebetrieb wiederherzustellen.
- **Verwaltung von Serviceanfragen:** Verwalten Sie Serviceanfragen wie das Zurücksetzen von Passwörtern, Zugriffsanforderungen und neue Servicebereitstellungen. Stellen Sie sicher, dass Anfragen effizient und gemäß den vereinbarten Service-Levels erfüllt werden.
- **Kommunikation und Koordination:** Dienen Sie als Kommunikationsdrehscheibe zwischen Benutzern und IT-Supportteams. Stellen Sie Statusaktualisierungen bereit, verwalten Sie Erwartungen und stellen Sie sicher, dass Benutzer über Incident-Lösungen und Serviceanfragen informiert sind.
- **Benutzersupport:** Bieten Sie Firstline-Support an, um Probleme zu lösen und Fragen zu beantworten. Eskalieren Sie bei Bedarf komplexe Probleme an übergeordnete Supportteams.
- **Wissensmanagement:** Pflegen Sie eine Wissensdatenbank mit Lösungen für häufige Probleme und FAQs. Verwenden Sie diese Ressource, um die First-Contact-Lösungsraten zu verbessern und die Anzahl wiederkehrender Vorfälle zu reduzieren.

Bewährte Methoden:

- **Implementieren Sie SelfService-Funktionen:** Stellen Sie Benutzern Self-Service-Optionen wie Wissensdatenbanken und automatisierte Tools zur Verfügung, um häufige Probleme unabhängig zu lösen.
- **Stellen Sie eine effektive Kommunikation sicher:** Halten Sie die Benutzer über den Status ihrer Vorfälle und Anfragen auf dem Laufenden und geben Sie klare Anweisungen und Unterstützung.
- **Leistung messen:** Verwenden Sie Metriken wie First Contact Resolution (FCR), Mean Time to Resolve (MTTR) und Benutzerzufriedenheitswerte, um die Service Desk-Leistung zu überwachen und zu verbessern.

- **Kontinuierliche Schulung:** Bieten Sie fortlaufende Schulungen für Service Desk-Mitarbeiter an, um sicherzustellen, dass sie über aktuelle Systeme, Prozesse und Best Practices informiert sind.

Der Service Desk ist essenziell für die Zufriedenheit der Nutzer und die Aufrechterhaltung des reibungslosen Betriebs der IT-Services. Durch die effiziente Verwaltung von Vorfällen und Anfragen trägt der Service Desk dazu bei, Unterbrechungen zu minimieren und die allgemeine Benutzererfahrung zu verbessern.

Technische Managementpraktiken

Technische Managementpraktiken konzentrieren sich auf die technischen Aspekte des IT-Service-Managements und stellen sicher, dass die technologische Infrastruktur und die Systeme des Unternehmens zuverlässig, effizient und sicher sind. Diese Praktiken umfassen die Verwaltung der technischen Ressourcen und Fähigkeiten, die zur Unterstützung von IT-Diensten erforderlich sind.

Wichtigste Aktivitäten:

- **Technologieplanung:** Entwickeln und pflegen Sie Technologiestrategien und -pläne zur Unterstützung aktueller und zukünftiger Geschäftsanforderungen. Dazu gehört die Bewertung neuer Technologien und deren Ausrichtung an den Geschäftszielen.
- **Infrastrukturmanagement:** Verwalten Sie die IT-Infrastruktur des Unternehmens, einschließlich Server, Netzwerke, Speicher und Rechenzentren. Stellen Sie sicher, dass Infrastrukturkomponenten zuverlässig, skalierbar und sicher sind.
- **Systemadministration:** Führen Sie routinemäßige Verwaltungsaufgaben wie Patch-Management, Systemüberwachung, Backup und Recovery sowie Leistungsoptimierung durch. Stellen Sie sicher, dass die Systeme optimiert sind und effizient laufen.
- **Technischer Support:** Bieten Sie technischen Support zur Lösung von Problemen und Vorfällen im Zusammenhang mit IT-Infrastruktur und -Systemen. Arbeiten Sie eng mit dem Service Desk und anderen IT-Teams zusammen, um eine zeitnahe und effektive Lösung zu gewährleisten.

Bewährte Methoden:

- ❖ **Einführung von Standards und Frameworks:** Implementieren Sie Industriestandards und Frameworks wie ITIL, COBIT und ISO/IEC 20000, um technische Managementpraktiken zu leiten.
- ❖ **Verwenden Sie Automatisierung:** Nutzen Sie Automatisierungstools, um Routineaufgaben zu rationalisieren, die Effizienz zu verbessern und das Risiko menschlicher Fehler zu verringern.
- ❖ **Implementieren von Überwachungstools:** Verwenden Sie Überwachungstools, um die Leistung und den Zustand der IT-Infrastruktur und -Systeme kontinuierlich zu verfolgen. Richten Sie Warnungen ein, um Probleme proaktiv zu erkennen und zu beheben.
- ❖ **Fokus auf Sicherheit:** Stellen Sie sicher, dass alle technischen Verwaltungspraktiken robuste Sicherheitsmaßnahmen zum Schutz vor Bedrohungen und Schwachstellen enthalten.

Technische Managementpraktiken sind entscheidend für die Aufrechterhaltung der Stabilität, Leistung und Sicherheit von IT-Infrastrukturen und -Systemen. Durch die effektive Verwaltung technischer Ressourcen können Unternehmen sicherstellen, dass ihre IT-Services zuverlässig sind und die Geschäftsanforderungen erfüllen.

Bereitstellungs-Management

Das Bereitstellungsmanagement umfasst die Verwaltung der Bereitstellung neuer oder geänderter Software, Hardware und anderer Komponenten in der Liveumgebung. Diese Vorgehensweise stellt sicher, dass Bereitstellungen effizient und mit minimaler Unterbrechung bestehender Dienste durchgeführt werden.

Wichtigste Aktivitäten:

- **Planung und Vorbereitung:** Entwickeln Sie detaillierte Bereitstellungspläne, die den Umfang, die Ziele, die Zeitpläne und die Ressourcenanforderungen umreißen. Stellen Sie sicher, dass alle notwendigen Vorbereitungen vor dem Einsatz getroffen werden.
- **Testen und Validieren:** Führen Sie gründliche Tests neuer oder geänderter Komponenten durch, um sicherzustellen, dass sie den Qualitätsstandards entsprechen und wie erwartet funktionieren. Führen Sie eine Überprüfung durch, um sicherzustellen, dass sich Bereitstellungen nicht negativ auf vorhandene Dienste auswirken.
- **Implementierung:** Führen Sie die Bereitstellung gemäß dem Plan aus. Dazu gehören die Installation, Konfiguration und Integration neuer Komponenten in die Live-Umgebung.
- **Überprüfung und Rollback:** Stellen Sie sicher, dass die Bereitstellung erfolgreich war und ob die neuen oder geänderten Komponenten ordnungsgemäß funktionieren. Führen Sie Rollbackpläne durch, um Änderungen rückgängig zu machen, wenn während der Bereitstellung Probleme auftreten.
- **Dokumentation und Kommunikation:** Dokumentieren Sie den Bereitstellungsprozess und die Ergebnisse. Kommunizieren Sie mit den Projektbeteiligten, um sie über den Bereitstellungsstatus und alle erforderlichen Maßnahmen auf dem Laufenden zu halten.

Bewährte Methoden:

- **Automatisieren von Bereitstellungen:** Verwenden Sie automatisierte Bereitstellungstools, um den Bereitstellungsprozess zu optimieren, Fehler zu reduzieren und die Konsistenz zu verbessern.

- ❖ **Durchführen von Probeläufen:** Führen Sie Probeläufe oder Pilotbereitstellungen in einer kontrollierten Umgebung durch, um potenzielle Probleme vor der vollständigen Bereitstellung zu identifizieren und zu beheben.
- ❖ **Stellen Sie eine klare Kommunikation sicher:** Halten Sie alle Beteiligten über den Bereitstellungszeitplan, die Auswirkungen und alle erforderlichen Maßnahmen auf dem Laufenden. Klare Kommunikation hilft, Erwartungen zu managen und Störungen zu reduzieren.
- ❖ **Überwachung nach der Bereitstellung:** Überwachen Sie die Live-Umgebung nach der Bereitstellung, um sicherzustellen, dass neue oder geänderte Komponenten ordnungsgemäß funktionieren, und um auftretende Probleme schnell zu beheben.

Das Bereitstellungsmanagement ist entscheidend, um sicherzustellen, dass Änderungen reibungslos und effektiv eingeführt werden, Unterbrechungen minimiert werden und sichergestellt wird, dass die IT-Services weiterhin die Geschäftsanforderungen erfüllen.

Infrastruktur- und Plattformmanagement

Das Infrastruktur- und Plattformmanagement umfasst die Verwaltung der IT-Infrastruktur und -Plattformen des Unternehmens, um sicherzustellen, dass sie zuverlässig, skalierbar und sicher sind. Diese Praxis umfasst die Verwaltung von Servern, Netzwerken, Speicher, Rechenzentren und Cloud-Plattformen.

Wichtigste Aktivitäten:

- ❖ Infrastrukturplanung: Entwickeln und pflegen Sie Infrastrukturpläne, die auf die Geschäftsziele abgestimmt sind und aktuelle und zukünftige Anforderungen unterstützen. Dazu gehören Kapazitätsplanung, Skalierbarkeitsüberlegungen und Technologie-Roadmaps.
- ❖ **Wartung und Updates:** Führen Sie regelmäßige Wartungsarbeiten und Updates an Infrastrukturkomponenten durch, um sicherzustellen, dass sie sicher, optimiert und

effizient ausgeführt werden. Dazu gehören Patch-Management, Firmware-Updates und Hardware-Upgrades.
- ❖ **Überwachung und Leistungsmanagement:** Überwachen Sie kontinuierlich die Leistung und den Zustand von Infrastrukturkomponenten. Verwenden Sie Leistungsmetriken und Überwachungstools, um potenzielle Probleme proaktiv zu identifizieren und anzugehen.
- ❖ **Sicherheitsmanagement:** Implementieren Sie robuste Sicherheitsmaßnahmen, um Infrastrukturkomponenten vor Bedrohungen und Schwachstellen zu schützen. Dazu gehören Zugriffskontrollen, Verschlüsselung, Intrusion Detection und Incident Response.
- ❖ **Disaster Recovery und Business Continuity:** Entwickeln und pflegen Sie Disaster Recovery- und Business Continuity-Pläne, um sicherzustellen, dass kritische Infrastrukturkomponenten im Falle einer Unterbrechung schnell wiederhergestellt werden können.

Bewährte Methoden:

- ❖ **Verfolgen Sie einen proaktiven Ansatz:** Verwenden Sie proaktive Überwachung und Wartung, um Probleme zu identifizieren und zu beheben, bevor sie sich auf die Dienste auswirken. Implementieren Sie automatisierte Überwachungstools, um die Transparenz und die Reaktionszeiten zu verbessern.
- ❖ **Optimierung der Ressourcennutzung:** Optimieren Sie kontinuierlich die Ressourcennutzung, um die Effizienz zu verbessern und die Kosten zu senken. Dazu gehören Lastausgleich, Virtualisierung und Kapazitätsmanagement.
- ❖ **Implementieren von Redundanz und Ausfallsicherheit:** Entwerfen Sie eine Infrastruktur mit Redundanz und Ausfallsicherheit, um eine hohe Verfügbarkeit und schnelle Wiederherstellung nach Ausfällen zu gewährleisten.
- ❖ **Ausrichtung an den Geschäftsanforderungen:** Stellen Sie sicher, dass Infrastrukturpläne und -strategien auf die Geschäftsziele abgestimmt sind und das erwartete Wachstum und die erwarteten Veränderungen unterstützen können.

Das Infrastruktur- und Plattformmanagement ist für die Aufrechterhaltung der Stabilität, Leistung und Sicherheit der IT-Infrastruktur unerlässlich und stellt sicher, dass sie den Geschäftsbetrieb effektiv unterstützen kann.

Softwareentwicklung und -management

Softwareentwicklung und -management konzentriert sich auf die Entwicklung, Bereitstellung und Wartung von Softwareanwendungen und -systemen, um die Anforderungen des Unternehmens zu erfüllen. Diese Praxis umfasst die Verwaltung des gesamten Softwareentwicklungslebenszyklus, von der Anforderungserfassung über die Bereitstellung bis hin zur laufenden Wartung.

Wichtigste Aktivitäten:

- ❖ **Anforderungserfassung:** Sammeln und dokumentieren Sie Softwareanforderungen von Stakeholdern. Stellen Sie sicher, dass die Anforderungen klar, vollständig und auf die Geschäftsziele abgestimmt sind.
- ❖ **Design und Entwicklung:** Entwickeln Sie Softwaredesigns basierend auf Anforderungen. Schreiben und testen Sie Softwarecode, um sicherzustellen, dass er den Qualitätsstandards entspricht und wie erwartet funktioniert.
- ❖ **Testen und Qualitätssicherung:** Führen Sie gründliche Tests durch, um Fehler zu identifizieren und zu beheben. Führen Sie Qualitätssicherungsaktivitäten durch, um sicherzustellen, dass die Software funktionale und nichtfunktionale Anforderungen erfüllt.
- ❖ **Bereitstellung:** Stellen Sie Softwareanwendungen und -systeme in Produktionsumgebungen bereit. Stellen Sie sicher, dass Bereitstellungen sorgfältig geplant und ausgeführt werden, um Unterbrechungen zu minimieren.
- ❖ **Wartung und Support:** Bieten Sie laufende Wartung und Support für Softwareanwendungen und -systeme. Dazu gehören das Beheben von Fehlern, das Vornehmen von Verbesserungen und das Sicherstellen, dass die Software sicher und aktuell bleibt.

Bewährte Methoden:

- ❖ **Agile Methoden einführen:** Verwenden Sie agile Methoden wie Scrum oder Kanban, um die Zusammenarbeit, Flexibilität und Reaktionsfähigkeit im Softwareentwicklungsprozess zu verbessern.
- ❖ **Implementieren von Continuous Integration und Continuous Deployment (CI/CD):** Verwenden Sie CI/CD-Pipelines, um den Build-, Test- und

Bereitstellungsprozess zu automatisieren. Dies verbessert die Effizienz, reduziert Fehler und sorgt für eine schnellere Bereitstellung von Software-Updates.
- **Fokus auf Qualität:** Implementieren Sie robuste Qualitätssicherungspraktiken, einschließlich Code-Reviews, automatisierter Tests und Leistungstests, um qualitativ hochwertige Software zu gewährleisten.
- **Stakeholder einbeziehen:** Beziehen Sie Stakeholder während des gesamten Entwicklungsprozesses ein, um sicherzustellen, dass Softwarelösungen ihren Bedürfnissen und Erwartungen entsprechen.
- **Dokumentation pflegen**: Führen Sie eine umfassende Dokumentation von Softwaredesigns, Code, Testverfahren und Bereitstellungsprozessen. Dies erleichtert den Wissensaustausch und unterstützt laufende Wartungs- und Supportaktivitäten.

Softwareentwicklung und -management sind entscheidend für die Bereitstellung von Softwarelösungen, die den Geschäftsanforderungen entsprechen, die Produktivität steigern und die Unternehmensziele unterstützen. Durch ein effektives Management des Softwareentwicklungslebenszyklus können Unternehmen die rechtzeitige Bereitstellung hochwertiger Softwareanwendungen und -systeme sicherstellen.

KAPITEL 5

ITIL V4-ZERTIFIZIERUNGSSCHEMA

Das ITIL v4-Zertifizierungsprogramm wurde entwickelt, um IT-Experten einen strukturierten Weg zu bieten, um Fachwissen über ITIL-Praktiken und -Prinzipien zu erwerben. Es bietet einen abgestuften Ansatz, der auf unterschiedliche Wissens- und Erfahrungsniveaus zugeschnitten ist und es Einzelpersonen und Organisationen ermöglicht, ihre Lern- und Zertifizierungsreise an ihre spezifischen Bedürfnisse und Ziele anzupassen. Dieses Kapitel bietet einen detaillierten Überblick über das ITIL v4-Zertifizierungsschema, einschließlich seiner Struktur, Stufen und der Vorteile der ITIL-Zertifizierung.

Überblick über das ITIL v4-Zertifizierungsschema

Das ITIL v4-Zertifizierungsprogramm ist in einem modularen Ansatz organisiert, der es den Kandidaten ermöglicht, Qualifikationen schrittweise zu erwerben, beginnend mit Grundlagenwissen bis hin zu fortgeschrittenem Fachwissen. Das Programm ist flexibel konzipiert und ermöglicht es Fachleuten, die Zertifizierungen zu wählen, die ihren Karrierezielen und organisatorischen Anforderungen entsprechen.

Das Zertifizierungssystem ist in mehrere Schlüsselstufen unterteilt:

1. ITIL-Stiftung
2. ITIL Managing Professional (MP)
3. ITIL Strategischer Leiter (SL)
4. ITIL-Meister

Jede Stufe baut auf den in der vorherigen erworbenen Kenntnisse und Fähigkeiten auf und vermittelt ein umfassendes Verständnis der ITIL-Praktiken und ihrer Anwendung in realen Szenarien.

ITIL-Stiftung

Die ITIL Foundation-Zertifizierung ist die Einstiegsqualifikation, die ein grundlegendes Verständnis des ITIL-Frameworks vermittelt. Es führt die Kandidaten in die wichtigsten Konzepte, Terminologie und Prinzipien von ITIL v4 ein und legt den Grundstein für weitere Studien und Zertifizierungen.

Wichtige Lernergebnisse:

1. Verstehen der Kernkonzepte des Service-Managements.
2. Vertrautheit mit dem ITIL Service Value System (SVS) und dem Vier-Dimensionen-Modell.
3. Ein Überblick über die ITIL-Leitprinzipien und deren Anwendung.
4. Kenntnis der wichtigsten ITIL-Praktiken und ihrer Rolle im Service-Management.

Zielgruppe:

- IT-Experten, die neu bei ITIL sind.
- Personen, die ein grundlegendes Verständnis des IT-Service-Managements suchen.
- Teams und Organisationen, die ITIL-Praktiken einführen möchten.

Die ITIL Foundation-Zertifizierung ist Voraussetzung für alle anderen ITIL v4-Qualifikationen.

ITIL Managing Professional (MP)

Der ITIL Managing Professional (MP)-Stream richtet sich an IT-Praktiker, die in Technologie- und Digitalteams in Unternehmen arbeiten. Es bietet praktisches und technisches Wissen darüber, wie man erfolgreiche IT-fähige Dienste, Teams und Workflows ausführt.

Module:

1. **ITIL-Spezialist**: Erstellen, Bereitstellen und Unterstützen: Konzentriert sich auf die Integration verschiedener Wertströme und Aktivitäten, um IT-fähige Produkte und Dienstleistungen zu erstellen, bereitzustellen und zu unterstützen.
2. **ITIL-Spezialist:** Stakeholder-Wert steigern: Deckt alle Arten von Engagement und Interaktion zwischen Service Providern und ihren Kunden, Benutzern, Lieferanten und Partnern ab.
3. **ITIL-Spezialist:** Hochgeschwindigkeits-IT: Untersucht die Funktionsweise digitaler Organisationen und digitaler Betriebsmodelle in Hochgeschwindigkeitsumgebungen.
4. **ITIL-Stratege:** Leiten, Planen und Verbessern: Bietet die praktischen Fähigkeiten, die erforderlich sind, um eine "lernende und verbessernde" IT-Organisation mit einer starken und effektiven strategischen Ausrichtung zu schaffen.

Wichtige Lernergebnisse:

1. Fortgeschrittenes Verständnis von Service-Management-Konzepten und -Praktiken.
2. Praktisches Wissen über die Integration verschiedener ITIL-Praktiken zur Unterstützung der Geschäftsziele.
3. Fähigkeiten, um das Engagement und die Zufriedenheit der Stakeholder zu fördern.
4. Fähigkeit, Strategien zur kontinuierlichen Verbesserung innerhalb von IT-Organisationen zu implementieren.

Zielgruppe:

- IT-Experten, die an der Bereitstellung und dem Support von IT-Services beteiligt sind.
- Personen, die ihre Karriere im IT-Service-Management vorantreiben möchten.
- Unternehmen, die ihre IT-Servicebereitstellung und -abläufe verbessern möchten.

ITIL Strategischer Leiter (SL)

Der ITIL Strategic Leader (SL)-Stream richtet sich an alle digital unterstützten Services in einem Unternehmen, nicht nur an diejenigen, die vom IT-Betrieb bereitgestellt werden. Ein ITIL Strategic Leader zu werden, zeigt, dass der Einzelne ein klares Verständnis dafür hat, wie die IT die Geschäftsstrategie beeinflusst und steuert.

Module:

1. ITIL Strategist: Direct, Plan, and Improve: Wird mit dem MP-Stream geteilt und konzentriert sich auf die strategische Ausrichtung und kontinuierliche Verbesserung.
2. ITIL Leader: Digital and IT Strategy: Bietet Anleitungen zur Entwicklung einer digitalen Strategie, die auf die Geschäftsziele abgestimmt ist und sich auf die digitale Disruption vorbereitet.

Wichtige Lernergebnisse:

1. Verständnis für die Integration von IT- und Digitalstrategien in Geschäftsziele.
2. Fähigkeiten zur Führung und Verwaltung organisatorischer Veränderungen in digitalen Umgebungen.
3. Fähigkeit, effektive digitale Strategien zu entwickeln und umzusetzen.
4. Wissen, wie man Innovation und digitale Transformation vorantreibt.

Zielgruppe:

- Leitende IT-Führungskräfte und -Manager.
- Fachleute, die für die Ausrichtung der IT-Strategie an der Geschäftsstrategie verantwortlich sind.
- Unternehmen, die die digitale Transformation und Innovation vorantreiben möchten.

ITIL-Meister

Die ITIL Master-Zertifizierung ist die höchste Zertifizierungsstufe im ITIL v4-Programm. Es bestätigt ein tiefes Verständnis der ITIL-Prinzipien und -Praktiken und deren Anwendung in realen Kontexten. Das Erreichen des ITIL-Master-Status zeigt außergewöhnliche Expertise im IT-Service-Management.

Anforderungen:

1. Umfangreiche praktische Erfahrung in ITIL-Praktiken.
2. Nachgewiesene Fähigkeit, ITIL-Konzepte und -Prinzipien in verschiedenen Szenarien anzuwenden.

3. Einreichung eines realen Projekts oder einer Fallstudie, die die ITIL-Beherrschung demonstriert.

Wichtige Lernergebnisse:

1. Umfassendes Verständnis der ITIL-Praktiken und ihrer strategischen Anwendung.
2. Expertise in der Konzeption und Implementierung effektiver IT-Service-Management-Lösungen.
3. Fähigkeit, kontinuierliche Verbesserungen und Innovationen bei der Bereitstellung von IT-Services voranzutreiben.

Zielgruppe:

- Erfahrene IT-Service-Management-Experten.
- Personen, die die höchste Stufe der ITIL-Zertifizierung erreichen möchten.
- Organisationen, die fachkundige Beratung im IT-Service-Management suchen.

Vorteile der ITIL v4-Zertifizierung

Das Erreichen der ITIL v4-Zertifizierung bietet zahlreiche Vorteile für Einzelpersonen und Organisationen:

Für Einzelpersonen:

- Erweiterte Kenntnisse und Fähigkeiten: Erlangen Sie ein gründliches Verständnis der ITIL-Prinzipien und -Praktiken und verbessern Sie Ihre Fähigkeit, IT-Services effektiv zu verwalten.
- Karriereförderung: Die ITIL-Zertifizierung ist weltweit anerkannt und kann Ihre Karriereaussichten und Ihre berufliche Glaubwürdigkeit verbessern.
- Praktische Anwendung: Lernen Sie, wie Sie ITIL-Konzepte in realen Szenarien anwenden und Ihre Fähigkeit verbessern, komplexe IT-Service-Management-Herausforderungen zu lösen.

Für Organisationen:

- ❖ Verbesserte Servicequalität: Implementieren Sie ITIL-Best Practices, um die Qualität und Zuverlässigkeit von IT-Services zu verbessern, was zu einer höheren Kundenzufriedenheit führt.
- ❖ Betriebliche Effizenz: Optimieren Sie IT-Prozesse und -Praktiken, um die Effizenz zu verbessern und Kosten zu senken.
- ❖ Strategische Ausrichtung: Richten Sie IT-Services an den Geschäftszielen aus und stellen Sie sicher, dass die IT zur Erreichung der Unternehmensziele beiträgt.
- ❖ Kontinuierliche Verbesserung: Fördern Sie eine Kultur der kontinuierlichen Verbesserung und Innovation, um langfristigen Erfolg und Wettbewerbsfähigkeit zu fördern.

PS

Das ITIL v4-Zertifizierungsprogramm bietet IT-Experten einen umfassenden Weg, um ihr Fachwissen im IT-Service-Management zu entwickeln und zu demonstrieren. Durch das Durchlaufen der verschiedenen Zertifizierungsstufen können Einzelpersonen ein tiefes Verständnis der ITIL-Praktiken und -Prinzipien erlangen und ihre Fähigkeit verbessern, IT-Services effektiv zu verwalten und zum Unternehmenserfolg beizutragen. Für Unternehmen kann die Investition in die ITIL-Zertifizierung ihrer Teams zu einer verbesserten Servicequalität, betrieblichen Effizenz und strategischen Ausrichtung führen, was letztendlich zu besseren Geschäftsergebnissen führt. Da sich die IT-Landschaft ständig weiterentwickelt, bleibt die ITIL v4-Zertifizierung ein wertvolles Gut für Fachleute und Organisationen, die sich im IT-Service-Management auszeichnen möchten.

Grundstufe

Die ITIL Foundation Level-Zertifizierung dient als Einstieg in das ITIL v4-Zertifizierungsprogramm. Es wurde entwickelt, um ein breites Verständnis der wichtigsten Konzepte, Terminologie und Prinzipien von ITIL v4 zu vermitteln und eine solide Grundlage für weiteres Lernen und Zertifizierung zu schaffen.

Zweck und Ziele:

Das Hauptziel des ITIL Foundation Levels ist es, sicherzustellen, dass die Kandidaten die Kernelemente von ITIL v4 verstehen, einschließlich des ITIL Service Value System (SVS), des Vier-Dimensionen-Modells und der Leitprinzipien. Diese Zertifizierung zielt darauf ab, Einzelpersonen mit dem grundlegenden Wissen auszustatten, das erforderlich ist, um mit der Implementierung von ITIL-Praktiken in ihren Organisationen zu beginnen.

BEHANDELTE SCHLÜSSELTHEMEN:

- ❖ Einführung in ITIL v4: Ein Überblick über das ITIL-Framework, seine Entwicklung und seine Relevanz im modernen IT-Service-Management.
- ❖ Service Value System (SVS): Verständnis der Komponenten des SVS, einschließlich Governance, Service-Wertschöpfungskette, Leitprinzipien, Praktiken und kontinuierlicher Verbesserung.
- ❖ Das Vier-Dimensionen-Modell: Erforschung der vier Dimensionen des Service-Managements: Organisationen und Menschen, Information und Technologie, Partner und Lieferanten sowie Wertströme und Prozesse.
- ❖ ITIL-Leitprinzipien: Detaillierte Einblicke in die sieben Leitprinzipien: Konzentrieren Sie sich auf den Wert, beginnen Sie dort, wo Sie sind, gehen Sie iterativ mit Feedback voran, arbeiten Sie zusammen und fördern Sie die Sichtbarkeit, denken und arbeiten Sie ganzheitlich, halten Sie es einfach und praktisch, optimieren und automatisieren.
- ❖ Wichtige ITIL-Praktiken: Eine Einführung in 15 wesentliche ITIL-Praktiken, darunter Incident Management, Change Enablement und Service Desk.

Lernergebnisse:

Kandidaten, die die ITIL Foundation Level-Zertifizierung absolvieren, werden in der Lage sein:

- ❖ Verstehen Sie die Schlüsselkonzepte von Service Management und ITIL.
- ❖ Verstehen Sie das ITIL SVS und wie seine Komponenten zusammenwirken, um Wert zu schaffen.

- ❖ Wenden Sie ITIL-Leitprinzipien an, um die Service-Management-Praktiken zu verbessern.
- ❖ Erkennen und beschreiben Sie den Zweck und die wichtigsten Aktivitäten verschiedener ITIL-Praktiken.

Zielgruppe:

1. IT-Experten, die neu bei ITIL sind und ein grundlegendes Verständnis des ITIL-Frameworks benötigen.
2. Personen, die im IT-Service-Management tätig sind und ihr Wissen und ihre Fähigkeiten erweitern möchten.
3. Unternehmen, die ITIL-Praktiken einführen und die Service-Management-Funktionen verbessern möchten.

Details zur Prüfung:

1. Format: Multiple-Choice-Prüfung.
2. Dauer: 60 Minuten.
3. Anzahl der Fragen: 40 Fragen.
4. Bestandene Punktzahl: 65% (26 von 40 Fragen).

Die ITIL Foundation Level-Zertifizierung ist eine Voraussetzung für alle übergeordneten ITIL v4-Qualifikationen und damit ein wesentlicher erster Schritt für jeden, der eine Karriere im IT-Service-Management anstrebt.

Führungskraft (MP)

Die ITIL Managing Professional (MP)-Zertifizierung richtet sich an IT-Praktiker, die in Technologie- und Digitalteams in Unternehmen arbeiten. Dieser Stream bietet praktisches und technisches Wissen über die erfolgreiche Ausführung von IT-gestützten Diensten, Teams und Workflows. Die Managing Professional Zertifizierung besteht aus vier Modulen, die sich jeweils auf unterschiedliche Aspekte des IT-Service-Managements konzentrieren.

Module:

1. **ITIL-Spezialist:** Erstellen, Bereitstellen und Unterstützen: Dieses Modul behandelt die Kernaktivitäten des Service-Managements und erweitert das ITIL-Framework, um die Erstellung, Bereitstellung und den Support von IT-Services abzudecken. Es umfasst Serviceleistung, Servicequalität und Verbesserung.

   ❖ **Schlüsselthemen:** Service-Design, -Übergang und -Betrieb; Service Desk; Service-Level-Management; Überwachung und Ereignismanagement; Problemmanagement.
   ❖ **Lernergebnisse:** Fähigkeit, einen Service-Wertstrom zu planen und aufzubauen, um Services zu erstellen, bereitzustellen und zu unterstützen.

2. **ITIL-Spezialist:** Stakeholder-Wert steigern: Konzentriert sich auf das Engagement und die Interaktion zwischen Service Providern und ihren Kunden, Benutzern, Lieferanten und Partnern. Dieses Modul behandelt Themen wie SLA-Design, Multi-Supplier-Management, Beziehungsmanagement und Kundenerfahrung.

   ❖ Schlüsselthemen: Customer Journey, Stakeholder-Beziehungen, Customer Experience Design, User Communities, Kommunikationsstrategien.
   ❖ Lernergebnisse: Fähigkeiten, um Stakeholder-Beziehungen zu verwalten und zu verbessern und sicherzustellen, dass der Servicewert erbracht wird.

3. **ITIL-Spezialist:** Hochgeschwindigkeits-IT: Untersucht die Funktionsweise digitaler Organisationen und digitaler Betriebsmodelle in Hochgeschwindigkeitsumgebungen. Es konzentriert sich auf die schnelle Bereitstellung von Produkten und Dienstleistungen, um die Geschäftsanforderungen zu erfüllen.

   ❖ Schlüsselthemen: Agile und Lean-Methoden, DevOps-Praktiken, Service Design Thinking, Automatisierung und Cloud-Dienste.
   ❖ Lernergebnisse: Kenntnisse zur Anwendung von Lean-, Agile- und DevOps-Konzepten in Hochgeschwindigkeits-IT-Umgebungen.

4. **ITIL-Stratege:** Leiten, Planen und Verbessern: Dieses Modul wird von den MP- und SL-Streams gemeinsam genutzt und konzentriert sich auf die praktischen Fähigkeiten, die

erforderlich sind, um eine "lernende und verbessernde" IT-Organisation mit einer starken und effektiven strategischen Ausrichtung zu schaffen.

- ❖ Schwerpunktthemen: Strategie und Planung, Governance, Risikomanagement, kontinuierliche Verbesserung, organisatorisches Change Management.
- ❖ Lernergebnisse: Fähigkeit, kontinuierliche Verbesserungen voranzutreiben und zu verwalten und die IT-Strategie an den Geschäftszielen auszurichten.

Hauptvorteile:

- ❖ Glaubwürdigkeit und eröffnet fortschrittliche Karrieremöglichkeiten im IT-Service-Management.

Zielgruppe:

- ❖ IT-Experten, die an der Bereitstellung und dem Support von IT-Services beteiligt sind.
- ❖ Personen, die ihre Karriere im IT-Service-Management vorantreiben möchten.
- ❖ Unternehmen, die ihre IT-Servicebereitstellung und -abläufe verbessern möchten.

Details zur Prüfung:

Jedes Modul des Managing Professional-Streams hat seine eigene Prüfung, die in der Regel Multiple-Choice-Fragen und fallbasierte Szenarien umfasst, um das Verständnis und die Anwendung der ITIL-Praktiken durch den Kandidaten zu bewerten.

Die ITIL Managing Professional-Zertifizierung ist für IT-Praktiker unerlässlich, die ihre Karriere vorantreiben und ihre Fähigkeiten bei der Verwaltung und Bereitstellung hochwertiger IT-Services verbessern möchten. Es bietet ein umfassendes Toolkit für die Verwaltung der IT-Servicebereitstellung in einer modernen, digitalen Umgebung, um sicherzustellen, dass die Services effizient, effektiv und auf die Geschäftsziele abgestimmt sind.

Strategische Führungskraft (SL)

Der ITIL Strategic Leader (SL) Zertifizierungsstream richtet sich an Fachleute, die die IT- und Digitalstrategie in ihren Unternehmen leiten und verwalten möchten. Diese

Zertifizierung richtet sich an diejenigen, die ihre Fähigkeit unter Beweis stellen möchten, die digitale Transformation voranzutreiben und IT-Strategien an den allgemeinen Geschäftszielen auszurichten. Der SL-Stream besteht aus zwei Modulen: ITIL Strategist: Direct, Plan, and Improve, und ITIL Leader: Digital and IT Strategy.

Module:

ITIL-Stratege: Steuern, Planen und Verbessern (DPI):

- ❖ Zweck: Dieses Modul konzentriert sich auf die praktischen Fähigkeiten, die erforderlich sind, um eine lernende und sich verbessernde IT-Organisation mit einer starken und effektiven strategischen Ausrichtung zu schaffen.

Themenschwerpunkte:

- ❖ Governance und Risikomanagement
- ❖ Strategie und Planung
- ❖ Kontinuierliche Verbesserung
- ❖ Messung und Berichterstattung
- ❖ Organisatorisches Änderungsmanagement
- ❖ Lernergebnisse:
- ❖ Fähigkeit, organisatorische Veränderungen voranzutreiben und zu verwalten.
- ❖ Fähigkeiten zur Einrichtung von Governance-Frameworks und zur Ausrichtung der IT-Strategie an den Geschäftszielen.
- ❖ Kenntnisse in der Planung und Umsetzung von Initiativen zur kontinuierlichen Verbesserung.

ITIL-Leiter: Digital- und IT-Strategie (DITS):

- ❖ Zweck: Dieses Modul bietet Anleitungen zur Entwicklung einer digitalen Strategie, die auf die Geschäftsziele abgestimmt ist und das Unternehmen auf die digitale Disruption vorbereitet.
- ❖ Themenschwerpunkte:
- ❖ Strategie für die digitale Transformation
- ❖ Strategische Ausrichtung und Geschäftsintegration
- ❖ Risikomanagement im digitalen Zeitalter

- ❖ Führung und organisatorischer Wandel
- ❖ Innovation und neue Technologien
- ❖ Lernergebnisse:
- ❖ Verständnis für die Entwicklung und Umsetzung einer digitalen Strategie.
- ❖ Fähigkeit, Initiativen zur digitalen Transformation zu leiten.
- ❖ Fähigkeiten zum Umgang mit Risiken im Zusammenhang mit der digitalen Disruption.
- ❖ Kenntnisse in der Integration der digitalen Strategie in die Geschäftsstrategie.

Hauptvorteile:

1. **Führungskräfteentwicklung: Stattet** IT-Führungskräfte mit den Fähigkeiten aus, strategische Initiativen voranzutreiben und die digitale Transformation zu managen.
2. **Strategische Ausrichtung:** Stellt sicher, dass IT- und Digitalstrategien eng auf die Geschäftsziele abgestimmt sind, und verbessert so die Gesamtleistung des Unternehmens.
3. **Risikomanagement:** Bietet die Tools und Techniken zur Identifizierung und Minderung von Risiken im Zusammenhang mit der digitalen Transformation.
4. **Innovation:** Fördert eine Innovationskultur und hilft Unternehmen, wettbewerbsfähig zu bleiben und auf Marktveränderungen zu reagieren.

Zielgruppe:

- ❖ Leitende IT-Führungskräfte und -Manager.
- ❖ IT-Experten, die für die Ausrichtung der IT-Strategie an der Geschäftsstrategie verantwortlich sind.
- ❖ Personen, die an der Förderung der digitalen Transformation und Innovation in ihren Organisationen beteiligt sind.

Details zur Prüfung:

- ❖ Format: Jedes Modul enthält eine Kombination aus Multiple-Choice-Fragen, fallstudienbasierten Fragen und praktischen Aufgaben.
- ❖ Dauer: Variiert je nach Modul und liegt in der Regel zwischen 90 und 120 Minuten.

❖ Bestehenspunktzahl: Für jedes Modul werden spezifische Bestehenskriterien festgelegt, um sicherzustellen, dass die Kandidaten ein gründliches Verständnis des Inhalts nachweisen.

Die ITIL Strategic Leader-Zertifizierung ist unerlässlich für Fachleute, die die IT-Strategie auf höchster Ebene in ihren Unternehmen beeinflussen und vorantreiben möchten. Es bietet einen robusten Rahmen für die Integration von IT- und Digitalstrategien in die Geschäftsziele und stellt sicher, dass die IT erheblich zur Erreichung strategischer Ziele und zur Bereitstellung von Geschäftswert beiträgt.

ITIL-Meister

Die ITIL Master-Zertifizierung stellt den Höhepunkt des ITIL v4-Zertifizierungsprogramms dar. Diese prestigeträchtige Zertifizierung zeigt ein tiefes, praktisches Verständnis der ITIL-Prinzipien, -Praktiken und -Methoden. Das Erreichen des ITIL-Master-Status bedeutet, dass eine Person über das Fachwissen verfügt, um ITIL-Konzepte in realen Situationen anzuwenden, um strategische Ziele zu erreichen und einen erheblichen Geschäftswert zu erzielen.

Schlüsselthemen: Service-Design, -Übergang und -Betrieb; Service Desk; Service-Level-Management; Überwachung und Ereignismanagement; Problemmanagement.

Lernvoraussetzungen:

- Erfahrung: Die Kandidaten müssen über umfangreiche praktische Erfahrung im IT-Service-Management verfügen. Dazu gehört in der Regel der Besitz der ITIL Expert-Zertifizierung oder der Bezeichnungen Managing Professional und Strategic Leader.
- Projekteinreichung: Die Kandidaten müssen ein umfassendes Portfolio von realen Projekten oder Fallstudien einreichen, die ihre Anwendung von ITIL-Praktiken demonstrieren. Dieses Portfolio sollte eine detaillierte Dokumentation der Rolle des Kandidaten, der Herausforderungen, der implementierten Lösungen und der erzielten Ergebnisse enthalten.
- Interview: Die Kandidaten werden einem Interview mit einem Gremium von ITIL-Experten unterzogen, um ihr Portfolio zu besprechen und ihr Verständnis und ihre Anwendung der ITIL-Praktiken zu validieren.

Wichtigste Aktivitäten:

- ❖ Portfolioentwicklung: Stellen Sie ein detailliertes Portfolio von ITIL-bezogenen Projekten zusammen, in dem hervorgehoben wird, wie ITIL-Prinzipien und -Praktiken angewendet wurden, um Geschäftsziele zu erreichen. Dazu gehört die Dokumentation konkreter Initiativen, der Rolle, der angegangenen Herausforderungen und der erzielten Ergebnisse.
- ❖ Peer Review: Präsentieren Sie das Portfolio einem Gremium von ITIL-Experten, die die Tiefe des Verständnisses, die praktische Anwendung und die Auswirkungen der Arbeit bewerten. Dieser Überprüfungsprozess stellt sicher, dass die Kandidaten die hohen Standards erfüllen, die für die ITIL Master-Zertifizierung erforderlich sind.
- ❖ Kontinuierliches Lernen: Zeigen Sie Ihr Engagement für kontinuierliches Lernen und Verbesserung im IT-Service-Management. Dazu gehört, über die neuesten ITIL-Entwicklungen auf dem Laufenden zu bleiben und einen Beitrag zur breiteren ITIL-Community zu leisten.

Hauptvorteile:

Anerkennung: Das Erreichen des ITIL-Master-Status ist eine bedeutende berufliche Leistung, die eine Anerkennung für fortgeschrittenes Fachwissen im IT-Service-Management darstellt.
Führung: ITIL-Master gelten als Vordenker und Experten auf diesem Gebiet, die in der Lage sind, strategische Initiativen voranzutreiben und organisatorische Veränderungen zu beeinflussen.
Karriereförderung: Die Zertifizierung eröffnet fortgeschrittene Karrieremöglichkeiten, einschließlich Rollen wie Chief Information Officer (CIO), IT-Direktor und Senior IT-Berater.
Geschäftliche Auswirkungen: ITIL-Master verfügen über die Fähigkeiten und das Wissen, um ITIL-Praktiken effektiv zu implementieren, was zu einer verbesserten Servicebereitstellung, betrieblichen Effizienz und Geschäftsausrichtung führt.

Zielgruppe:

- ❖ Leitende IT-Service-Management-Experten mit umfangreicher Erfahrung in der Implementierung von ITIL-Praktiken.
- ❖ ITIL Managing Professionals und Strategic Leaders, die die höchste Zertifizierungsstufe anstreben.
- ❖ Unternehmen, die fachkundige Beratung suchen, um die Exzellenz des IT-Service-Managements zu fördern.

Details zur Prüfung:

1. **Format:** Der ITIL Master-Zertifizierungsprozess beinhaltet keine herkömmliche Prüfung. Stattdessen erfordert es die Einreichung eines detaillierten Portfolios und eines umfassenden Interviews.
2. **Dauer:** Die Dauer des Zertifizierungsprozesses variiert je nach Komplexität des Portfolios des Kandidaten und der Planung des Vorstellungsgesprächs.
3. **Bewertungskriterien:** Die Bewertung konzentriert sich auf die Fähigkeit des Kandidaten, die praktische Anwendung der ITIL-Prinzipien, kritisches Denken, Problemlösung und die Auswirkungen seiner Arbeit auf die Geschäftsergebnisse zu demonstrieren.

Die ITIL Master-Zertifizierung ist ein Beweis für das Fachwissen und die Fähigkeiten einer Person im IT-Service-Management. Es bedeutet die Beherrschung der ITIL-Praktiken und ein tiefes Verständnis dafür, wie diese Praktiken genutzt werden können, um den Geschäftserfolg zu steigern. Für Unternehmen stellt ITIL Masters in ihrem Team sicher, dass sie über das höchste verfügbare IT-Service-Management-Know-how verfügen, was zu einer besseren Entscheidungsfindung, einer verbesserten Servicebereitstellung und einer strategischen Ausrichtung an den Geschäftszielen führt.

Zertifizierungsanforderungen und Prüfungsdetails

Das ITIL v4-Zertifizierungsprogramm ist so strukturiert, dass es IT-Experten, die ihre Fähigkeiten weiterentwickeln und ihre Karriere im IT-Service-Management vorantreiben möchten, einen klaren Weg bietet. Jede Zertifizierungsstufe hat spezifische Anforderungen und Prüfungsdetails, die die Kandidaten erfüllen müssen, um die Zertifizierung zu erhalten.

ITIL Foundation Zertifizierungsanforderungen und Prüfungsdetails

Anforderungen:

Voraussetzungen: Es gibt keine formalen Voraussetzungen für die ITIL Foundation-Zertifizierung. Es steht allen offen, die daran interessiert sind, ein grundlegendes Verständnis des ITIL-Frameworks und seiner Praktiken zu erlangen.

Details zur Prüfung:

- Format: Multiple-Choice-Prüfung.
- Anzahl der Fragen: 40 Fragen.
- Dauer: 60 Minuten.
- Bestandene Punktzahl: 65% (26 von 40 Fragen).
- Bereitstellungsmethode: Die Prüfung kann online oder in einem akkreditierten Testzentrum abgelegt werden.

ITIL Managing Professional (MP) Zertifizierungsanforderungen und Prüfungsdetails

Der ITIL Managing Professional-Stream besteht aus vier Modulen: Erstellen, Bereitstellen und Unterstützen (CDS); Stakeholder-Wert (DSV) steigern; Hochgeschwindigkeits-IT (HVIT); und Direct, Plan, and Improve (DPI).

Anforderungen:

- ❖ Voraussetzungen: Kandidaten müssen über die ITIL Foundation-Zertifizierung verfügen, um für die Managing Professional-Module in Frage zu kommen.
- ❖ Schulung: Der Abschluss eines akkreditierten Schulungskurses für jedes Modul ist obligatorisch, bevor die Prüfungen abgelegt werden.

Prüfungsdetails für jedes Modul:

1. Format: Multiple-Choice-Fragen, einschließlich szenariobasierter Fragen.
2. Anzahl der Fragen: 40 Fragen.
3. Dauer: 90 Minuten.
4. Bestandene Punktzahl: 70% (28 von 40 Fragen).
5. Liefermethode: Die Prüfungen können online oder in einem akkreditierten Testzentrum abgelegt werden.

ITIL Strategic Leader (SL) Zertifizierungsanforderungen und Prüfungsdetails

Der ITIL Strategic Leader-Stream besteht aus zwei Modulen: Direct, Plan and Improve (DPI) und Digital and IT Strategy (DITS).

Anforderungen:

- ❖ Voraussetzungen: Die Kandidaten müssen über die ITIL Foundation-Zertifizierung verfügen. Für das Modul Digitale und IT-Strategie müssen die Kandidaten außerdem über mindestens drei Jahre Führungserfahrung verfügen.
- ❖ Schulung: Der Abschluss eines akkreditierten Schulungskurses für jedes Modul ist obligatorisch, bevor die Prüfungen abgelegt werden.

Prüfungsdetails für jedes Modul:

- ❖ Format: Multiple-Choice-Fragen, einschließlich szenariobasierter Fragen.
- ❖ Anzahl der Fragen: 3040 Fragen, je nach Modul.
- ❖ Dauer: 90 Minuten.

- ❖ Bestehenspunktzahl: 70% (variiert leicht je nach Modul).
- ❖ Liefermethode: Die Prüfungen können online oder in einem akkreditierten Testzentrum abgelegt werden.

ITIL Master-Zertifizierungsanforderungen und Prüfungsdetails

Anforderungen:

- ❖ Voraussetzungen: Die Kandidaten müssen die Bezeichnung ITIL Managing Professional (MP) oder ITIL Strategic Leader (SL) erreicht haben. Darüber hinaus müssen sie über mindestens fünf Jahre Erfahrung im IT-Service-Management verfügen.
- ❖ Portfolio-Einreichung: Die Kandidaten müssen ein umfassendes Portfolio von Projekten aus der Praxis einreichen, die ihre Anwendung von ITIL-Praktiken demonstrieren.
- ❖ Interview: Die Kandidaten werden einem Interview mit einem Gremium von ITIL-Experten unterzogen, um ihr Portfolio zu besprechen und ihr Verständnis und ihre Anwendung der ITIL-Praktiken zu validieren.

Details zur Prüfung:

- Der ITIL Master-Zertifizierungsprozess beinhaltet keine herkömmliche Prüfung. Stattdessen werden die Kandidaten auf der Grundlage ihres Portfolios und des Vorstellungsgesprächs bewertet.

Lerntipps und Ressourcen

Das Erreichen der ITIL-Zertifizierung erfordert eine gründliche Vorbereitung und ein Verständnis der Konzepte und Praktiken des Frameworks. Hier sind einige Studientipps und Ressourcen, die den Kandidaten helfen, ihre ITIL-Zertifizierungsprüfungen erfolgreich zu bestehen.

Lerntipps

1. Verstehen Sie das Prüfungsformat:

Machen Sie sich mit dem Prüfungsformat, den Fragetypen und den Bestehenskriterien vertraut. Wenn Sie wissen, was Sie erwartet, können Sie sich effektiver vorbereiten.

2. Verwenden Sie akkreditierte Schulungsanbieter:

- Melden Sie sich für Kurse an, die von akkreditierten Schulungsanbietern angeboten werden. Diese Kurse sind so konzipiert, dass sie alle notwendigen Themen abdecken und Einblicke von erfahrenen Dozenten bieten.

3. Studieren Sie die offiziellen ITIL-Publikationen:

- Verwenden Sie die offiziellen ITIL-Publikationen, wie z. B. das ITIL Foundation-Buch und andere modulspezifische Leitfäden. Diese Ressourcen sind umfassend und bieten fundierte Kenntnisse der ITIL-Praktiken.

4. Erstellen Sie einen Studienplan:

- Entwickeln Sie einen Studienplan, der alle Themen systematisch abdeckt. Weisen Sie jedem Thema bestimmte Zeitfenster zu und halten Sie sich an den Zeitplan.

5. Üben Sie mit Beispielfragen:

- Üben Sie das Beantworten von Beispielfragen und das Ablegen von Probeprüfungen. Dies hilft Ihnen, sich an das Frageformat zu gewöhnen und verbessert Ihr Zeitmanagement.

6. Treten Sie Lerngruppen und Foren bei:

- Treten Sie ITIL-Studiengruppen und Online-Foren bei. Der Austausch mit anderen Kandidaten kann wertvolle Erkenntnisse liefern, Zweifel klären und Sie motivieren.

7. Konzentrieren Sie sich auf Schlüsselkonzepte:

- Achten Sie besonders auf die Schlüsselkonzepte wie das Service Value System (SVS), das Vier-Dimensionen-Modell und die ITIL-Leitprinzipien. Das Verständnis dieser Kernelemente ist entscheidend für den Erfolg.

8. Überprüfen und überarbeiten Sie regelmäßig:
- Überprüfen und überarbeiten Sie regelmäßig das Material, das Sie studiert haben. Dies stärkt Ihr Wissen und hilft, wichtige Informationen zu behalten.

Betriebsmittel

1. Offizielle ITIL-Publikationen:
- Das Buch der ITIL Foundation und andere offizielle Veröffentlichungen sind wichtige Ressourcen. Sie bieten eine umfassende Abdeckung aller ITIL-Konzepte und -Praktiken.

2. Akkreditierte Schulungsanbieter:
- Melden Sie sich für Kurse von akkreditierten Schulungsanbietern an. Diese Kurse sind so konzipiert, dass sie sich an den Prüfungslehrplan anpassen und strukturiertes Lernen ermöglichen.

3. Online-Übungsprüfungen:
- Verwenden Sie Online-Übungsprüfungen, um Ihr Wissen zu testen und verbesserungsbedürftige Bereiche zu identifizieren. Websites wie AXELOS und PeopleCert bieten Übungsprüfungen und Beispielfragen an.

4. ITIL-Studienführer:

Investieren Sie in ITIL-Studienführer und Prüfungsvorbereitungsbücher. Diese Leitfäden enthalten oft Zusammenfassungen, Übungsfragen und Tipps zum Bestehen der Prüfungen.

5. ITIL-Community-Foren:

- und spezialisierte ITIL-Foren bieten Plattformen für den Austausch von Erfahrungen und Ressourcen.

6. Karteikarten und Zusammenfassungen:

- Verwenden Sie Karteikarten und Zusammenfassungen, um wichtige Konzepte und Begriffe zu wiederholen. Dies ist besonders nützlich für schnelle Überarbeitungen und das Beibehalten wichtiger Informationen.

7. Webinare und Online-Tutorials:

- Nehmen Sie an Webinaren teil und sehen Sie sich Online-Tutorials zu ITIL-Themen an. Viele akkreditierte Schulungsanbieter und ITIL-Experten bieten kostenlose oder kostenpflichtige Webinare an, die zusätzliche Einblicke bieten.

Durch Befolgen dieser Studientipps und die Nutzung der verfügbaren Ressourcen können sich die Kandidaten effektiv auf ihre ITIL-Zertifizierungsprüfungen vorbereiten. Konsequente Anstrengungen, strukturierte Vorbereitung und ein gründliches Verständnis der ITIL-Konzepte sind der Schlüssel zur Erlangung der Zertifizierung und zum Fortschritt im IT-Service-Management.

KAPITEL 6

IMPLEMENTIERUNG VON ITIL V4

Die Implementierung von ITIL v4 umfasst einen umfassenden Ansatz, der strategische Planung, Stakeholder-Engagement, Prozessausrichtung und kontinuierliche Verbesserung integriert. Ziel ist es, ein Framework zu schaffen, das ein effektives IT-Service-Management unterstützt, IT-Services an den Geschäftszielen ausrichtet und den Stakeholdern einen konsistenten Mehrwert bietet. Dieses Kapitel enthält eine detaillierte Roadmap für die erfolgreiche Implementierung von ITIL v4 in einem Unternehmen mit Schwerpunkt auf praktischen Schritten, Beispielen aus der Praxis und wichtigen Überlegungen zum Erfolg.

Strategische Planung und Bewertung

Der erste Schritt bei der Implementierung von ITIL v4 besteht darin, eine gründliche Bewertung des aktuellen Zustands des IT-Service-Managements innerhalb der Organisation durchzuführen. Dazu gehört die Bewertung bestehender Prozesse, Tools und Fähigkeiten, um Stärken, Schwächen und verbesserungswürdige Bereiche zu identifizieren.

Wichtigste Aktivitäten:

i. **Analyse des aktuellen Zustands:** Bewerten Sie die aktuellen IT-Service-Management-Praktiken, einschließlich Prozesseffektivität, Tool-Nutzung und organisatorische Fähigkeiten. Identifizieren Sie Lücken und Verbesserungsmöglichkeiten.

ii. **Identifizierung von Stakeholdern:** Identifizieren Sie die wichtigsten Stakeholder, einschließlich Führungskräfte, IT-Mitarbeiter und Kunden. Verstehen Sie ihre Bedürfnisse, Erwartungen und Bedenken in Bezug auf IT-Services.

iii. **Ziele definieren:** Legen Sie klare Ziele für die Implementierung von ITIL v4 fest. Diese Ziele sollten mit den strategischen Zielen des Unternehmens übereinstimmen und die identifizierten Lücken und Chancen beheben.

Bewährte Methoden:

i. Verwenden Sie Reifegradbewertungen: Führen Sie Reifegradbewertungen des IT-Servicemanagements durch, um aktuelle Fähigkeiten zu bewerten und Wachstumsbereiche zu identifizieren.
ii. Stakeholder frühzeitig einbinden: Beziehen Sie Stakeholder frühzeitig in den Planungsprozess ein, um sicherzustellen, dass ihre Bedürfnisse und Erwartungen verstanden und berücksichtigt werden.
iii. Realistische Ziele setzen: Definieren Sie erreichbare Ziele und Zeitpläne für das Implementierungsprojekt. Stellen Sie sicher, dass diese Ziele spezifisch, messbar, erreichbar, relevant und zeitgebunden (SMART) sind.

Entwerfen und Ausrichten von Prozessen

Sobald der strategische Plan steht, besteht der nächste Schritt darin, die IT-Service-Management-Prozesse mit den ITIL v4-Praktiken zu entwerfen und auszurichten. Dabei geht es darum, bestehende Prozesse neu zu gestalten oder neue zu entwickeln, um die ITIL-Standards zu erfüllen.

Wichtigste Aktivitäten:

i. Prozessdesign: Entwerfen Sie IT-Service-Management-Prozesse, die sich an den Best Practices von ITIL v4 orientieren. Konzentrieren Sie sich auf Schlüsselbereiche wie Incident Management, Change Enablement und Service Request Management.
ii. Prozessintegration: Stellen Sie sicher, dass neue oder überarbeitete Prozesse in bestehende Workflows und Systeme integriert werden. Dies fördert einen reibungslosen Betrieb und minimiert Unterbrechungen.
iii. Dokumentation: Dokumentieren Sie alle Prozesse übersichtlich, einschließlich Rollen, Verantwortlichkeiten, Workflows und Leistungsmetriken. Dies gewährleistet Konsistenz und bietet eine Referenz für Schulungen und kontinuierliche Verbesserungen.

Bewährte Methoden:

i. Verfolgen Sie einen schrittweisen Ansatz: Implementieren Sie ITIL v4-Prozesse in Phasen, um die Komplexität zu bewältigen und Anpassungen auf der Grundlage von Feedback und gewonnenen Erkenntnissen zu ermöglichen.
ii. Verwenden Sie Prozessmodelle: Nutzen Sie Prozessmodelle und Frameworks, um das Design und die Implementierung von ITIL v4-Prozessen zu steuern.
iii. Fokus auf Wert: Entwerfen Sie Prozesse, die den Kunden einen Mehrwert bieten und sich an den Geschäftszielen orientieren. Bewerten Sie Prozesse kontinuierlich, um sicherzustellen, dass sie relevant und effektiv bleiben.

Tool-Auswahl und -Implementierung

Eine effektive Implementierung von ITIL v4 erfordert die richtigen Tools zur Unterstützung und Automatisierung von IT-Service-Management-Prozessen. Die Auswahl und Implementierung dieser Tools ist ein entscheidender Schritt auf dem Weg zur Implementierung.

Wichtigste Aktivitäten:

i. Tool-Evaluierung: Bewerten Sie IT-Service-Management-Tools basierend auf ihrer Funktionalität, Benutzerfreundlichkeit, Skalierbarkeit und Kompatibilität mit bestehenden Systemen.
ii. Anbieterauswahl: Wählen Sie Anbieter, die robuste Support-, Schulungs- und Integrationsdienste anbieten. Betrachten Sie sowohl etablierte Anbieter als auch innovative Neueinsteiger.
iii. Implementierungsplanung: Entwickeln Sie einen detaillierten Plan für die Tool-Implementierung, einschließlich Zeitplänen, Ressourcenanforderungen und Schulungsprogrammen.

Bewährte Methoden:

i. Endbenutzer einbeziehen: Beziehen Sie Endbenutzer in den Werkzeugauswahlprozess ein, um sicherzustellen, dass die ausgewählten Werkzeuge ihren Bedürfnissen und Vorlieben entsprechen.
ii. Pilottests: Führen Sie Pilottests neuer Tools durch, um potenzielle Probleme zu identifizieren und Feedback vor der vollständigen Implementierung zu sammeln.
iii. Integrationsfokus: Stellen Sie sicher, dass sich neue Tools nahtlos in bestehende Systeme und Prozesse integrieren lassen, um Unterbrechungen zu vermeiden und die Effizienz zu maximieren.

Training und Change Management

Die erfolgreiche Implementierung von ITIL v4 erfordert effektive Schulungen und Änderungsmanagement, um sicherzustellen, dass die Mitarbeiter neue Prozesse und Tools verstehen und übernehmen.

Wichtigste Aktivitäten:

i. Schulungsprogramme: Entwickeln Sie umfassende Schulungsprogramme, die auf verschiedene Rollen und Verantwortlichkeiten innerhalb der Organisation zugeschnitten sind. Nutzen Sie eine Mischung aus Präsenzschulungen, Online-Kursen und praktischen Workshops.
ii. Change Management: Implementieren Sie Change-Management-Strategien, um mit Widerständen umzugehen und eine reibungslose Einführung neuer Praktiken zu gewährleisten. Dazu gehören Kommunikationspläne, Stakeholder-Engagement und Unterstützungsstrukturen.
iii. Kontinuierliches Lernen: Fördern Sie eine Kultur des kontinuierlichen Lernens und der Verbesserung, indem Sie kontinuierliche Schulungs- und Entwicklungsmöglichkeiten anbieten.

Bewährte Methoden:

i. **Rollenbasiertes Training:** Passen Sie Schulungsprogramme an die spezifischen Bedürfnisse verschiedener Rollen innerhalb des Unternehmens an. So wird sichergestellt, dass jedes Teammitglied eine relevante und praxisnahe Ausbildung erhält.

ii. **Effektive Kommunikation:** Kommunizieren Sie die Vorteile der ITIL v4-Implementierung klar und konsistent an alle Beteiligten. Gehen Sie auf Bedenken ein und heben Sie die positiven Auswirkungen auf die Servicequalität und die Geschäftsergebnisse hervor.
iii. **Unterstützung und Mentoring:** Bieten Sie den Mitarbeitern während der Übergangszeit Unterstützung und Mentoring. Dazu gehören der Zugang zu Ressourcen, Anleitung durch erfahrene Praktiker und Möglichkeiten für Feedback.

Kontinuierliche Verbesserung und Überwachung

Kontinuierliche Verbesserung ist ein Kernprinzip von ITIL v4. Nach der Implementierung von ITIL-Praktiken ist es wichtig, ihre Wirksamkeit zu überwachen und kontinuierlich nach Verbesserungsmöglichkeiten zu suchen.

Wichtigste Aktivitäten:

i. **Leistungsmessung:** Legen Sie Leistungsmetriken und KPIs fest, um die Effektivität von ITIL-Prozessen zu überwachen. Überprüfen und analysieren Sie regelmäßig Leistungsdaten, um Trends und verbesserungswürdige Bereiche zu identifizieren.
ii. **Feedback-Mechanismen:** Implementieren Sie Feedback-Mechanismen, um Beiträge von Stakeholdern, einschließlich Mitarbeitern, Kunden und Partnern, zu sammeln. Verwenden Sie dieses Feedback, um Verbesserungsinitiativen zu unterstützen.
iii. **Verbesserungsinitiativen:** Entwickeln und implementieren Sie Verbesserungsinitiativen auf der Grundlage von Leistungsdaten und Feedback. Dazu gehören Prozessoptimierungen, Tool-Verbesserungen und Schulungsupdates.

Bewährte Methoden:

i. **Regelmäßige Überprüfungen:** Führen Sie regelmäßige Überprüfungen der ITIL-Prozesse und Leistungskennzahlen durch, um sicherzustellen, dass sie mit den Geschäftszielen übereinstimmen und einen Mehrwert liefern.

ii. **Agilität und Anpassungsfähigkeit:** Bewahren Sie Flexibilität und Anpassungsfähigkeit in ITIL-Prozessen, um auf sich ändernde Geschäftsanforderungen und technologische Fortschritte zu reagieren.
iii. **Kultur der Verbesserung:** Fördern Sie eine Kultur der kontinuierlichen Verbesserung, indem Sie die Mitarbeiter ermutigen, Verbesserungen zu identifizieren und vorzuschlagen. Erkennen und belohnen Sie Beiträge, die das IT-Service-Management verbessern.

PS

Die Implementierung von ITIL v4 ist eine strategische Initiative, die eine sorgfältige Planung, das Engagement der Stakeholder, die Prozessausrichtung und die kontinuierliche Verbesserung erfordert. Wenn Sie die in diesem Kapitel beschriebenen Schritte befolgen, können Unternehmen ITIL v4-Praktiken erfolgreich implementieren, ihre IT-Service-Management-Fähigkeiten verbessern und ihre Geschäftsziele erreichen. Der Schlüssel zum Erfolg liegt in einem strukturierten Ansatz, der Best Practices, effektive Tools, umfassende Schulungen und die Verpflichtung zur kontinuierlichen Verbesserung integriert. Mit diesen Elementen können Unternehmen die Vorteile von ITIL v4 voll ausschöpfen und einen dauerhaften Wert für ihre Stakeholder schaffen.

Bewertung der aktuellen IT-Service-Management-Praktiken

Die Bewertung der aktuellen IT-Service-Management-Praktiken ist ein entscheidender erster Schritt bei der Implementierung von ITIL v4. Diese Bewertung bietet ein klares Verständnis der bestehenden Prozesse, identifiziert Lücken und zeigt verbesserungswürdige Bereiche auf. Eine umfassende Bewertung umfasst die Bewertung der Effektivität, Effizienz und Reife der aktuellen IT-Service-Management-Praktiken.

Wichtigste Aktivitäten:

1. **Prozessbewertung:**
   - ❖ Analyse des aktuellen Zustands: Überprüfen Sie vorhandene IT-Service-Management-Prozesse, z. B. Incident-Management, Change-Management und Problem-Management. Bewerten Sie, wie diese Prozesse dokumentiert, ausgeführt und überwacht werden.
   - ❖ Leistungsmetriken: Analysieren Sie Leistungskennzahlen und Key Performance Indicators (KPIs), um die Effektivität aktueller Prozesse zu bestimmen. Betrachten Sie Metriken wie Reaktionszeiten auf Vorfälle, Erfolgsquoten von Änderungen und Serviceverfügbarkeit.

2. **Fähigkeitsbewertung:**
   - ❖ Fähigkeiten und Kompetenzen: Bewerten Sie die Fähigkeiten und Kompetenzen des IT-Personals. Identifizieren Sie Bereiche, in denen möglicherweise zusätzliche Schulungen oder Kompetenzentwicklung erforderlich sind.
   - ❖ Tool-Nutzung: Bewerten Sie die Tools und Technologien, die derzeit für das IT-Service-Management verwendet werden. Stellen Sie fest, ob sie den Anforderungen des Unternehmens entsprechen oder ob Upgrades und Ersetzungen erforderlich sind.

3. **Feedback der Stakeholder:**

1. **Kundenzufriedenheit:** Sammeln Sie Feedback von Kunden und Endbenutzern zu ihren Erfahrungen mit IT-Services. Identifizieren Sie Bereiche der Unzufriedenheit und häufige Probleme.
2. **Interne Stakeholder:** Tauschen Sie sich mit internen Stakeholdern, einschließlich IT-Mitarbeitern und Führungskräften, aus, um ihre Perspektiven auf aktuelle IT-Service-Management-Praktiken zu verstehen.

4. **Bewertung des Reifegrads:**
   - **Reifegradmodelle:** Verwenden Sie Reifegradmodelle für das IT-Service-Management, wie z. B. das ITIL-Reifegradmodell oder die Capability Maturity Model Integration (CMMI), um den Reifegrad aktueller Praktiken zu bewerten. Dies hilft bei der Identifizierung von Lücken und der Festlegung von Verbesserungszielen.

Bewährte Methoden:

- **Benchmarking:** Vergleichen Sie aktuelle IT-Service-Management-Praktiken mit Branchenstandards und Best Practices. Dies bietet einen Anhaltspunkt für die Identifizierung von Verbesserungsbereichen.
- **SWOT-Analyse:** Führen Sie eine SWOT-Analyse (Stärken, Schwächen, Chancen, Bedrohungen) durch, um die internen und externen Faktoren zu verstehen, die sich auf das IT-Service-Management auswirken.
- **Dokumentation:** Stellen Sie sicher, dass alle Ergebnisse der Bewertung gut dokumentiert sind. Diese Dokumentation dient als Grundlage für die Planung und Umsetzung von Verbesserungen.

Die Bewertung der aktuellen IT-Service-Management-Praktiken ist wichtig, um die Grundlage zu verstehen, von der aus Verbesserungen vorgenommen werden. Es liefert ein klares Bild davon, was gut funktioniert und was geändert werden muss, und stellt sicher, dass die nachfolgenden Schritte in der ITIL-Implementierung gut informiert und zielgerichtet sind.

Planung der ITIL-Implementierung

Die Planung der Implementierung von ITIL v4 ist ein strategischer Prozess, der die Definition von Zielen, die Festlegung von Prioritäten und die Entwicklung einer detaillierten Roadmap für die Integration von ITIL-Praktiken in die Organisation umfasst. Ein gut strukturierter Implementierungsplan stellt sicher, dass der Übergang zu ITIL v4 reibungslos, systematisch und auf die Geschäftsziele abgestimmt ist.

Wichtigste Aktivitäten:

1. **Definieren Sie Ziele und Umfang:**
   - ❖ Klare Ziele setzen: Definieren Sie spezifische, messbare, erreichbare, relevante und zeitgebundene (SMART) Ziele für die ITIL-Implementierung. Diese Ziele sollten mit den strategischen Zielen des Unternehmens übereinstimmen.
   - ❖ Umfang bestimmen: Identifizieren Sie den Umfang der Implementierung, einschließlich der ITIL-Praktiken, die in welchen Phasen übernommen werden. Überlegen Sie, ob die Implementierung die gesamte Organisation oder bestimmte Abteilungen abdeckt.

ii. **Entwickeln Sie eine Implementierungs-Roadmap:**
   - ❖ Phasenweiser Ansatz: Planen Sie die Implementierung in Phasen, um die Komplexität zu bewältigen und Anpassungen auf der Grundlage von Feedback und gewonnenen Erkenntnissen zu ermöglichen. Jede Phase sollte sich auf spezifische ITIL-Praktiken und -Ergebnisse konzentrieren.
   - ❖ Zeitleiste: Erstellen Sie eine detaillierte Zeitleiste, in der die Meilensteine und wichtigsten Aktivitäten für jede Phase aufgeführt sind. Stellen Sie sicher, dass der Zeitplan realistisch ist und die Verfügbarkeit von Ressourcen und potenzielle Herausforderungen berücksichtigt.

iii. **Ressourcenallokation:**
   - ❖ Ressourcen identifizieren: Bestimmen Sie die für die Implementierung erforderlichen Ressourcen, einschließlich Personal, Budget und Tools. Stellen Sie sicher, dass die erforderlichen Ressourcen zugewiesen werden und dass die Geschäftsleitung angemessen unterstützt wird.

- ❖ Rollen und Verantwortlichkeiten zuweisen: Definieren Sie klare Rollen und Verantwortlichkeiten für das Implementierungsteam. Stellen Sie sicher, dass die Teammitglieder ihre Aufgaben verstehen und in der Lage sind, sie effektiv auszuführen.

iv. **Risikomanagement:**
- ❖ Risiken identifizieren: Identifizieren Sie potenzielle Risiken, die sich auf die Implementierung auswirken könnten, z. B. Widerstand gegen Veränderungen, Budgetbeschränkungen oder technische Herausforderungen.
- ❖ Minderungsstrategien: Entwickeln Sie Strategien zur Minderung identifizierter Risiken. Dazu gehören Notfallpläne und proaktive Maßnahmen, um potenzielle Probleme anzugehen, bevor sie eskalieren.

5. **Kommunikationsplan:**
    - ❖ Stakeholder-Engagement: Entwickeln Sie einen Kommunikationsplan, um die Stakeholder über den Fortschritt der Implementierung auf dem Laufenden zu halten. Stellen Sie sicher, dass die Kommunikation klar und konsistent ist und auf die Bedenken verschiedener Interessengruppen eingeht.
    - ❖ Schulung und Sensibilisierung: Planen Sie Schulungs- und Sensibilisierungsprogramme, um die Mitarbeiter über ITIL-Praktiken und die Vorteile der Implementierung aufzuklären. Dies hilft beim Aufbau von Unterstützung und sorgt für einen reibungslosen Übergang.

Bewährte Methoden:

- ❖ Pilotprogramme: Beginnen Sie mit Pilotprogrammen, um die Implementierung in kleinerem Maßstab zu testen. Dies ermöglicht Anpassungen und Verbesserungen vor einem vollständigen Rollout.
- ❖ Kontinuierliches Monitoring: Einrichtung von Mechanismen zur kontinuierlichen Überwachung und Bewertung des Umsetzungsfortschritts. Nutzen Sie Feedback, um notwendige Anpassungen und Verbesserungen vorzunehmen.
- ❖ Zusammenarbeit: Fördern Sie die Zusammenarbeit zwischen IT und Geschäftsbereichen, um sicherzustellen, dass die Implementierung auf die Geschäftsanforderungen und -ziele abgestimmt ist.

Die Planung der Implementierung von ITIL v4 ist ein entscheidender Schritt, der den Grundstein für die erfolgreiche Einführung und Integration von ITIL-Praktiken legt. Ein gut durchdachter Plan stellt sicher, dass die Implementierung strategisch, organisiert und in der Lage ist, die gewünschten Ergebnisse zu erzielen.

Einbindung von Stakeholdern und Aufbau von Unterstützung

Die Einbindung von Stakeholdern und der Aufbau von Support sind entscheidende Komponenten einer erfolgreichen ITIL v4-Implementierung. Zu den Stakeholdern gehören alle, die ein Interesse an der Implementierung haben oder von ihr betroffen sind, wie z. B. Führungskräfte, IT-Mitarbeiter, Kunden und Lieferanten. Ihre Unterstützung und Beteiligung zu gewinnen, ist unerlässlich, um Widerstände zu überwinden, eine reibungslose Einführung zu gewährleisten und die Ziele der Implementierung zu erreichen.

Wichtigste Aktivitäten:

i. **Stakeholder identifizieren:**
   - ❖ Stakeholder-Mapping: Erstellen Sie eine umfassende Liste von Stakeholdern und kategorisieren Sie sie nach ihrem Einfluss, Interesse und Einfluss auf die Implementierung. Dies hilft bei der Priorisierung von Engagement-Bemühungen.
   - ❖ Stakeholder-Bedürfnisse verstehen: Führen Sie Interviews, Umfragen oder Workshops durch, um die Bedürfnisse, Erwartungen und Bedenken verschiedener Stakeholder-Gruppen zu verstehen. Diese Informationen sind entscheidend für die Anpassung von Engagement-Strategien.

2. **Entwickeln Sie einen Kommunikationsplan:**
   - ❖ Clear Messaging: Entwickeln Sie klare und konsistente Botschaften, die die Vorteile der ITIL v4-Implementierung kommunizieren. Heben Sie hervor, wie die Änderungen die Servicequalität, Effizienz und Ausrichtung an den Geschäftszielen verbessern werden.
   - ❖ Kommunikationskanäle: Verwenden Sie eine Vielzahl von Kommunikationskanälen, um Stakeholder zu erreichen, einschließlich E-Mails, Newsletter, Meetings und Intranet-Updates. Stellen Sie sicher, dass die Kommunikation zeitnah und relevant ist.

3. **Einbeziehung von Stakeholdern:**
   - ❖ **Regelmäßige Updates:** Geben Sie regelmäßige Updates über den Implementierungsfortschritt, bevorstehende Änderungen und alle Herausforderungen an. Transparenz hilft beim Aufbau von Vertrauen und beim Umgang mit Erwartungen.

- ❖ Feedback-Mechanismen: Richten Sie Mechanismen ein, mit denen Stakeholder Feedback geben, Fragen stellen und Bedenken äußern können. Dies kann Umfragen, Feedback-Formulare und offene Foren umfassen.
- ❖ Stakeholder in die Entscheidungsfindung einbeziehen: Beziehen Sie wichtige Stakeholder in Entscheidungsprozesse im Zusammenhang mit der Implementierung ein. Dazu gehört die Bildung von Lenkungsausschüssen oder Beratungsgruppen, die Einblicke und Anleitungen geben können.

4. Bauen Sie ein Unterstützungsnetzwerk auf:

- ❖ Champions und Fürsprecher: Identifizieren und schulen Sie Champions und Fürsprecher innerhalb der Organisation, die die Vorteile von ITIL v4 fördern und ihre Kollegen bei der Umstellung unterstützen können. Diese Personen können als Vorbilder und Wissensquellen dienen.
- ❖ Supportstrukturen: Richten Sie Supportstrukturen wie Helpdesks, FAQs und dedizierte Supportteams ein, um die Stakeholder während der Implementierung zu unterstützen. Der einfache Zugang zu Stützen reduziert Widerstände und stärkt das Vertrauen.

5. Schulung und Entwicklung:

- ❖ Maßgeschneiderte Schulungsprogramme: Entwicklung von Schulungsprogrammen, die auf die Bedürfnisse verschiedener Interessengruppen zugeschnitten sind. Stellen Sie sicher, dass die Schulung die Prinzipien von ITIL v4, die neuen Prozesse, die implementiert werden, sowie die Rollen und Verantwortlichkeiten der einzelnen Personen abdeckt.
- ❖ Kontinuierliche Lernmöglichkeiten: Bieten Sie kontinuierliche Lernmöglichkeiten durch Workshops, Webinare und E-Learning-Module. Fördern Sie die kontinuierliche Entwicklung, um die Stakeholder einzubinden und auf dem Laufenden zu halten.

Bewährte Methoden:

- ❖ Empathie und Zuhören: Zeigen Sie Empathie und hören Sie aktiv auf die Bedenken der Stakeholder. Ihre Probleme schnell und effektiv anzugehen, hilft beim Aufbau von Vertrauen und Unterstützung.
- ❖ Meilensteine feiern: Feiern Sie Meilensteine und Erfolge während der Implementierung, um die Dynamik aufrechtzuerhalten und die Beiträge der Stakeholder anzuerkennen.
- ❖ Anpassen und iterieren: Seien Sie bereit, Engagement-Strategien basierend auf Feedback und sich ändernden Umständen anzupassen. Flexibilität und Reaktionsfähigkeit sind der Schlüssel zur Aufrechterhaltung der Unterstützung der Stakeholder.

Die Einbindung von Stakeholdern und der Aufbau von Support sind entscheidend für den Erfolg der ITIL v4-Implementierung. Durch die frühzeitige Einbeziehung der Stakeholder, die Aufrechterhaltung einer offenen Kommunikation und die Bereitstellung der notwendigen Unterstützung und Schulung können Unternehmen einen reibungslosen Übergang und eine größere Akzeptanz der neuen Praktiken gewährleisten. Effektives Stakeholder-Engagement führt zu mehr Buy-in, weniger Widerstand und einer höheren Wahrscheinlichkeit, die gewünschten Ergebnisse zu erzielen.

Schulung und Entwicklung für ITIL

Effektive Aus- und Weiterbildung sind entscheidend für die erfolgreiche Implementierung von ITIL v4. Schulungen stellen sicher, dass alle Mitarbeiter die Prinzipien, Praktiken und Vorteile von ITIL verstehen, während die kontinuierliche Weiterentwicklung ihnen hilft, über Best Practices und sich entwickelnde Trends auf dem Laufenden zu bleiben. Ein gut konzipiertes Schulungs- und Entwicklungsprogramm verbessert die Fähigkeiten und Kenntnisse der Mitarbeiter und ermöglicht es ihnen, ITIL-Praktiken effektiv anzuwenden.

Wichtigste Aktivitäten:

i. Bedarfsermittlung:

- ❖ Identifizieren Sie den Schulungsbedarf: Führen Sie eine gründliche Bewertung durch, um den Schulungsbedarf der verschiedenen Rollen innerhalb der Organisation zu ermitteln. Dazu gehört das Verständnis des aktuellen Qualifikationsniveaus und der Wissenslücken.
- ❖ Rollenbasiertes Training: Entwickeln Sie rollenspezifische Schulungsprogramme, die auf die individuellen Anforderungen jeder Jobfunktion eingehen, vom Service-Desk-Mitarbeiter bis zur Geschäftsleitung.

ii. **Entwickeln Sie Schulungsprogramme:**
- ❖ Grundlagenschulung: Bieten Sie grundlegende Schulungen zur Einführung von ITIL-Konzepten und -Terminologie an. Dadurch wird sichergestellt, dass alle Mitarbeiter ein grundlegendes Verständnis der ITIL-Prinzipien haben.
- ❖ Fortgeschrittene Schulung: Bieten Sie fortgeschrittene Schulungsmodule für bestimmte ITIL-Praktiken wie Incident Management, Change Enablement und Problem Management an. Diese Module sollen vertiefte Kenntnisse und praktische Fähigkeiten vermitteln.
- ❖ Zertifizierungskurse: Erleichterung des Zugangs zu ITIL-Zertifizierungskursen für Mitarbeiter, die formale Qualifikationen erwerben möchten. Dies kann ITIL Foundation-, Managing Professional- und Strategic Leader-Zertifizierungen umfassen.

3. Methoden zur Durchführung von Schulungen:
- ❖ Präsenzschulungen: Organisieren Sie Präsenzschulungen mit Kursleiter für interaktives Lernen und praktisches Üben.
- ❖ Online-Schulung: Bieten Sie Online-Kurse und Webinare für flexible Lernoptionen an. Dies ist besonders nützlich für Remote-Teams und Mitarbeiter mit unterschiedlichen Zeitplänen.
- ❖ Workshops und Seminare: Führen Sie Workshops und Seminare durch, um tiefer in spezifische ITIL-Praktiken und reale Anwendungen einzutauchen.

4. Kontinuierliche Weiterentwicklung:
- ❖ Kontinuierliche Lernmöglichkeiten: Fördern Sie kontinuierliches Lernen durch regelmäßige Workshops, Webinare und E-Learning-Module. Dies hilft den

Mitarbeitern, über die neuesten ITIL-Entwicklungen auf dem Laufenden zu bleiben.
- ❖ Wissensaustausch: Fördern Sie eine Kultur des Wissensaustauschs innerhalb der Organisation. Ermutigen Sie Ihre Mitarbeiter, Erkenntnisse, Best Practices und gewonnene Erkenntnisse in internen Foren und Communities of Practice auszutauschen.
- ❖ Mentoring-Programme: Richten Sie Mentoring-Programme ein, bei denen erfahrene ITIL-Praktiker weniger erfahrene Mitarbeiter anleiten und unterstützen können.

Bewährte Methoden:

- ❖ Anpassbare Schulungen: Passen Sie Schulungsprogramme an die spezifischen Bedürfnisse und den Kontext des Unternehmens an. Individualisierbare Trainings sorgen für Relevanz und praktische Anwendung.
- ❖ Praktischer Fokus: Betonen Sie die praktische Anwendung von ITIL-Konzepten durch Fallstudien, Simulationen und praktische Übungen. Dies verbessert das Verständnis und die Merkfähigkeit.
- ❖ Bewerten Sie die Effektivität: Bewerten Sie regelmäßig die Wirksamkeit von Schulungsprogrammen durch Feedback, Bewertungen und Leistungsmetriken. Nutzen Sie diese Daten, um den Trainingsansatz kontinuierlich zu verbessern.
- ❖ Zertifizierungsunterstützung: Bereitstellung von Ressourcen und Unterstützung für Mitarbeiter, die ITIL-Zertifizierungen anstreben, einschließlich Studienmaterialien, Übungsprüfungen und Unterstützung bei der Prüfungsregistrierung.

Schulung und Entwicklung für ITIL sind entscheidend für den Aufbau einer sachkundigen und qualifizierten Belegschaft, die in der Lage ist, ITIL-Praktiken zu implementieren und aufrechtzuerhalten. Durch Investitionen in umfassende Schulungsprogramme und die Förderung der kontinuierlichen Weiterentwicklung können Unternehmen sicherstellen, dass ihre Mitarbeiter gut gerüstet sind, um ein hervorragendes IT-Service-Management zu fördern.

Tools und Technologien für die ITIL-Implementierung

Die erfolgreiche Implementierung von ITIL v4 hängt stark vom Einsatz geeigneter Tools und Technologien ab. Diese Tools erleichtern die effiziente Ausführung von ITIL-Praktiken, verbessern die Servicebereitstellung und bieten die notwendige Unterstützung für die Verwaltung komplexer IT-Umgebungen. Die Auswahl der richtigen Tools und Technologien ist entscheidend, um die gewünschten Ergebnisse der ITIL-Implementierung zu erzielen.

Wichtigste Aktivitäten:

1. Werkzeugauswahl:

- ❖ Anforderungsanalyse: Identifizieren Sie die spezifischen Bedürfnisse und Anforderungen der Organisation. Dazu gehört das Verständnis der aktuellen IT-Landschaft, der vorhandenen Tools und der Lücken, die behoben werden müssen.
- ❖ Feature-Evaluation: Bewerten Sie die Features und Funktionalitäten verschiedener IT-Service-Management-Tools (ITSM). Suchen Sie nach Tools, die umfassende Unterstützung für ITIL-Praktiken wie Incident Management, Change Enablement und Problem Management bieten.
- ❖ Anbieterbewertung: Bewerten Sie potenzielle Anbieter anhand ihres Rufs, ihrer Support-Services, ihrer Skalierbarkeit und ihrer Integrationsfähigkeiten. Betrachten Sie sowohl etablierte Anbieter als auch innovative Neueinsteiger.

ii. **Ausführungsplanung:**
   - ❖ **Integration:** Planen Sie die Integration neuer Tools in bestehende Systeme und Prozesse. Stellen Sie die Kompatibilität und den nahtlosen Datenfluss zwischen verschiedenen ITSM-Tools und anderen Unternehmenssystemen sicher.
   - ❖ **Anpassung:** Passen Sie die ausgewählten Tools an die spezifischen ITIL-Prozesse und -Workflows des Unternehmens an. Dazu gehört die Konfiguration von Dashboards, Berichten und Benutzeroberflächen.
   - ❖ **Pilottests:** Führen Sie Pilottests durch, um die Funktionalität und Leistung der Tools in einer kontrollierten Umgebung zu validieren. Sammeln Sie Feedback und nehmen Sie die erforderlichen Anpassungen vor, bevor Sie sie vollständig implementieren.

3. **Schulung und Einführung:**
   - ❖ **Benutzerschulung:** Bieten Sie den Benutzern umfassende Schulungen zur effektiven Nutzung der neuen Tools an. Dies umfasst sowohl Erstschulungen als auch den laufenden Support.
   - ❖ **Change Management:** Implementieren Sie Change-Management-Strategien, um die Einführung von Tools zu erleichtern. Kommunizieren Sie die Vorteile, gehen Sie auf Bedenken ein und bieten Sie den Benutzern kontinuierlichen Support.

4. **Überwachung und Optimierung:**
   - ❖ **Leistungsüberwachung:** Überwachen Sie kontinuierlich die Leistung und Nutzung der Tools. Verwenden Sie Metriken und Analysen, um die Effektivität zu bewerten und verbesserungswürdige Bereiche zu identifizieren.
   - ❖ **Regelmäßige Updates:** Halten Sie die Tools mit den neuesten Funktionen und Sicherheitspatches auf dem neuesten Stand. Regelmäßige Updates sorgen dafür, dass die Tools effektiv und sicher bleiben.
   - ❖ **Benutzerfeedback:** Sammeln Sie Feedback von Benutzern, um ihre Erfahrungen und Herausforderungen zu verstehen. Nutzen Sie dieses Feedback, um die Werkzeugkonfigurationen zu optimieren und die Benutzerzufriedenheit zu erhöhen.

Bewährte Methoden:

- ❖ Umfassende Bewertung: Führen Sie eine gründliche Bewertung von Tools und Technologien durch, um sicherzustellen, dass sie den Anforderungen des Unternehmens entsprechen und ITIL-Praktiken effektiv unterstützen.
- ❖ Fokus auf Integration: Priorisieren Sie Tools, die eine nahtlose Integration in bestehende Systeme und Prozesse bieten. Integration ist entscheidend für einen reibungslosen Betrieb und Datenkonsistenz.
- ❖ Skalierbarkeit: Wählen Sie Tools, die mit dem Wachstum des Unternehmens und den sich entwickelnden Anforderungen skalieren können. Die Skalierbarkeit stellt sicher, dass die Tools langfristig relevant und nützlich bleiben.
- ❖ UserCentric Design: Stellen Sie sicher, dass die Tools benutzerfreundlich sind und mit Blick auf den Endbenutzer entwickelt wurden. Benutzerfreundliche Tools verbessern die Akzeptanz und Produktivität.

Tools und Technologien spielen eine zentrale Rolle bei der erfolgreichen Implementierung von ITIL v4. Durch die Auswahl der richtigen Tools, deren Anpassung an die Anforderungen des Unternehmens und die Bereitstellung angemessener Schulungen und Unterstützung können Unternehmen ihre IT-Service-Management-Fähigkeiten verbessern und bessere Serviceergebnisse erzielen.

Erfolg messen und berichten

Die Messung und Berichterstattung des Erfolgs sind wichtige Komponenten der ITIL v4-Implementierung. Diese Aktivitäten helfen Unternehmen, die Effektivität ihrer IT-Service-Management-Praktiken zu verstehen, verbesserungswürdige Bereiche zu identifizieren und den Stakeholdern den Wert von ITIL zu demonstrieren. Effektive Messungen und Berichte liefern Erkenntnisse, die zu kontinuierlicher Verbesserung und fundierter Entscheidungsfindung führen.

Wichtigste Aktivitäten:

1. Definieren Sie Metriken und KPIs:

Ausrichtung an den Zielen: Definieren Sie Metriken und Key Performance Indicators (KPIs), die mit den strategischen Zielen des Unternehmens und den ITIL-Implementierungszielen übereinstimmen. Stellen Sie sicher, dass die ausgewählten Metriken aussagekräftige Einblicke in die Serviceleistung und die geschäftlichen Auswirkungen bieten.

Umfassende Abdeckung: Entwickeln Sie einen umfassenden Satz von Metriken, die verschiedene Aspekte des IT-Servicemanagements abdecken, einschließlich Servicequalität, Effizienz, Kundenzufriedenheit und finanzielle Leistung.

2. Datenerhebung und -analyse:

Automatisiertes Monitoring: Implementieren Sie automatisierte Monitoring-Tools, um Daten zur IT-Service-Performance in Echtzeit zu sammeln. Automatisierte Tools sorgen für eine genaue und zeitnahe Datenerfassung.

Regelmäßige Analyse: Analysieren Sie regelmäßig die gesammelten Daten, um Trends, Muster und Anomalien zu identifizieren. Verwenden Sie diese Analyse, um die Wirksamkeit von ITIL-Praktiken zu bewerten und verbesserungswürdige Bereiche zu identifizieren.

3. Berichtend:

Maßgeschneiderte Berichte: Entwickeln Sie maßgeschneiderte Berichte für verschiedene Stakeholder-Gruppen, einschließlich IT-Mitarbeiter, Führungskräfte und Kunden. Stellen Sie sicher, dass die Berichte klar, prägnant und für die Zielgruppe relevant sind.

Visualisierungen: Verwenden Sie Visualisierungen wie Diagramme, Grafiken und Dashboards, um Daten in einem leicht verständlichen Format darzustellen. Visualisierungen helfen Stakeholdern, wichtige Erkenntnisse und Trends schnell zu erfassen.

Häufigkeit: Legen Sie einen regelmäßigen Berichtsplan fest, um die Stakeholder über die IT-Service-Leistung auf dem Laufenden zu halten. Dies kann wöchentliche, monatliche und vierteljährliche Berichte umfassen.

4. Kontinuierliche Verbesserung:

Feedback-Schleife: Richten Sie eine Feedback-Schleife ein, um Beiträge von Stakeholdern zu den gemeldeten Metriken und der Leistung zu sammeln. Nutzen Sie dieses Feedback, um Metriken zu verfeinern, die Berichterstellung zu verbessern und kontinuierliche Verbesserungen voranzutreiben.

Umsetzbare Erkenntnisse: Nutzen Sie die Erkenntnisse aus Messungen und Berichten, um Entscheidungen zu treffen und Verbesserungsinitiativen zu priorisieren. Konzentrieren Sie sich auf Maßnahmen, die die Servicequalität, Effizienz und Ausrichtung an den Geschäftszielen verbessern.

Bewährte Methoden:

- **Relevante Metriken:** Wählen Sie Metriken aus, die für die Ziele des Unternehmens relevant sind, und liefern Sie umsetzbare Erkenntnisse. Vermeiden Sie eine Überlastung der Kennzahlen, indem Sie sich auf die wichtigsten Schlüsselindikatoren konzentrieren.
- **Benchmarking**: Vergleichen Sie die Leistung mit Branchenstandards und Best Practices, um die relative Leistung zu verstehen und Verbesserungsmöglichkeiten zu identifizieren.
- **Transparenz:** Sorgen Sie für Transparenz in Mess- und Berichtsprozessen. Kommunizieren Sic klar, wie Metriken definiert, gesammelt und analysiert werden, um Vertrauen und Glaubwürdigkeit aufzubauen.
- **Stakeholder einbeziehen:** Beziehen Sie Stakeholder in den Prozess der Definition von Metriken und der Interpretation der Ergebnisse ein. Engagierte Stakeholder unterstützen eher Verbesserungsinitiativen und tragen wertvolle Erkenntnisse bei.

Die Messung und Berichterstattung von Erfolgen ist unerlässlich, um den Wert der ITIL v4-Implementierung zu demonstrieren und kontinuierliche Verbesserungen voranzutreiben. Durch die Definition relevanter Metriken, das Sammeln und Analysieren von Daten und die Bereitstellung klarer und umsetzbarer Berichte können Unternehmen sicherstellen, dass ihre IT-Service-Management-Praktiken effektiv, effizient und auf die Geschäftsziele abgestimmt sind.

KAPITEL 7

REALE ANWENDUNGEN UND FALLSTUDIEN

Die praktische Implementierung von ITIL v4-Praktiken in verschiedenen Branchen unterstreicht die Vielseitigkeit und Effektivität des Frameworks bei der Verbesserung des IT-Service-Managements. Anwendungen und Fallstudien aus der Praxis bieten wertvolle Einblicke in die erfolgreiche Einführung von ITIL v4, um spezifische Herausforderungen zu bewältigen, die Servicequalität zu verbessern und Geschäftsziele zu erreichen. Dieses Kapitel befasst sich mit mehreren Fallstudien und zeigt die greifbaren Vorteile und Ergebnisse der Implementierung von ITIL v4.

Fallstudie 1: Großes Finanzinstitut

Hintergrund:

Ein führendes Finanzinstitut stand vor Herausforderungen bei der Verwaltung seiner komplexen IT-Umgebung, die mehrere Legacy-Systeme und einen fragmentierten Service-Management-Ansatz umfasste. Ziel der Institution war es, die Zuverlässigkeit der Dienstleistungen zu verbessern, Prozesse zu rationalisieren und die Kundenzufriedenheit zu erhöhen.

Implementierung:

Die Institution übernahm ITIL v4-Praktiken und konzentrierte sich auf Incident Management, Change Enablement und Problem Management. Es wurde ein stufenweiser Ansatz verwendet, der mit einer umfassenden Bewertung bestehender Praktiken und der Identifizierung von verbesserungswürdigen Bereichen begann.

Wichtige Schritte:

1. Vorfallmanagement: Implementierung eines zentralisierten Vorfallmanagementsystems, um eine schnelle Protokollierung, Kategorisierung und Lösung von Vorfällen zu gewährleisten. Automatisierte Arbeitsabläufe und standardisierte Prozesse wurden eingeführt, um die Effizienz zu steigern.

2. Change Enablement: Einrichtung eines Change Advisory Board (CAB) zur Überwachung und Genehmigung von Änderungen. Implementierung von Risikobewertungs- und Auswirkungsanalyseprozessen zur Minimierung von Unterbrechungen.

3. Problemmanagement: Entwicklung eines Problemmanagementprozesses, um die Ursachen wiederkehrender Vorfälle zu identifizieren und zu beheben. Implementierung proaktiver Maßnahmen, um zukünftige Vorkommnisse zu verhindern.

Befund:

Verbesserte Servicezuverlässigkeit: Reduzierte Reaktionszeiten bei Vorfällen um 40 % und minimierte Serviceunterbrechungen.

Verbesserte Effizienz: Optimierte Änderungsprozesse, die zu einer Steigerung der erfolgreichen Implementierung von Änderungen um 30 % führen.

Kundenzufriedenheit: Erhöhte Kundenzufriedenheitswerte um 25 % aufgrund verbesserter Servicezuverlässigkeit und schnellerer Problemlösung.

Fallstudie 2: Gesundheitsdienstleister

Hintergrund:

Ein großer Gesundheitsdienstleister mit mehreren Krankenhäusern und Kliniken wollte seine IT-Service-Management-Fähigkeiten verbessern, um kritische Gesundheitsabläufe zu unterstützen. Der Anbieter stand vor Herausforderungen mit Serviceausfällen, fragmentierten Prozessen und eingeschränkter Transparenz der IT-Leistung.

Implementierung:

Der Gesundheitsdienstleister führte ITIL v4-Praktiken ein, wobei der Schwerpunkt auf Service Desk, Verfügbarkeitsmanagement sowie Kapazitäts- und Leistungsmanagement lag. Die Implementierung zielte darauf ab, die Servicekontinuität zu verbessern, die Ressourcenauslastung zu optimieren und die IT-Gesamtleistung zu verbessern.

Wichtige Schritte:

1. Service Desk: Einrichtung eines zentralen Service Desks, um einen einzigen Ansprechpartner für den IT-Support bereitzustellen. Implementierung eines Wissensmanagements, um Service-Desk-Agenten einen schnellen Zugriff auf Lösungen zu ermöglichen.

2. Verfügbarkeitsmanagement: Entwicklung von Verfügbarkeitsplänen, um sicherzustellen, dass kritische Gesundheitssysteme 24/7 verfügbar sind. Implementierung von Überwachungstools zur proaktiven Erkennung und Behebung von Problemen.

3. Kapazitäts- und Leistungsmanagement: Durchführung einer Kapazitätsplanung, um sicherzustellen, dass IT-Ressourcen Spitzenlasten bewältigen können. Optimierte Infrastruktur zur Verbesserung der Leistung und Reduzierung von Engpässen.

Befund:

Erhöhte Serviceverfügbarkeit: Eine Verfügbarkeit von 99,9 % für kritische Systeme wurde erreicht, um den kontinuierlichen Betrieb der Gesundheitsdienste sicherzustellen.

Optimierte Ressourcennutzung: Verbesserte Ressourcenauslastung um 20 %, Kostensenkung und Leistungssteigerung.

Reduzierte Ausfallzeiten: Minimierte Serviceausfälle, was zu einer unterbrechungsfreien Gesundheitsversorgung und einer höheren Patientenzufriedenheit führt.

Fallstudie 3: Einzelhandelsunternehmen

Hintergrund:

Ein globales Einzelhandelsunternehmen mit zahlreichen Filialen und einer umfangreichen E-Commerce-Plattform stand vor Herausforderungen bei der Verwaltung von IT-Services in verschiedenen Regionen. Das Unternehmen zielte darauf ab, Prozesse zu standardisieren, die Reaktion auf Vorfälle zu verbessern und das Kundenerlebnis zu verbessern.

Implementierung:

Das Einzelhandelsunternehmen implementierte ITIL v4-Praktiken und konzentrierte sich auf Service Request Management, Incident Management und kontinuierliche Verbesserung. Ziel war es, die Servicebereitstellung zu standardisieren, die Reaktionszeiten zu verbessern und eine Kultur der kontinuierlichen Verbesserung zu fördern.

Wichtige Schritte:

1. Service Request Management: Standardisierte Service-Request-Prozesse über alle Regionen hinweg. Implementierung von Self-Service-Portalen, damit Kunden und Mitarbeiter Anfragen einfach einreichen und verfolgen können.

2. Incident Management: Zentralisiertes Incident Management, um eine konsistente Behandlung von Incidents zu gewährleisten. Implementierung einer Echtzeitüberwachung zur schnellen Erkennung und Lösung von Problemen.

3. Kontinuierliche Verbesserung: Einrichtung eines Programms zur kontinuierlichen Verbesserung zur regelmäßigen Bewertung und Verbesserung der IT-Service-Management-Praktiken. Ermutigtes Feedback von Kunden und Mitarbeitern, um Verbesserungen voranzutreiben.

Befund:

- **Standardisierte Prozesse:** Erreichte Konsistenz bei der Servicebereitstellung in allen Regionen und verbesserte die betriebliche Effizienz.
- **Schnellere Lösung von Vorfällen:** Reduzierte Vorfalllösungszeiten um 35 %, was zu einer verbesserten Kundenzufriedenheit führt.
- **Kultur der Verbesserung:** Förderung einer Kultur der kontinuierlichen Verbesserung, die zu kontinuierlichen Verbesserungen der IT-Service-Management-Praktiken und einem verstärkten Engagement der Stakeholder führte.

Wichtige Erkenntnisse und gewonnene Erkenntnisse

Ausrichtung an den Geschäftszielen:

Erfolgreiche ITIL v4-Implementierungen sind eng mit den Unternehmenszielen verbunden. Das Verständnis der strategischen Ziele und die Sicherstellung, dass ITIL-Praktiken diese Ziele unterstützen, ist entscheidend für das Erreichen der gewünschten Ergebnisse.

Stakeholder-Engagement:

Die Einbeziehung der Stakeholder während des gesamten Umsetzungsprozesses ist von entscheidender Bedeutung. Die Einbeziehung von Führungskräften, IT-Mitarbeitern und Endbenutzern hilft dabei, Bedenken auszuräumen, Akzeptanz zu gewinnen und eine erfolgreiche Einführung von ITIL-Praktiken sicherzustellen.

Stufenweiser Ansatz:

Die phasenweise Implementierung von ITIL v4 ermöglicht es Unternehmen, die Komplexität zu bewältigen und iterative Verbesserungen vorzunehmen. Pilotprogramme und schrittweise Rollouts helfen dabei, Herausforderungen frühzeitig zu erkennen und anzugehen.

Kontinuierliche Verbesserung:

Eine Denkweise der kontinuierlichen Verbesserung ist entscheidend, um die Vorteile von ITIL v4 aufrechtzuerhalten. Regelmäßige Leistungsbewertungen, das Sammeln von Feedback und datengesteuerte Verbesserungen stellen sicher, dass die IT-Service-Management-Praktiken effektiv bleiben und auf die sich ändernden Geschäftsanforderungen abgestimmt sind.

Aus- und Weiterbildung:

Investitionen in umfassende Schulungs- und Entwicklungsprogramme stellen sicher, dass die Mitarbeiter mit den notwendigen Fähigkeiten und Kenntnissen ausgestattet sind, um ITIL-Praktiken zu implementieren und aufrechtzuerhalten. Kontinuierliche Weiterbildungsmöglichkeiten halten die Mitarbeiter über die neuesten Best Practices auf dem Laufenden.

Technologie-Integration:

Der Einsatz geeigneter Tools und Technologien verbessert die Effizienz und Effektivität von ITIL-Praktiken. Die Auswahl von Tools, die sich nahtlos in bestehende Systeme integrieren lassen und automatisierte Arbeitsabläufe unterstützen, ist entscheidend für optimale Ergebnisse.

Praxisanwendungen und Fallstudien demonstrieren die praktischen Vorteile der ITIL v4-Implementierung in verschiedenen Branchen. Durch die Befolgung von Best Practices und das Lernen aus diesen Beispielen können Unternehmen ihre IT-Service-Management-Fähigkeiten verbessern, Geschäftsziele erreichen und den Stakeholdern einen größeren Mehrwert bieten.

KAPITEL 8

FORTGESCHRITTENE ITIL V4-THEMEN

Das ITIL v4-Framework bietet eine solide Grundlage für das IT-Service-Management, aber fortgeschrittene Themen erweitern seine Fähigkeiten und befassen sich mit der Komplexität und Dynamik moderner IT-Umgebungen. Dieses Kapitel befasst sich mit mehreren fortgeschrittenen ITIL v4-Themen und bietet Einblicke und praktische Anleitungen zur Integration von ITIL mit anderen Methoden, zur Nutzung von Automatisierung und künstlicher Intelligenz, zum Management der digitalen Transformation und zur Verfolgung zukünftiger Trends im IT-Service-Management.

Integration von ITIL mit anderen Frameworks

In der heutigen schnelllebigen IT-Landschaft müssen Unternehmen ITIL oft mit anderen Frameworks kombinieren, um ein umfassendes und agiles Service-Management zu erreichen. Zwei prominente Methoden, die ITIL ergänzen, sind Agile und DevOps.

Agile Integration:
- **Synergien:** Agile betont die iterative Entwicklung und die Zusammenarbeit mit Kunden, während ITIL sich auf strukturiertes Servicemanagement konzentriert. Die Integration von Agile mit ITIL verbessert die Flexibilität und Reaktionsfähigkeit bei der Servicebereitstellung.
- **Implementierung:** Verwenden Sie agile Prinzipien in Service-Design- und Übergangsphasen und wenden Sie iterative Ansätze zur Entwicklung und Verbesserung von IT-Services an. Agile Sprints können dabei helfen, Serviceanfragen und -änderungen effizient zu verwalten.
- **Vorteile:** Schnellere Reaktion auf sich ändernde Geschäftsanforderungen, verbesserte Zusammenarbeit zwischen Entwicklungs- und Betriebsteams und höhere Kundenzufriedenheit.

DevOps-Integration:
- **Synergien:** DevOps zielt darauf ab, Silos zwischen Entwicklung und Betrieb aufzubrechen und eine Kultur der kontinuierlichen Integration und Bereitstellung zu fördern. Die Kombination von DevOps mit ITIL-Praktiken stellt sicher, dass Services schnell entwickelt, getestet und bereitgestellt werden, während Qualität und Compliance gewahrt bleiben.
- **Implementierung:** Integrieren Sie CI/CD-Pipelines (Continuous Integration/Continuous Deployment) in ITIL-Prozesse wie Change Enablement und Incident Management. Verwenden Sie automatisierte Test- und Überwachungstools, um eine nahtlose Servicebereitstellung zu gewährleisten.
- **Vorteile:** Beschleunigte Servicebereitstellung, reduzierte Ausfallzeiten und verbesserte Zusammenarbeit zwischen Teams, was zu effizienteren und zuverlässigeren IT-Services führt.

Automatisierung und künstliche Intelligenz in ITIL

Automatisierung und künstliche Intelligenz (KI) verändern das IT-Service-Management, indem sie die Effizienz, Genauigkeit und Entscheidungsfähigkeit verbessern.

Automatisierung:

- **Prozessautomatisierung:** Automatisieren Sie sich wiederholende Aufgaben wie die Protokollierung von Vorfällen, die Erfüllung von Serviceanfragen und Änderungsmanagement-Workflows. Dies reduziert den manuellen Aufwand, minimiert Fehler und beschleunigt die Servicebereitstellung.
- **Konfigurationsmanagement:** Verwenden Sie automatisierte Tools für das Konfigurationsmanagement, um sicherzustellen, dass IT-Assets genau verfolgt und gewartet werden. Die Automatisierung hilft bei der Erkennung von Konfigurationsabweichungen und der Durchsetzung der Compliance.

Künstliche Intelligenz:

- **AIPowered Service** Desk: Implementieren Sie KI-gesteuerte Chatbots und virtuelle Agenten, um häufige Service-Desk-Anfragen zu bearbeiten, sofortigen

Support zu bieten und menschliche Agenten für komplexere Aufgaben freizusetzen.
- **Predictive Analytics:** Verwenden Sie KI und maschinelles Lernen, um historische Daten zu analysieren und potenzielle Probleme vorherzusagen, bevor sie auftreten. Predictive Analytics kann das Problemmanagement verbessern, indem es Ursachen identifiziert und Vorfälle verhindert.
- **Entscheidungsunterstützung:** KI kann Entscheidungsprozesse unterstützen, indem sie datengesteuerte Erkenntnisse und Empfehlungen für die Lösung von Vorfällen, die Genehmigung von Änderungen und die Kapazitätsplanung liefert.

Digitale Transformation managen

Die digitale Transformation ist ein strategischer Imperativ für Unternehmen, die im digitalen Zeitalter wettbewerbsfähig bleiben wollen. ITIL v4 bietet ein Framework zur Unterstützung dieser Transformation und stellt sicher, dass IT-Services mit den digitalen Geschäftszielen übereinstimmen.

Strategische Ausrichtung:

- **Geschäfts- und IT-Ausrichtung:** Stellen Sie sicher, dass IT-Services eng auf die Geschäftsziele abgestimmt sind. Verwenden Sie ITIL-Praktiken, um digitale Initiativen wie Cloud-Einführung, IoT-Integration und Big-Data-Analysen zu unterstützen.
- **Governance:** Richten Sie robuste Governance-Frameworks ein, um digitale Transformationsprojekte zu verwalten. Dazu gehört die Definition von Rollen, Verantwortlichkeiten und Entscheidungsprozessen, um Rechenschaftspflicht und Transparenz zu gewährleisten.

Kultureller Wandel:

- **Change Management:** Fördern Sie eine Kultur, die Veränderungen und Innovationen begrüßt. Verwenden Sie ITIL-Change-Enablement-Praktiken, um den Übergang zu bewältigen und so minimale Unterbrechungen und ein hohes Engagement der Stakeholder zu gewährleisten.

- ❖ **Kompetenzentwicklung:** Investieren Sie in Schulungs- und Entwicklungsprogramme, um IT-Mitarbeiter mit den für die digitale Transformation erforderlichen Fähigkeiten auszustatten. Dazu gehören Kenntnisse über neue Technologien, agile Methoden und Datenanalysen.

Technologie-Enablement:

- ➢ **Cloud-Services:** Nutzen Sie Cloud Computing, um Agilität, Skalierbarkeit und Kosteneffizienz zu verbessern. Verwenden Sie ITIL-Praktiken, um Cloud-Ressourcen zu verwalten und optimale Leistung und Sicherheit zu gewährleisten.
- ➢ **Cybersicherheit:** Stärkung der Cybersicherheitsmaßnahmen zum Schutz digitaler Assets und zur Gewährleistung der Datenintegrität. Implementieren Sie ITIL-Praktiken für das Informationssicherheitsmanagement, um Risiken zu mindern und effektiv auf Bedrohungen zu reagieren.

Zukünftige Trends im IT-Service-Management

Die Landschaft des IT-Service-Managements entwickelt sich ständig weiter, angetrieben durch technologische Fortschritte und sich ändernde Geschäftsanforderungen. Zukünftigen Trends einen Schritt voraus zu sein, ist entscheidend für den Erhalt von Relevanz und Wettbewerbsfähigkeit.

Hyper-Automatisierung:

- Trend: Hyperautomatisierung beinhaltet den Einsatz fortschrittlicher Technologien wie KI, maschinelles Lernen und robotergesteuerte Prozessautomatisierung (RPA), um komplexe Geschäftsprozesse zu automatisieren.
- Auswirkungen: Unternehmen können ein noch nie dagewesenes Maß an Effizienz und Genauigkeit erreichen und die Servicebereitstellung und den Betrieb transformieren. ITIL-Praktiken können angepasst werden, um Hyperautomatisierung zu integrieren und eine nahtlose Integration in bestehende Workflows zu gewährleisten.

Service-Management für das digitale Unternehmen:

- Trend: Mit der zunehmenden Digitalisierung von Unternehmen geht der Umfang des IT-Service-Managements über traditionelle IT-Services hinaus und umfasst auch digitale Produkte und Erfahrungen.
- Auswirkungen: ITIL v4-Praktiken müssen weiterentwickelt werden, um digitale Services effektiv zu verwalten und sich auf Kundenerfahrung, Innovation und Wertschöpfung zu konzentrieren.

KI-gesteuerter IT-Betrieb (AIOps):

- Trend: AIOps nutzt KI, um den IT-Betrieb zu verbessern, indem es erweiterte Überwachung, Anomalieerkennung und automatisierte Reaktion auf Vorfälle bietet.
- Auswirkungen: Die Integration von AIOps in ITIL-Praktiken kann die Serviceverfügbarkeit, Leistung und Ausfallsicherheit verbessern und ein proaktives Management von IT-Umgebungen ermöglichen.

Nachhaltigkeit und Green IT:

- Trend: Nachhaltigkeit und Umweltverantwortung im IT-Betrieb werden zunehmend in den Vordergrund gerückt.
- Auswirkungen: ITIL-Praktiken können Green-IT-Initiativen unterstützen, indem sie eine effiziente Ressourcennutzung fördern, den Energieverbrauch senken und Nachhaltigkeitskennzahlen in Leistungsbewertungen einbeziehen.

Ausfallsicherheit und Geschäftskontinuität:

- Trend: Die Gewährleistung der Geschäftskontinuität und Widerstandsfähigkeit angesichts von Störungen wie Cyberangriffen und Naturkatastrophen wird immer wichtiger.
- Auswirkungen: ITIL-Praktiken, insbesondere im Zusammenhang mit Risikomanagement und Incident Response, spielen eine Schlüsselrolle bei der Verbesserung der organisatorischen Widerstandsfähigkeit und der Sicherstellung einer kontinuierlichen Servicebereitstellung.

PS

Fortgeschrittene ITIL v4-Themen umfassen die Integration komplementärer Frameworks, die Einführung von Automatisierung und KI, das Management der digitalen Transformation und die Antizipation zukünftiger Trends. Durch die Erforschung und Implementierung dieser fortgeschrittenen Themen können Unternehmen ihre IT-Service-Management-Fähigkeiten verbessern, Innovationen vorantreiben und strategische Geschäftsziele erreichen. Dieses Kapitel bietet einen umfassenden Überblick über diese fortgeschrittenen Themen und bietet praktische Einblicke und Anleitungen, die IT-Experten und Unternehmen dabei helfen, auf ihrer ITIL v4-Reise hervorragende Leistungen zu erbringen.

ITIL im Cloud-Zeitalter

Das Aufkommen von Cloud Computing hat die IT-Landschaft revolutioniert und bietet beispiellose Skalierbarkeit, Flexibilität und Kosteneffizienz. Die Umstellung auf Cloud-Umgebungen führt jedoch auch zu neuen Komplexitäten bei der Verwaltung von IT-Services. Die Integration von ITIL-Praktiken in das Cloud-Framework stellt sicher, dass Unternehmen Cloud-Services effektiv verwalten und gleichzeitig robuste Service-Management-Protokolle beibehalten können.

- **Verwaltung von Cloud-Diensten:**
- **Servicestrategie und -design:**

1. **Cloud-Service-Modelle: Die** ITIL-Servicestrategie muss angepasst werden, um Cloud-Service-Modelle wie Infrastructure as a Service (IaaS), Platform as a Service (PaaS) und Software as a Service (SaaS) einzubeziehen. Jedes Modell erfordert einen maßgeschneiderten Ansatz für das Servicedesign, der Aspekte wie Skalierbarkeit, Verfügbarkeit und Compliance berücksichtigt.
2. **Anbieterauswahl:** Die Wahl des richtigen Cloud-Service-Anbieters ist entscheidend. Unternehmen müssen Anbieter anhand von Faktoren wie Zuverlässigkeit, Sicherheit, Compliance und Kosten bewerten. Dieser Auswahlprozess sollte mit den Service-

Design-Prinzipien von ITIL übereinstimmen, um sicherzustellen, dass der ausgewählte Anbieter die Geschäfts- und Serviceanforderungen erfüllt.

Cloud-Governance:

Richtlinienentwicklung: Legen Sie umfassende Governancerichtlinien fest, die definieren, wie Cloudressourcen verwendet, verwaltet und überwacht werden. Dazu gehören die Definition von Rollen und Verantwortlichkeiten für das Cloud-Management, das Festlegen von Nutzungsrichtlinien und das Sicherstellen der Einhaltung gesetzlicher Standards.

Risikomanagement: Implementieren Sie robuste Risikomanagement-Frameworks, um Risiken im Zusammenhang mit Cloud Computing zu identifizieren, zu bewerten und zu mindern. Dazu gehören die Bewertung der Sicherheitslage von Cloud-Diensten und die Implementierung von Kontrollen zum Schutz von Daten und Anwendungen.

Service-Übergang:

Cloud-Bereitstellung: ITIL-Service-Übergangspraktiken müssen an Cloud-Umgebungen angepasst werden. Dazu gehört die Verwaltung der Bereitstellung von Cloud-Diensten, die Sicherstellung einer nahtlosen Datenmigration und die Überprüfung, ob Cloud-Dienste definierte Anforderungen erfüllen.

Change Management: In einem Cloud-Kontext müssen Change Management-Prozesse der dynamischen Natur von Cloud-Diensten gerecht werden. Automatisierte Änderungsmanagement-Tools können helfen, Änderungen effizient zu verfolgen und zu verwalten und so das Risiko von Serviceunterbrechungen zu verringern.

Service-Betrieb:

Überwachung und Automatisierung: Nutzen Sie Cloud-native Überwachungs- und Automatisierungstools, um Vorfälle, Probleme und Ereignisse zu verwalten. Diese Tools bieten Echtzeit-Einblicke in die Leistung und den Zustand von Cloud-Diensten und ermöglichen ein proaktives Management.

Incident- und Problemmanagement: Integrieren Sie Cloud-Management-Tools in ITIL-Incident- und Problemmanagement-Prozesse, um eine schnelle Erkennung, Lösung und Ursachenanalyse von Problemen zu gewährleisten. Diese Integration trägt dazu bei, die Kontinuität und Zuverlässigkeit des Dienstes aufrechtzuerhalten.

Service-Verbesserung:

Kontinuierliche Optimierung: Wenden Sie die kontinuierlichen Verbesserungspraktiken von ITIL auf Cloud-Services an, indem Sie Cloud-Analysen und Leistungsmetriken nutzen. Überprüfen und optimieren Sie regelmäßig die Nutzung von Cloud-Ressourcen, um Kosteneffizienz und Leistung sicherzustellen.

Feedback-Schleifen: Richten Sie Feedback-Schleifen mit Cloud-Service-Providern ein, um die Servicequalität kontinuierlich zu verbessern. Dazu gehören die Durchführung regelmäßiger Leistungsbeurteilungen und die Zusammenarbeit bei der Lösung von Serviceproblemen.

Herausforderungen und Lösungen:

Sicherheit und Compliance: Die Verwaltung von Sicherheit und Compliance in der Cloud kann aufgrund des Modells der geteilten Verantwortung eine Herausforderung darstellen. Implementieren Sie robuste Sicherheitsmaßnahmen, führen Sie regelmäßige Audits durch und stellen Sie sicher, dass Cloud-Dienste den relevanten Vorschriften und Standards entsprechen.

Integration und Interoperabilität: Die Integration von Cloud-Services in bestehende ITIL-Prozesse und Legacy-Systeme erfordert eine sorgfältige Planung. Verwenden Sie APIs und Integrationstools, um einen nahtlosen Datenfluss und Interoperabilität zwischen Cloud- und On-Premises-Umgebungen zu gewährleisten.

Nützt:

Skalierbarkeit und Flexibilität: Cloud-Services bieten skalierbare und flexible Lösungen, die sich schnell an sich ändernde Geschäftsanforderungen anpassen lassen und den Fokus von ITIL auf die Ausrichtung von IT-Services an den Geschäftszielen unterstützen.

Kosteneffizienz: Cloud Computing reduziert die Investitions- und Betriebskosten durch Payas-yougo-Modelle und optimierte Ressourcennutzung.

Innovation: Cloud-Umgebungen bieten Zugang zu fortschrittlichen Technologien und Diensten und ermöglichen es Unternehmen, schnell innovativ zu sein und neue Funktionen bereitzustellen.

ITIL-Praktiken bleiben im Cloud-Zeitalter unerlässlich. Durch die Anpassung von ITIL an die Cloud können Unternehmen Cloud-Services effektiv verwalten, operative Exzellenz erreichen und das volle Potenzial von Cloud Computing ausschöpfen.

Automatisierung und KI in ITIL

Die Integration von Automatisierung und künstlicher Intelligenz (KI) in ITIL-Praktiken verändert das IT-Service-Management und verbessert die Effizienz, Genauigkeit und Reaktionsfähigkeit. Die Automatisierung rationalisiert Routineaufgaben, während KI erweiterte Analysen, prädiktive Erkenntnisse und intelligente Entscheidungsfindungsfunktionen bietet. Zusammen ermöglichen diese Technologien Unternehmen, ITIL-Prozesse zu optimieren und eine überlegene Servicequalität zu liefern.

Automatisierung in ITIL:

Störungsmanagement:

- **Automatisierte Erkennung und Reaktion:** Implementieren Sie Automatisierungstools, die Vorfälle in Echtzeit erkennen und automatisierte Reaktionen auslösen. Dies verkürzt die Zeit für die Identifizierung und Behebung von Vorfällen und minimiert Serviceunterbrechungen.
- **Selbstheilende Systeme:** Verwenden Sie selbstheilende Systeme, die Probleme ohne menschliches Eingreifen automatisch beheben. Beispielsweise können automatisierte Skripte Dienste neu starten oder Patches anwenden, wenn bestimmte Bedingungen erfüllt sind.

Change Enablement:

- **Automatisiertes Änderungsmanagement:** Automatisieren Sie den Änderungsmanagementprozess, einschließlich Änderungsanforderungen, Genehmigungen und Implementierungen. Automatisierte Workflows stellen sicher, dass Änderungen konsistent dokumentiert, nachverfolgt und implementiert werden.
- **Risikobewertung:** Verwenden Sie automatisierte Tools, um das Risiko vorgeschlagener Änderungen zu bewerten. Diese Tools können die Auswirkungen von Änderungen auf die IT-Umgebung analysieren und Strategien zur Risikominderung empfehlen.

Verwaltung von Serviceanfragen:

- **Self-Service-Portale:** Implementieren Sie Self-Service-Portale, mit denen Benutzer Serviceanfragen einreichen und verfolgen können. Automatisierte Workflows leiten Anfragen an die entsprechenden Teams weiter und stellen Benutzern Statusaktualisierungen zur Verfügung.
- **Chatbots:** Stellen Sie KI-gestützte Chatbots bereit, um routinemäßige Serviceanfragen zu bearbeiten und Benutzern sofortige Unterstützung zu bieten. Chatbots können häufig gestellte Fragen beantworten, Passwörter zurücksetzen und Benutzer durch Schritte zur Fehlerbehebung führen.

KI in ITIL:

Prädiktive Analysen:

Vorhersage von Vorfällen: Verwenden Sie KI-gestützte prädiktive Analysen, um Muster und Trends in historischen Vorfalldaten zu erkennen. Vorhersagemodelle können potenzielle Vorfälle vorhersagen und proaktive Maßnahmen zu deren Verhinderung ermöglichen.

Kapazitätsplanung: Nutzen Sie KI, um Nutzungsmuster zu analysieren und zukünftige Kapazitätsanforderungen vorherzusagen. Dies hilft bei der Optimierung der Ressourcenzuweisung und stellt sicher, dass IT-Dienste Spitzenlasten bewältigen können.

Problemmanagement:

- ❖ **Ursachenanalyse:** Verwenden Sie KI-Algorithmen, um große Datenmengen zu analysieren und die Ursachen wiederkehrender Probleme zu identifizieren. KI kann versteckte Zusammenhänge aufdecken und Erkenntnisse liefern, die menschliche Analysen möglicherweise übersehen.
- ❖ **Automatisierte Problemlösung:** Integrieren Sie KI in Problemmanagement-Tools, um Lösungen vorzuschlagen und zu implementieren. KI-gesteuerte Automatisierung kann die Lösung bekannter Probleme beschleunigen und den Zeitaufwand für die Problemlösung reduzieren.

Service-Level-Management:

- ❖ **Dynamische SLAs:** Verwenden Sie KI, um Service Level Agreements (SLAs) in Echtzeit basierend auf der aktuellen Leistung und den Geschäftsprioritäten zu überwachen und anzupassen. KI kann SLA-Anpassungen empfehlen, um eine optimale Servicebereitstellung zu gewährleisten.
- ❖ **Leistungsoptimierung:** Wenden Sie KI an, um die Serviceleistung kontinuierlich zu überwachen und Optimierungen zu empfehlen. KI-gesteuerte Erkenntnisse tragen dazu bei, hohe Servicestandards aufrechtzuerhalten und die Kundenzufriedenheit zu verbessern.

Nützt:

- **Erhöhte Effizienz:** Die Automatisierung reduziert den manuellen Aufwand und beschleunigt ITIL-Prozesse, was zu schnelleren Lösungszeiten und verbesserter Produktivität führt.
- **Verbesserte Genauigkeit:** KI minimiert menschliche Fehler und liefert präzise Erkenntnisse für die Entscheidungsfindung, wodurch die Gesamtqualität des IT-Servicemanagements verbessert wird.
- **Proaktives Management:** Vorausschauende Analysen und automatisierte Reaktionen ermöglichen ein proaktives Management von IT-Services und verhindern Probleme, bevor sie sich auf die Benutzer auswirken.

Herausforderungen und Lösungen:

Komplexität der Implementierung: Die Integration von Automatisierung und KI in ITIL-Prozesse kann komplex sein. Beginnen Sie mit Pilotprojekten, um die Implementierung vor der Skalierung zu testen und zu verfeinern.

Datenqualität: KI stützt sich auf qualitativ hochwertige Daten, um genaue Erkenntnisse zu liefern. Stellen Sie sicher, dass die Daten sauber, konsistent und umfassend sind, um die Effektivität von KI-Lösungen zu maximieren.

- **Change Management:** Automatisierung und KI erfordern Änderungen in Workflows und Rollen. Implementieren Sie robuste Change-Management-Strategien, um Widerstände zu überwinden und eine reibungslose Einführung zu gewährleisten.

Automatisierung und KI revolutionieren ITIL-Praktiken und ermöglichen es Unternehmen, Effizienz, Genauigkeit und proaktives Management zu verbessern. Durch die Nutzung dieser Technologien können Unternehmen das IT-Service-Management optimieren, eine überlegene Servicequalität liefern und in der sich schnell entwickelnden digitalen Landschaft an der Spitze bleiben.

Digitale Transformation und ITIL

Die digitale Transformation stellt einen grundlegenden Wandel in der Art und Weise dar, wie Unternehmen Technologie nutzen, um Werte zu schaffen, das Kundenerlebnis zu verbessern und die betriebliche Effizienz zu verbessern. Die Integration von ITIL v4 in Initiativen zur digitalen Transformation stellt sicher, dass diese Bemühungen mit robusten IT-Service-Management-Praktiken abgestimmt sind und einen strukturierten Ansatz für das Management von Veränderungen, Innovationen und Servicebereitstellung bieten.

Strategische Ausrichtung:

- ❖ **Ausrichtung der Unternehmens-IT:** ITIL v4 betont die Ausrichtung von IT-Services an den Geschäftszielen. Bei der digitalen Transformation ist diese Ausrichtung entscheidend, um sicherzustellen, dass Technologieinvestitionen strategische Ziele unterstützen und einen messbaren Wert liefern.
- ❖ **Service Value System (SVS):** Das ITIL SVS bietet ein ganzheitliches Framework für das Management digitaler Initiativen. Es stellt sicher, dass alle Komponenten, von der Governance bis zur kontinuierlichen Verbesserung, aufeinander abgestimmt sind, um durch digitale Transformation einen Mehrwert zu schaffen.

Wichtige ITIL-Praktiken in der digitalen Transformation:

Change Enablement:

- ❖ **Agiles Change Management:** Die digitale Transformation erfordert schnelle und kontinuierliche Veränderungen. Die Change Enablement-Praktiken von ITIL können angepasst werden, um agile Methoden zu unterstützen und sicherzustellen, dass Änderungen effizient und mit minimalem Risiko verwaltet werden.
- ❖ **Automatisierte Änderungsprozesse:** Implementieren Sie automatisierte Workflows für das Änderungsmanagement, um das erhöhte Volumen und die Komplexität von Änderungen in einer digitalen Umgebung zu bewältigen.

Service-Design:

- **Customer Centric Design:** Konzentrieren Sie sich auf die Entwicklung digitaler Services, die den Kundenbedürfnissen entsprechen und die Benutzererfahrung verbessern. Die Service-Design-Praktiken von ITIL helfen bei der Erstellung von Diensten, die zuverlässig, skalierbar und benutzerfreundlich sind.
- **Integration und Interoperabilität:** Stellen Sie sicher, dass sich neue digitale Dienste nahtlos in bestehende Systeme integrieren lassen. Die Designkoordinations- und Integrationspraktiken von ITIL erleichtern diese Interoperabilität.

Service-Betrieb:

- **Echtzeitüberwachung:** Verwenden Sie Echtzeitüberwachungstools, um die Leistung und Verfügbarkeit digitaler Dienste zu verwalten. Die Event-Management-Praktiken von ITIL helfen dabei, Probleme schnell zu erkennen und darauf zu reagieren.
- **Incident- und Problemmanagement:** Nutzen Sie die Incident- und Problemmanagement-Praktiken von ITIL, um die Servicekontinuität aufrechtzuerhalten und Probleme, die während der digitalen Transformation auftreten, schnell zu lösen.

Kontinuierliche Verbesserung:

- **Datengesteuerte Verbesserung:** Nutzen Sie Datenanalysen, um kontinuierliche Verbesserungsbemühungen voranzutreiben. Das Modell der kontinuierlichen Verbesserung von ITIL unterstützt die Verwendung von Metriken und KPIs, um Verbesserungsbereiche zu identifizieren und den Fortschritt zu verfolgen.
- **Feedbackschleifen:** Richten Sie Feedbackschleifen mit Kunden und Stakeholdern ein, um Erkenntnisse zu sammeln und Verbesserungen bei digitalen Diensten voranzutreiben.

Vorteile der Integration von ITIL in die digitale Transformation:

- ❖ **Verbesserte Agilität:** Das strukturierte und dennoch flexible Framework von ITIL unterstützt agile Praktiken und ermöglicht es Unternehmen, schnell auf Marktveränderungen und technologische Fortschritte zu reagieren.
- ❖ **Verbesserte Servicequalität:** ITIL stellt sicher, dass digitale Services mit Fokus auf Qualität, Zuverlässigkeit und Kundenzufriedenheit konzipiert, implementiert und verwaltet werden.
- ❖ **Risikominderung:** Robuste ITIL-Praktiken helfen beim Management der mit der digitalen Transformation verbundenen Risiken und stellen sicher, dass Änderungen kontrolliert und an den Geschäftszielen ausgerichtet werden.
- ❖ **Betriebliche Effizienz: Durch** die Rationalisierung von Prozessen und die Automatisierung von Workflows steigert ITIL die betriebliche Effizienz, senkt die Kosten und verbessert die Servicebereitstellung.

Herausforderungen und Lösungen:

- ❖ **Kulturwandel: Die** digitale Transformation erfordert oft einen Kulturwandel hin zu Innovation und Agilität. Fördern Sie eine Kultur der kontinuierlichen Verbesserung und Zusammenarbeit, indem Sie Schulungen anbieten und eine offene Kommunikation fördern.
- ❖ **Legacy-Systeme:** Die Integration neuer digitaler Services in Legacy-Systeme kann eine Herausforderung sein. Nutzen Sie die Service-Integrations- und Design-Praktiken von ITIL, um eine nahtlose Interoperabilität zu gewährleisten.
- ❖ **Komplexität managen**: Die Komplexität von Initiativen zur digitalen Transformation kann überwältigend sein. Unterteilen Sie Projekte in überschaubare Phasen und nutzen Sie die Projektmanagementpraktiken von ITIL, um die Ausführung zu überwachen.

Die Integration von ITIL v4 in Initiativen zur digitalen Transformation bietet einen strukturierten Ansatz für das Management von Veränderungen und die Bereitstellung hochwertiger digitaler Services. Durch die Ausrichtung von ITIL-Praktiken an digitalen Zielen können Unternehmen die Agilität verbessern, die Servicequalität verbessern und ein nachhaltiges Geschäftswachstum erzielen.

Zukünftige Trends im IT-Service-Management

Der Bereich des IT-Service-Managements (ITSM) entwickelt sich ständig weiter, angetrieben durch technologische Fortschritte, sich ändernde Geschäftsanforderungen und neue Best Practices. Das Verständnis zukünftiger Trends im ITSM hilft Unternehmen, an der Spitze zu bleiben und ihre ITIL-Praktiken an neue Herausforderungen und Chancen anzupassen.

KI und maschinelles Lernen:

Predictive Analytics: KI und maschinelles Lernen ermöglichen prädiktive Analysen, die potenzielle Probleme vorhersagen können, bevor sie auftreten. Dies ermöglicht ein proaktives Incident-Management und eine Problemlösung und erhöht die Zuverlässigkeit des Dienstes.

Automatisierte Entscheidungsfindung: KI kann Entscheidungsprozesse automatisieren, z. B. die Genehmigung von Änderungen oder die Lösung häufiger Vorfälle. Das entlastet das IT-Personal und beschleunigt die Reaktionszeiten.

Hyper-Automatisierung:

- **End-to-End-Automatisierung:** Bei der Hyperautomatisierung werden so viele ITSM-Prozesse wie möglich automatisiert, vom Incident Management bis zur Erfüllung von Serviceanfragen. Dies steigert die Effizienz, reduziert Fehler und entlastet die IT-Mitarbeiter, die sich auf strategische Aufgaben konzentrieren können.
- **Robotic Process Automation (RPA):** RPA kann sich wiederholende Aufgaben wie Ticketbearbeitung und Dateneingabe automatisieren, die Genauigkeit verbessern und den manuellen Aufwand reduzieren.

Edge Computing:

- **Dezentrale IT-Services:** Edge Computing verteilt Rechenressourcen näher an der Datenquelle, reduziert die Latenz und verbessert die Leistung. ITSM-Praktiken müssen sich anpassen, um dezentrale IT-Services effektiv zu verwalten.
- **Echtzeitüberwachung:** Edge Computing erfordert Echtzeitüberwachung und -verwaltung, um die Leistung und Verfügbarkeit verteilter Ressourcen

sicherzustellen. Die Ereignismanagement- und Überwachungspraktiken von ITIL sind in diesem Zusammenhang von entscheidender Bedeutung.

Digitale Zwillingstechnologie:

- **Virtuelle Modelle:** Digitale Zwillinge erstellen virtuelle Modelle physischer Anlagen und Systeme und ermöglichen so die Überwachung und Simulation in Echtzeit. In ITSM können digitale Zwillinge verwendet werden, um IT-Umgebungen zu modellieren, Probleme vorherzusagen und die Leistung zu optimieren.
- **Proaktive Wartung:** Mit digitalen Zwillingen können Unternehmen proaktive Wartungsarbeiten auf der Grundlage von Echtzeitdaten und Simulationen durchführen, Ausfallzeiten reduzieren und die Servicezuverlässigkeit verbessern.

Service-Management in Multi-Cloud-Umgebungen:

- **Komplexe Serviceintegration:** Die Verwaltung von IT-Services über mehrere Cloud-Plattformen hinweg erfordert robuste Integrations- und Koordinationspraktiken. Die Service-Design- und Integrationspraktiken von ITIL sind für die Gewährleistung eines nahtlosen Multi-Cloud-Betriebs unerlässlich.
- **Einheitliche Verwaltung:** Mehrere iCloud-Umgebungen erfordern einheitliche Verwaltungstools, die Transparenz und Kontrolle über alle Cloud-Ressourcen bieten. Die Konfigurationsmanagementpraktiken von ITIL unterstützen ein effektives Multi-Cloud-Management.

Fokus auf das Kundenerlebnis (CX):

- **Benutzerzentriertes** ITSM: Zukünftige ITSM-Praktiken werden sich zunehmend auf die Verbesserung des Kundenerlebnisses konzentrieren. Dazu gehört die Entwicklung von Diensten, die intuitiv, zuverlässig und auf die Bedürfnisse der Benutzer abgestimmt sind.
- **Personalisierte Dienste:** Durch die Nutzung von Datenanalysen kann ITSM personalisierte Dienste anbieten, die auf individuelle Benutzerpräferenzen und -anforderungen zugeschnitten sind und die Zufriedenheit und das Engagement verbessern.

Nachhaltigkeit und Green IT:

- **Umweltfreundliche Praktiken:** Da Unternehmen umweltbewusster werden, werden ITSM-Praktiken Nachhaltigkeitsinitiativen einbeziehen. Dazu gehören die Optimierung des Ressourcenverbrauchs, die Reduzierung des Energieverbrauchs und die Implementierung grüner IT-Praktiken.

Nachhaltiges Service-Design: Entwerfen Sie IT-Services unter Berücksichtigung von Faktoren wie Energieeffizienz, Hardware-Lebenszyklusmanagement und Reduzierung von Elektroschrott.

Blockchain-Technologie:

- **Verbesserte Sicherheit:** Die Blockchain-Technologie bietet erweiterte Sicherheitsfunktionen wie unveränderliche Datensätze und dezentrale Validierung. ITSM kann Blockchain für sicheres Konfigurationsmanagement und Änderungsverfolgung nutzen.
- **Transparente Prozesse:** Die Transparenz der Blockchain kann das Vertrauen und die Verantwortlichkeit in ITSM-Prozesse verbessern und die Datenintegrität und Rückverfolgbarkeit gewährleisten.

Talentmanagement und Kompetenzentwicklung:

- **Kontinuierliches Lernen:** Die rasante Entwicklung von ITSM erfordert kontinuierliches Lernen und die Entwicklung von Fähigkeiten. Unternehmen werden in Schulungsprogramme investieren, um IT-Mitarbeiter über die neuesten Technologien und Best Practices auf dem Laufenden zu halten.
- **Funktionsübergreifende Fähigkeiten:** Zukünftige ITSM-Experten benötigen funktionsübergreifende Fähigkeiten, die technisches Fachwissen mit Geschäftssinn kombinieren. Dazu gehören das Verständnis von Geschäftsprozessen, das Kundenerlebnis und die strategische Planung.

Sicherheit und Compliance:

- **Proaktives Sicherheitsmanagement:** Mit der Weiterentwicklung von Cyberbedrohungen werden ITSM-Praktiken dem proaktiven Sicherheitsmanagement Priorität einräumen, einschließlich Bedrohungserkennung, Reaktion auf Vorfälle und Schwachstellenmanagement.

- ❖ **Einhaltung gesetzlicher Vorschriften:** Die Einhaltung von Vorschriften wie DSGVO, HIPAA und anderen wird weiterhin ein kritischer Schwerpunkt sein. ITSM-Praktiken werden das Compliance-Management in den täglichen Betrieb integrieren.

Wenn Unternehmen mit diesen zukünftigen Trends im IT-Service-Management Schritt halten, können sie ihre ITIL-Praktiken kontinuierlich anpassen und verbessern. Durch die Einführung neuer Technologien, die Konzentration auf das Kundenerlebnis und die Förderung einer Kultur der kontinuierlichen Verbesserung können Unternehmen wettbewerbsfähig bleiben und außergewöhnliche IT-Services in einer sich schnell verändernden Landschaft bereitstellen.

KAPITEL 9

RESSOURCEN UND WEITERFÜHRENDE LITERATUR

Der Zugang zu hochwertigen Ressourcen und weiterführender Literatur ist für IT-Experten und Organisationen, die ITIL v4-Praktiken beherrschen möchten, unerlässlich. Dieses Kapitel enthält eine kuratierte Liste wertvoller Ressourcen, darunter Bücher, Websites, Online-Kurse und Branchenpublikationen, die fundiertes Wissen und praktische Einblicke in ITIL v4 bieten.

Bücher und Publikationen

1. ITIL-Grundlage: ITIL 4 Edition

Autoren: AXELOS

- ❖ **Überblick:** Dies ist der offizielle Leitfaden für die ITIL Foundation-Zertifizierung und bietet eine umfassende Einführung in das ITIL v4-Framework. Es behandelt wichtige Konzepte, Prinzipien und Praktiken, die für jeden, der seine ITIL-Reise beginnt, unerlässlich sind.
- ❖ **Warum es wertvoll ist:** Es ist die Anlaufstelle für grundlegendes Wissen und ist auf die ITIL Foundation-Prüfung abgestimmt.

2. ITIL Practitioner Anleitung

Autoren: AXELOS

- ❖ **Überblick:** Dieses Buch bietet praktische Anleitungen zur Einführung und Anpassung von ITIL-Praktiken. Es enthält Fallstudien, Beispiele und Ratschläge zur Integration von ITIL in reale Umgebungen.

- ❖ **Warum es wertvoll ist:** Es schließt die Lücke zwischen Theorie und Praxis und ist daher für IT-Experten, die an der Implementierung von ITIL beteiligt sind, unerlässlich.

3. ITIL 4: Hochgeschwindigkeits-IT

Autoren: AXELOS

- ❖ **Überblick:** Dieses Buch konzentriert sich auf die Herausforderungen der digitalen Transformation und untersucht, wie ITIL-Praktiken in Hochgeschwindigkeitsumgebungen angewendet werden können, um Agilität und Innovation zu verbessern.
- ❖ **Warum es wertvoll ist:** Es bietet Einblicke in moderne ITSM-Praktiken und ist damit für Unternehmen relevant, die sich in der digitalen Transformation befinden.

4. ITIL 4: Leiten, Planen und Verbessern

Autoren: AXELOS

- ❖ **Überblick:** Dieser Leitfaden bietet detaillierte Strategien für die Schaffung einer "lernenden und verbessernden" IT-Organisation mit einem starken Fokus auf Planung, Governance und kontinuierliche Verbesserung.
- ❖ **Warum es wertvoll ist**: Es ist entscheidend für IT-Führungskräfte und -Manager, die ITIL-Praktiken an strategischen Geschäftszielen ausrichten möchten.

Online-Kurse und Zertifizierungen

1. AXELOS ITIL-Schulung

Anbieter: AXELOS

- ❖ **Überblick:** AXELOS bietet eine Reihe von offiziellen ITIL-Schulungen an, von Foundation bis hin zu fortgeschrittenen Stufen wie Managing Professional und Strategic Leader.
- ❖ **Warum es wertvoll ist:** Diese Kurse werden von den Verwaltern von ITIL entwickelt, um sicherzustellen, dass die Inhalte korrekt sind und den Zertifizierungsanforderungen entsprechen.

2. Coursera ITIL 4 Zertifizierungskurse

Anbieter: Coursera

- ❖ **Überblick:** Coursera bietet verschiedene ITIL-Kurse an, die verschiedene Aspekte des ITIL-Frameworks abdecken, einschließlich Grundlagen- und Fachmodulen.
- ❖ **Warum es wertvoll ist**: Das flexible Online-Format von Coursera ermöglicht es den Lernenden, in ihrem eigenen Tempo zu lernen und Zertifizierungen von seriösen Institutionen zu erhalten.

3. LinkedIn Learning ITIL Foundation Schulung

Anbieter: LinkedIn Learning

- ❖ **Überblick:** Dieser Kurs bietet eine umfassende Abdeckung der ITIL Foundation-Konzepte und bereitet die Lernenden auf die Zertifizierungsprüfung vor.
- ❖ **Warum es wertvoll ist:** Es bietet eine bequeme und zugängliche Möglichkeit, ITIL-Grundlagen mit Schwerpunkt auf praktischer Anwendung zu erlernen.

Websites und Online-Communities

1. Offizielle AXELOS-Website

URL: [AXELOS](https://www.axelos.com)

- ❖ **Überblick:** Die offizielle Quelle für ITIL-Informationen, Updates und Ressourcen, einschließlich Whitepapers, Fallstudien und Zertifizierungsdetails.
- ❖ **Warum es wertvoll ist**: Es bietet maßgebliche Inhalte und die neuesten Nachrichten zu ITIL-Entwicklungen und Best Practices.

2. ITSMF (IT-Service-Management-Forum)

URL: [ITSMF](https://www.itsmf.org)

- ❖ **Überblick:** Eine globale Community, die sich dem IT-Service-Management widmet. Es bietet Ressourcen, Veranstaltungen und Foren für ITSM-Experten, um Wissen und Best Practices auszutauschen.
- ❖ **Warum es wertvoll ist:** Es bietet eine Plattform zum Networking, Lernen und Informieren über Branchentrends.

3. BMC-Blogs und -Ressourcen

URL: [BMC Blogs](https://www.bmc.com/blogs/)

- ❖ **Überblick:** BMC bietet eine Fülle von Artikeln, Whitepapers und Fallstudien zu ITIL und IT-Service-Management.
- ❖ **Warum es wertvoll ist**: Es bietet praktische Einblicke und Vordenkerrolle von Branchenexperten.

Branchenpublikationen und Zeitschriften

1. CIO-Magazin

- ❖ **Überblick:** Eine führende Publikation, die Einblicke in die IT-Führung, die digitale Transformation und das Servicemanagement bietet.
- ❖ **Warum es wertvoll ist:** Es bietet aktuelle Informationen zu Trends, Fallstudien und Best Practices, die für ITIL-Praktiker relevant sind.

2. Informationswoche

- ❖ **Überblick:** Diese Publikation deckt ein breites Spektrum an IT-Themen ab, darunter IT-Service-Management, digitale Transformation und neue Technologien.
- ❖ **Warum es wertvoll ist:** Es bietet eine breite Perspektive auf IT-Trends und -Praktiken, einschließlich der Integration von ITIL in umfassendere IT-Strategien.

3. Zeitschrift für Informationstechnologie-Management (JITM)

- ❖ **Überblick:** Eine akademische Zeitschrift, die Forschungsergebnisse zum IT-Management veröffentlicht, einschließlich IT-Service-Management-Frameworks wie ITIL.
- ❖ **Warum es wertvoll ist:** Es bietet eingehende, von Experten begutachtete Forschung und Fallstudien, die in die ITIL-Implementierung und -Verbesserung einfließen können.

Praktische Tools und Software

1. ServiceNow

- ❖ **Überblick:** Eine umfassende IT-Service-Management-Plattform, die ITIL-Praktiken unterstützt und Tools für Incident Management, Change Enablement und mehr bereitstellt.
- ❖ **Warum es wertvoll ist:** ServiceNow ist in der Branche weit verbreitet und bietet robuste Unterstützung für die Implementierung von ITIL-Prozessen.

2. Atlassian Jira Service Management

- ❖ **Überblick:** Eine flexible ITSM-Lösung, die sich in Jira integrieren lässt, um Serviceanfragen, Vorfälle und Änderungen zu verwalten.
- ❖ **Warum es wertvoll ist:** Es ist benutzerfreundlich und hochgradig anpassbar, wodurch es für Unternehmen jeder Größe geeignet ist.

3. BMC Remedy IT-Service-Management

- ❖ **Überblick:** Eine ITSM-Lösung der Enterprise-Klasse, die alle ITIL-Kernprozesse unterstützt und erweiterte Automatisierungsfunktionen bietet.
- ❖ **Warum es wertvoll ist:** Es bietet eine umfassende Suite von Tools für die Verwaltung komplexer IT-Umgebungen.

PS

Der Zugang zu einer Vielzahl hochwertiger Ressourcen und weiterführender Literaturmaterialien ist unerlässlich, um ITIL v4 zu beherrschen und Exzellenz im IT-Service-Management zu erreichen. Die in diesem Kapitel aufgeführten Ressourcen bieten wertvolles Wissen, praktische Einblicke und Tools, die IT-Experten und Organisationen nutzen können, um ihre ITIL-Praktiken zu verbessern und überlegene IT-Services bereitzustellen. Durch kontinuierliches Lernen und Informieren über die neuesten

Entwicklungen können IT-Experten sicherstellen, dass sie an der Spitze des IT-Service-Managements bleiben.

KAPITEL 10: ANHÄNGE

Die Anhänge eines ITIL v4-Handbuchs enthalten ergänzende Informationen, die den Hauptinhalt verbessern, und bieten detaillierte Referenzen, Glossare, Vorlagen und zusätzliche Ressourcen. Dieser Abschnitt soll IT-Experten bei der Implementierung und dem Verständnis von ITIL-Praktiken unterstützen, indem er praktische Tools und ergänzendes Material bereitstellt.

Glossar der ITIL v4-Begriffe

Ein umfassendes Glossar ist für das Verständnis der im ITIL v4-Framework verwendeten Terminologie unerlässlich. Dieses Glossar enthält Definitionen von Schlüsselbegriffen und Konzepten, die für das IT-Service-Management von entscheidender Bedeutung sind.

- **Service Value System (SVS):** Das ITIL SVS ist ein Modell, das beschreibt, wie alle Komponenten und Aktivitäten einer Organisation zusammenarbeiten, um durch IT-gestützte Services Werte zu schaffen.
- **Service-Wertschöpfungskette:** Eine Reihe miteinander verbundener Aktivitäten, die ein Unternehmen ausführt, um seinen Kunden wertvolle Produkte und Dienstleistungen zu liefern.
- **Change Enablement:** Die Praxis, sicherzustellen, dass Änderungen kontrolliert und verwaltet werden, um das Risiko einer Unterbrechung von IT-Services zu minimieren.
- **Incident Management:** Die Praxis, ungeplante Unterbrechungen eines Dienstes oder Minderungen der Qualität eines Dienstes zu verwalten.
- **Problemmanagement:** Die Praxis, den Lebenszyklus aller Probleme von der Identifizierung bis zur endgültigen Beseitigung zu verwalten.
- **Service Request Management:** Die Praxis der Bearbeitung einer Vielzahl von Serviceanfragen von Benutzern, z. B. Anfragen nach Informationen oder Zugriff auf einen Service.

- ❖ **Kontinuierliche Verbesserung:** Eine wiederkehrende organisatorische Aktivität, die auf allen Ebenen durchgeführt wird, um sicherzustellen, dass die Leistung einer Organisation kontinuierlich den Erwartungen der Stakeholder entspricht.

ITIL v4-Prozessvorlagen

Vorlagen bieten eine standardisierte Möglichkeit, ITIL-Prozesse zu dokumentieren und zu implementieren. Diese Vorlagen können an die spezifischen Anforderungen einer Organisation angepasst werden.

- ❖ Vorlage für einen Vorfallbericht:
- ❖ Incident-ID
- ❖ Datum und Uhrzeit des Vorfalls
- ❖ Beschreibung des Vorfalls
- ❖ Wirkung und Dringlichkeit
- ❖ Ergriffene Maßnahmen
- ❖ Details zur Auflösung
- ❖ Folgende Aktionen

Formular für Änderungsanträge

- ❖ ID ändern
- ❖ Datum der Anfrage
- ❖ Angefordert von
- ❖ Beschreibung der Änderung
- ❖ Geschäftliche Begründung
- ❖ Folgenabschätzung
- ❖ Umsetzungsplan
- ❖ Rollback-Plan
- ❖ Status der Genehmigung

Vorlage für eine Vereinbarung zum Servicelevel (SLA)

- ❖ SLA-Kennung
- ❖ Leistungsbeschreibung
- ❖ Leistungsmetriken
- ❖ Reaktions- und Lösungszeiten
- ❖ Rollen und Verantwortlichkeiten
- ❖ Überprüfungs- und Berichtszeitplan

Checklisten für die Implementierung

Implementierungschecklisten stellen sicher, dass bei der Einführung von ITIL-Praktiken alle notwendigen Schritte unternommen werden. Diese Checklisten können IT-Experten durch den Prozess der Implementierung von ITIL in ihren Organisationen führen.

ITIL-Implementierungs-Checkliste

- ❖ Bewertung der aktuellen IT-Service-Management-Praktiken
- ❖ Ziele und Umfang definieren
- ❖ Entwickeln Sie eine Implementierungs-Roadmap
- ❖ Ressourcen zuweisen
- ❖ Schulung der Mitarbeiter in ITIL-Praktiken
- ❖ ITIL-Prozesse in Phasen implementieren
- ❖ Überwachen und Bewerten der Implementierung
- ❖ Kontinuierliche Verbesserung der ITIL-Praktiken

Checkliste für das Änderungsmanagement

- ❖ Antrag auf Änderung von Dokumenten
- ❖ Auswirkungen und Risiken bewerten
- ❖ Genehmigungen einholen
- ❖ Umsetzung des Plans
- ❖ Veränderung kommunizieren
- ❖ Veränderungen umsetzen

- ❖ Verifizieren und Validieren von Änderungen
- ❖ Änderungsantrag schließen

Fallstudien

Fallstudien bieten Beispiele aus der Praxis für die Implementierung von ITIL v4. Diese Beispiele können Best Practices, häufige Herausforderungen und effektive Lösungen veranschaulichen.

Fallstudie 1: Finanzinstitut

- ❖ **Herausforderung:** Verwaltung komplexer IT-Umgebungen und Sicherstellung der Einhaltung gesetzlicher Standards.
- ❖ **Lösung:** Implementierung von ITIL Incident Management und Change Enablement, was zu kürzeren Reaktionszeiten bei Vorfällen und verbesserten Erfolgsquoten bei Änderungen führte.
- ❖ **Ergebnis:** Verbesserte Servicezuverlässigkeit und Kundenzufriedenheit.

Fallstudie 2: Gesundheitsdienstleister

- ❖ **Herausforderung:** Sicherstellung des kontinuierlichen Betriebs kritischer Gesundheitssysteme.
- ❖ **Lösung:** Einführung von ITIL Availability Management und Capacity and Performance Management zur Optimierung der Ressourcenauslastung.
- ❖ **Ergebnis:** Erreichte eine Systemverfügbarkeit von 99,9 % und reduzierte Betriebskosten.

Weiterführende Literatur und Ressourcen

In diesem Abschnitt finden Sie zusätzliche Ressourcen für diejenigen, die ihr Verständnis von ITIL v4 vertiefen möchten.

Bücher:

- "Itel Foundation: Itle 4 Edition" von Axelos
- "ITIL Practitioner Guidance" von AXELOS
- "ITIL 4: Highvelocity IT" von AXELOS

Webseiten:

- AXELOS (https://www.axelos.com)
- IT-Service-Management-Forum (https://www.itsmf.org)

Online-Kurse:

- AXELOS ITIL Schulung
- Coursera ITIL 4 Zertifizierungskurse
- LinkedIn Learning ITIL Foundation Schulung

Häufig gestellte Fragen (FAQs)

Dieser Abschnitt befasst sich mit häufig gestellten Fragen zu ITIL v4 und bietet klare und prägnante Antworten, um Benutzern zu helfen, das Framework besser zu verstehen.

Was ist ITIL v4?

- ITIL v4 ist die neueste Version des IT-Infrastrukturbibliotheks-Frameworks, das Unternehmen bei der effektiven Verwaltung von IT-Services unterstützt.

Wie unterscheidet sich ITIL v4 von früheren Versionen?

- ITIL v4 führt das Service Value System (SVS) ein und betont einen ganzheitlichen Ansatz für das Service-Management, der Konzepte wie Agile, DevOps und Lean integriert.

Wer sollte ITIL v4 verwenden?

- ❖ ITIL v4 eignet sich für IT-Experten, Manager und Organisationen, die ihre IT-Service-Management-Praktiken verbessern möchten.

Was sind die Vorteile der ITIL-Zertifizierung?

- ❖ Die ITIL-Zertifizierung bestätigt Ihr Verständnis der ITIL-Praktiken, verbessert Ihre Karriereaussichten und hilft Unternehmen, die Servicequalität und -effizienz zu verbessern.

Die Anhänge enthalten wichtige Tools und ergänzende Informationen, die die Implementierung und das Verständnis von ITIL v4 unterstützen. Diese Ressourcen wurden entwickelt, um die praktische Anwendung von ITIL-Praktiken zu verbessern und sicherzustellen, dass IT-Experten und Organisationen IT-Services effektiv verwalten und ihre Geschäftsziele erreichen können.

Q&A-ABSCHNITT

FRAGE 1

Welche der folgenden Aussagen zu Ressourcen und Fähigkeiten ist zutreffend?

- A. Nur Ressourcen gelten als Service-Assets, nicht als Funktionen
- B. Sowohl Ressourcen als auch Fähigkeiten fallen unter die Kategorie der Service-Assets
- C. Nur Funktionen werden als Dienstressourcen betrachtet, nicht als Ressourcen
- D. Weder Ressourcen noch Fähigkeiten werden als Service-Assets klassifiziert

Antwort: B

FRAGE 2

Was ist im Zusammenhang mit dem Service-Design das primäre Ergebnis, das auf den Service-Übergang übertragen wird?

- A. Metriken, Methoden und Messungen
- B. Paket des Service Designs
- C. Gestaltung des Leistungsportfolios
- D. Definitionen von Prozessen

Antwort: B

FRAGE 3

Was wird von einem Service immer erwartet, dass er seinen Kunden bietet?

- A. Software
- B. Systeme
- C. Wert
- D. Vermögen

Antwort: C

FRAGE 4

Welches Verfahren gewährleistet die Zugänglichkeit, Vertraulichkeit und Zuverlässigkeit von Daten?

A. Verwaltung des Servicekatalogs
B. Verwaltung von Service-Assets und Konfiguration
C. Management von Veränderungen
D. Management der Informationssicherheit

Antwort: D

FRAGE 5

Welcher der folgenden Bereiche ist im Bereich des Verfügbarkeitsmanagements direkt für die Sicherstellung der Verfügbarkeit verantwortlich?

A. Komponenten und Dienstleistungen rund um die IT
B. Geschäftsprozesse und IT-Services
C. Geschäftsprozesse und Komponenten
D. IT-Services, Komponenten und Geschäftsprozesse

Antwort: A

FRAGE 6

Welche Art von Baseline ist für die Kapselung der Architektur, der Komponenten und der Besonderheiten der Infrastruktur verantwortlich und bezeichnet eine Sammlung von Elementen, die miteinander verbunden sind?

A. Grundlinie der Konfiguration
B. Ausgangslage des Projekts
C. Grundlinie der Veränderung
D. Baseline der Assets

FRAGE 7

Welche der folgenden Optionen fasst das Ziel der Zugriffsverwaltung am genauesten zusammen?

A. Einrichtung eines Kanals für Benutzer, um Anfragen zu stellen und Standarddienste zu erhalten
B. So erteilen Sie Benutzern die Berechtigungen, die für die Nutzung eines Diensts oder einer Reihe von Diensten erforderlich sind
C. Um Probleme und die daraus resultierenden Vorfälle abzuwenden
D. Sicherheitsvorfälle zu identifizieren und zu interpretieren

Antwort: B

FRAGE 8

Welche Faktoren tragen zum Erfolg von ITIL bei?

1. ITIL behält eine herstellerneutrale Haltung bei

2. ITIL verzichtet darauf, bestimmte Aktionen zu diktieren

3. ITIL verkörpert Best Practices der Branche

A. Alle aufgeführten Faktoren
B. Nur Faktoren 1 und 3
C. Nur Faktoren 1 und 2
D. Nur Faktoren 2 und 3

Antwort: A

FRAGE 9

Welches Verfahren ist für die Bearbeitung von Beschwerden, Feedback und allgemeinen Fragen von Benutzern verantwortlich?

A. Verwaltung des Service-Levels
B. Management des Leistungsportfolios
C. Erfüllung von Anfragen
D. Steuerung der Nachfrage

Antwort: C

FRAGE 10

Welche der folgenden Optionen definiert im Zusammenhang mit dem Ausdruck "Menschen, Prozesse, Produkte und Partner" "Partner" am genauesten?

A. Entitäten wie Lieferanten, Hersteller und Lieferanten
B. Die Klientel oder Kunden
C. Abteilungen innerhalb der Organisation
D. Die Funktion des Facility Managements

Antwort: A

FRAGE 11

Welches Verfahren hat die Aufgabe, Risikobewertungen durchzuführen und alle Lieferanten und Verträge routinemäßig zu überprüfen?

- A. Das Management des Service-Levels
- B. Das Management der IT-Service-Kontinuität
- C. Die Verwaltung des Servicekatalogs
- D. Das Management von Lieferanten

Antwort: D

FRAGE 12

Auf welcher Verständnisebene würde man im Bereich des Wissensmanagements die persönlichen Erfahrungen, Gedanken, Einsichten und Werte von Individuen kategorisieren?

- A. Sie werden als Daten klassifiziert
- B. Sie gelten als Information
- C. Sie werden als Wissen anerkannt
- D. Sie fallen unter Governance

Antwort: C

FRAGE 13

Welche der folgenden Optionen enthält die Informationen, die in die Service-Übergangsphase übertragen werden, um die Bereitstellung eines neuen Service zu erleichtern?

    A. Eine Option für den Service
    B. Ein Paket für den Serviceübergang (STP)
    C. Ein Paket für Service Design (SDP)
    D. Eine Charta für den Service

Antwort: C

FRAGE 14

Welche Elemente sind in der Regel in einem Vertrag enthalten, der einen IT-Service unterstützt? Folgende Optionen stehen zur Verfügung:

1. Die mit dem Vertrag verbundenen finanziellen Details

2. Eine detaillierte Darstellung der angebotenen Waren oder Dienstleistungen

3. Die Pflichten und Interdependenzen für alle Beteiligten

Die möglichen Antworten sind:

Ein. Nur 1 und 2

B. Nur 1 und 3

C. Nur 2 und 3

D. Alle drei Elemente (1, 2 und 3)

Antwort: D

was darauf hinweist, dass alle drei Elemente in der Regel in einem solchen Vertrag enthalten sind.

FRAGE 15

Welche Prozesse werden innerhalb der Service-Transition-Phase umfassend beschrieben?

Folgende Optionen stehen zur Verfügung:

- A. Die Verwaltung von Änderungen, Service-Assets und Konfigurationen sowie die Verwaltung von Releases und Deployments
- B. Die Verwaltung von Änderungen, Kapazitäten, Ereignissen und Serviceanfragen
- C. Die Verwaltung von Service-Leveln, Service-Portfolios sowie Service-Assets und -Konfigurationen
- D. Die Verwaltung von Service-Assets und -Konfigurationen, Releases und Bereitstellungen sowie die Erfüllung von Anfragen

Antwort: A

ERLÄUTERUNG: Gibt an, dass die Dienstübergangsphase detaillierte Beschreibungen des Änderungsmanagements, des Dienstressourcen- und Konfigurationsmanagements sowie des Release- und Bereitstellungsmanagements enthält.

FRAGE 16

Welche der folgenden Aussagen sollte nicht in das Wertversprechen für Service Design aufgenommen werden?

Zur Auswahl stehen:

- A. Geringere Gesamtbetriebskosten
- B. Verbesserte Servicequalität
- C. Bessere Ausrichtung des Service an den Unternehmenszielen
- D. Verbessertes Gleichgewicht der technischen Kompetenzen zur Unterstützung von Live-Diensten

Antwort: D

EXPANALTION: Er schlägt vor, dass ein besseres Gleichgewicht der technischen Fähigkeiten zur Unterstützung von Live-Diensten nicht Teil des Wertversprechens für Service Design sein sollte.

FRAGE 17

Welches Verfahren würde angewandt, um den Wert neuer Dienste im Vergleich zu den von ihnen verdrängten Diensten zu bewerten?

Folgende Optionen stehen zur Verfügung:

   A. Verwaltung der Verfügbarkeit
   B. Verwaltung der Kapazität
   C. Verwaltung des Leistungsportfolios
   D. Verwaltung des Servicekatalogs

Antwort: C

ERLÄUTERUNG: Angabe, dass der Service-Portfolio-Management-Prozess verwendet wird, um den Wert neuerer Dienste mit denen zu vergleichen, die sie ersetzt haben.

FRAGE 18

Denken Sie über die folgende Liste nach:

1. Änderungsbefugnis

2. Manager von Änderungen

3. Change Advisory Board (CAB)

Welche der folgenden Optionen charakterisiert die oben aufgeführten Elemente am genauesten?

A. Beschreibungen von Jobs
B. Operative Tätigkeiten
C. Kollektive Gruppen
D. Bezeichnungen, Personen oder Versammlungen

Antwort: D

ERLÄUTERUNG: schlägt vor, dass die aufgelisteten Elemente am besten als Rollen, Personen oder Gruppen beschrieben werden können.

FRAGE 19

Was ist die genaueste Definition von hierarchischer Eskalation?

Folgende Optionen stehen zur Verfügung:

A. Informieren von Führungskräften über ein Ereignis
B. Übertragung eines Vorfalls an Personen mit überlegenem technischem Fachwissen
C. Beschäftigung von erfahreneren Spezialisten als erforderlich, um einen Vorfall zu lösen, um die Kundenzufriedenheit aufrechtzuerhalten
D. Nichteinhaltung des in einem Service Level Agreement festgelegten Zeitrahmens für die Lösung von Vorfällen

Antwort: C

ERKLÄRUNG: Dies deutet darauf hin, dass hierarchische Eskalation am besten als Benachrichtigung höherer Managementebenen über einen Vorfall beschrieben wird.

FRAGE: 20

Welche der folgenden Funktionen wäre für die Überwachung eines Rechenzentrums verantwortlich?

Zur Auswahl stehen:

Ein. Das Management technischer Aspekte

B. Der Service-Helpdesk

C. Die Verwaltung von Anträgen

D. Die Verwaltung von Einrichtungen

Antwort: D

ERLÄUTERUNG: Angabe, dass die für die Verwaltung eines Rechenzentrums zuständige Funktion das Facility Management ist.

FRAGE 21

Welche der folgenden Optionen wäre am vorteilhaftesten, um bei der Abgrenzung von Rollen und Verantwortlichkeiten innerhalb eines organisatorischen Rahmens zu helfen?

Die Alternativen sind:

  A. Der RACI-Rahmen
  B. Das Modell für Vorfälle
  C. Der Ansatz für Continual Service Enhancement (CSI)
  D. Der Deming-Zyklus

Antwort: A

ERLÄUTERUNG: Dies deutet darauf hin, dass das RACI-Modell das nützlichste Instrument ist, um Rollen und Verantwortlichkeiten in einer Organisationsstruktur zu definieren.

FRAGE 22

Welches Verfahren wird typischerweise eingesetzt, um vorfallbezogene Daten konsequent zu hinterfragen, um auffällige Muster zu erkennen?

Folgende Optionen stehen zur Verfügung:

A. Das Management von Service-Levels
B. Das Management von Problemen
C. Das Management von Änderungen
D. Das Management von Veranstaltungen

Antwort: B

Dies weist darauf hin, dass Problemmanagement der Prozess ist, bei dem Vorfalldaten regelmäßig analysiert werden, um erkennbare Trends zu erkennen.

FRAGE 23

Was ist die genaue Interpretation einer Dienstleistung, die dem Kunden gegenübersteht?

Zur Auswahl stehen:

A. Ein Service, der den Geschäftsbetrieb der Kunden direkt unterstützt
B. Ein Service, der auf keinen Fall versagen darf
C. Ein Dienst, der nicht durch eine Vereinbarung zum Servicelevel geregelt ist
D. Eine Dienstleistung, die das Unternehmen nicht direkt nutzt

Antwort: A

ERLÄUTERUNG: Zeigt an, dass ein kundenorientierter Service ein Service ist, der die Geschäftsprozesse der Kunden direkt unterstützt.

FRAGE 24

Welche der folgenden Optionen bietet die genaueste Interpretation des Konzepts des Servicemanagements?

Die Alternativen sind:

A. Eine Sammlung unterschiedlicher organisatorischer Fähigkeiten, die darauf spezialisiert sind, Kunden durch Dienstleistungen einen Mehrwert zu bieten
B. Eine zusammenhängende Einheit, die aus interagierenden, miteinander verbundenen oder unabhängigen Elementen besteht, die gemeinsam auf ein gemeinsames Ziel hinarbeiten
C. Die Verwaltung verschiedener Funktionen innerhalb einer Organisation zur Ausführung bestimmter Aufgaben
D. Segmente von Organisationen mit zugewiesenen Rollen zur Durchführung bestimmter Aktivitäten

Antwort: A

ERKLÄRUNG: Dies schlägt vor, dass Servicemanagement am besten als eine Reihe spezialisierter organisatorischer Fähigkeiten definiert wird, um Kunden einen Mehrwert in Form von Dienstleistungen zu bieten.

FRAGE 25

Welche der folgenden Aussagen stellt KEIN legitimes Ziel des Problemmanagements dar?

Folgende Optionen stehen zur Verfügung:

    A. Um Probleme und die daraus resultierenden Vorfälle abzuwenden
    B. Um Probleme über ihre gesamte Lebensdauer zu überwachen
    C. So stellen Sie den Dienst für einen Benutzer wieder her
    D. Um wiederholt auftretende Vorfälle zu beseitigen

Die richtige Antwort ist C, was darauf hinweist, dass die Wiederherstellung des Dienstes für einen Benutzer kein gültiges Ziel des Problemmanagements ist.

FRAGE 26

Welche der folgenden Aussagen stellt KEIN legitimes Ziel des Problemmanagements dar?

Folgende Optionen stehen zur Verfügung:

    A. Um Probleme und die daraus resultierenden Vorfälle abzuwenden
    B. Um Probleme über ihre gesamte Lebensdauer zu überwachen
    C. So stellen Sie den Dienst für einen Benutzer wieder her
    D. Um wiederholt auftretende Vorfälle zu beseitigen

Antwort: C

: Zeigt an, dass die Wiederherstellung des Dienstes für einen Benutzer kein gültiges Ziel des Problemmanagements ist.

FRAGE 26

Welche der folgenden Optionen stellt ein Ziel für die Verwaltung des Servicekatalogs dar?

Zur Auswahl stehen:

A. Erstellung und Zustimmung zu einem Service Level Agreement
B. Erstellung und Genehmigung von Vereinbarungen auf operativer Ebene
C. Sicherstellen, dass der Servicekatalog für diejenigen zugänglich ist, denen eine Nutzungsgenehmigung erteilt wurde
D. Allein die Verfügbarkeit ausreichender technischer Ressourcen sicherstellen

Antwort C,

ERLÄUTERUNG : Hinweis darauf, dass eines der Ziele der Verwaltung des Dienstkatalogs darin besteht, sicherzustellen, dass der Dienstkatalog denjenigen zur Verfügung gestellt wird, die für den Zugriff darauf zugelassen sind.

FRAGE 27

Welche der folgenden Aussagen charakterisiert die Ziele der Verwaltung von Release und Bereitstellung am genauesten?

Folgende Optionen stehen zur Verfügung:

A. Um die Fähigkeit zu konstruieren, zu untersuchen und zu verteilen, die von Service Design skizzierten Dienste anzubieten
B. So bestätigen Sie, dass jedes Releasepaket, wie durch das Dienstdesign definiert, eine Gruppe zugeordneter Ressourcen und Dienstkomponenten umfasst
C. Um sicherzustellen, dass alle Änderungen überwacht, getestet und gegebenenfalls validiert werden können
D. Dokumentieren und Behandeln von Diskrepanzen, Risiken und Problemen im Zusammenhang mit dem neuen oder geänderten Service

Antwort: A

ERLÄUTERUNG: Gibt an, dass das Hauptziel des Release- und Bereitstellungsmanagements darin besteht, die Fähigkeit zur Bereitstellung der durch das Dienstdesign spezifizierten Dienste zu erstellen, zu testen und bereitzustellen.

FRAGE 28:

Welche der folgenden Aktionen wird während der Phase "Was ist unser gewünschtes Ziel?" der Continual Service Improvement (CSI)-Methodik ausgeführt?

Folgende Optionen stehen zur Verfügung:

- A. Die Implementierung von Erweiterungen von Dienstleistungen und Prozessen
- B. Die Untersuchung von Messungen und Metriken
- C. Die Einrichtung eines Bezugspunkts
- D. Die Festlegung quantifizierbarer Ziele

Antwort: D,

ERLÄUTERUNG: Die Definition messbarer Ziele ist die Aktivität, die während des Schritts "Wo wollen wir sein?" des CSI-Ansatzes (Continuous Service Improvement) durchgeführt wird.

FRAGE 29

Welche der folgenden Optionen kann dabei helfen, den Grad des Einflusses eines Problems zu ermitteln?

Folgende Optionen stehen zur Verfügung:

Ein. Die definitive Medienbibliothek (DML)

B. Das Konfigurationsmanagementsystem (CMS)

C. Die Anforderungserklärung (SOR)

D. Die Standardarbeitsanweisungen (SOP)

Antwort: B

ERLÄUTERUNG: gibt an, dass das Configuration Management System (CMS) helfen kann, den Grad der Auswirkungen eines Problems zu bestimmen.

FRAGE 30

Der erfolgreiche Umgang mit Risiken erfordert bestimmte Maßnahmen. Welche der folgenden Maßnahmen wären beim Risikomanagement am effektivsten?

Folgende Optionen stehen zur Verfügung:

- A. Bereitstellung von Risikomanagementschulungen für alle Mitarbeiter und Identifizierung potenzieller Risiken
- B. Erkennen des Risikos, Untersuchen und Managen der Risikoexposition
- C. Kontrolle der Risikoexposition und Kapitalanlage
- D. Schulung des gesamten Personals und Kapitalanlage

Antwort: B

ERLÄUTERUNG: schlägt vor, dass die Identifizierung von Risiken, die Analyse und das Management der Risikoexposition die besten Maßnahmen zum Risikomanagement sind.

FRAGE 31

Welche der folgenden Optionen erleichtert die Implementierung von Best Practices?

Folgende Optionen stehen zur Verfügung:

- A. Etablierte Normen
- B. Technologische Fortschritte

C. Wissenschaftliche Untersuchungen
D. Inhouse-Expertise

Antwort: B

ERLÄUTERUNG: Dies weist darauf hin, dass Technologie ein Wegbereiter für bewährte Verfahren ist.

FRAGE 32

Das Konzept des Service Designs unterstreicht die Bedeutung der "Vier Ps". Diese "Vier Ps" umfassen Partner, Menschen, Prozesse und ein zusätzliches "P".

Was ist dieses zusätzliche "P"?

Folgende Optionen stehen zur Verfügung:

      A. Verdienst
      B. Bereitschaft
      C. Angebote
      D. Möglichkeit

Antwort: C

ERKLÄRUNG: Angabe, dass das zusätzliche "P" in den "Vier P" des Service-Designs Produkte sind.

FRAGE 33:

Welche der folgenden Optionen repräsentiert NICHT eine der fünf verschiedenen Facetten des Service-Designs?

Folgende Optionen stehen zur Verfügung:

A. Die Erstellung des Leistungsportfolios inklusive Leistungskatalog
B. Die Schaffung neuer Dienste oder die Änderung bestehender Dienste
C. Die Schaffung von Marktplätzen
D. Die Erstellung von Technologiearchitekturen

Antwort: C

ERLÄUTERUNG: Hinweis darauf, dass die Gestaltung von Marktplätzen nicht zu den fünf Einzelaspekten der Dienstleistungsgestaltung gehört.

FRAGE 34:

An welchem der folgenden Orte würden Sie erwarten, die dokumentierten Ziele für die Lösung von Vorfällen zu finden?

Folgende Optionen stehen zur Verfügung:

A. Innerhalb eines Service Level Agreements (SLA)
B. Innerhalb eines Request for Change (RFC)
C. Innerhalb des Leistungsportfolios
D. Innerhalb einer Dienstbeschreibung

Antwort: A

ERLÄUTERUNG: Gibt an, dass die Ziele für die Lösung von Vorfällen in der Regel in einem Service Level Agreement (SLA) dokumentiert sind.

FRAGE 35

Wer trägt die Verantwortung für die Überprüfung, ob der Prozess der Erfüllung von Anfragen in Übereinstimmung mit dem festgelegten und dokumentierten Standard ausgeführt wird?

Folgende Optionen stehen zur Verfügung:

A. Der IT-Direktor
B. Die Person, die für den Prozess verantwortlich ist
C. Der Inhaber des Dienstes
D. Der Kunde

Antwort: A

ERKLÄRUNG: Gibt an, dass der Prozessverantwortliche dafür verantwortlich ist, sicherzustellen, dass der Anforderungserfüllungsprozess gemäß dem vereinbarten und dokumentierten Standard durchgeführt wird.

FRAGE 36

Welches Verfahren ist dafür verantwortlich, dass geeignete Tests durchgeführt werden?

Folgende Optionen stehen zur Verfügung:

A. Das Management von Wissen
B. Das Management von Release und Deployment
C. Die Verwaltung von Service-Assets und -Konfigurationen
D. Das Management von Service-Levels

Antwort: B

ERLÄUTERUNG: Gibt an, dass der Prozess des Release- und Bereitstellungsmanagements dafür verantwortlich ist, sicherzustellen, dass angemessene Tests stattfinden.

FRAGE 37

Welche der folgenden Optionen definieren das Ziel des Managements von Geschäftsbeziehungen genau?

Folgende Optionen stehen zur Verfügung:

1. Um eine Geschäftsbeziehung zwischen dem Dienstleister und dem Kunden aufzubauen und aufrechtzuerhalten

2. Die Anforderungen des Kunden zu erkennen und sicherzustellen, dass der Dienstleister in der Lage ist, diese zu erfüllen

Die möglichen Antworten sind:

    A. Sowohl 1 als auch 2
    B. Nur 1
    C. Nur 2
    D. Weder 1 noch 2

Antwort: A,

ERLÄUTERUNG: Der Hinweis, dass sowohl der Aufbau und die Aufrechterhaltung einer Geschäftsbeziehung zwischen dem Dienstleister und dem Kunden als auch das Erkennen der Anforderungen des Kunden und das Sicherstellen, dass der Dienstleister in der Lage ist, diese zu erfüllen, die Ziele des Managements von Geschäftsbeziehungen sind.

FRAGE 38

Welche der folgenden Optionen beschreibt den Begriff "Ergebnis" genau?

Zur Auswahl stehen:

    A. Die Ergebnisse, die sich speziell auf die Bedingungen in einem Service Level Agreement (SLA) beziehen
    B. Die Konsequenz, die sich aus der Ausführung einer Aktivität, der Einhaltung eines Prozesses oder der Bereitstellung einer IT-Dienstleistung ergibt
    C. Die Gesamtsumme des vom Dienstleister gesammelten Wissens
    D. Alle Vorfälle, die dem Service Desk gemeldet wurden

Antwort: B

ERLÄUTERUNG: Angabe, dass ein "Ergebnis" das Ergebnis der Durchführung einer Aktivität, der Befolgung eines Prozesses oder der Erbringung einer IT-Dienstleistung ist.

FRAGE 39

Welches Verfahren würde gewährleisten, dass die Anforderungen an Nützlichkeit und Gewährleistung bei der Gestaltung von Dienstleistungen angemessen berücksichtigt werden?

Folgende Optionen stehen zur Verfügung:

- A. Das Management der Verfügbarkeit
- B. Das Kapazitätsmanagement
- C. Die Koordination des Designs
- D. Die Verwaltung von Releases

Antwort: C

ERLÄUTERUNG: Hinweis darauf, dass die Designkoordination der Prozess ist, der sicherstellt, dass Versorgungs- und Garantieanforderungen in Servicedesigns ordnungsgemäß berücksichtigt werden.

FRAGE 40

Was wäre die nächste Stufe des CSI-Modells (Continual Service Improvement) nach diesen Schritten?

1. Definition der Vision

2. Bewertung der aktuellen Situation

3. Bestimmung des gewünschten Zustands

4. Planen Sie die Reise, um den gewünschten Zustand zu erreichen

5. Bewerten, ob der gewünschte Zustand erreicht wurde

6. Was kommt als nächstes?

Folgende Optionen stehen zur Verfügung:

    A. Bewertung des Return on Investment (ROI)
    B. Berechnung der anfallenden Kosten
    C. Aufrechterhaltung der erzielten Fortschritte
    D. Bewertung des Value on Investment (VOI)

Antwort: C

ERLÄUTERUNG: Zeigt an, dass der nächste Schritt im CSI-Modell (Continual Service Improvement) darin besteht, den erzielten Fortschritt aufrechtzuerhalten.

FRAGE 41:

Welche Behauptung beschreibt das Emergency Change Advisory Board (ECAB) genau?

Folgende Optionen stehen zur Verfügung:

    A. Das ECAB berücksichtigt jeden Request for Change (RFC) mit hoher Priorität
    B. Eine der Aufgaben des ECAB besteht darin, abgeschlossene Notfalländerungen zu bewerten
    C. Das ECAB wird für dringende Änderungen verwendet, wenn die Zeit für die Einberufung eines vollständigen Change Advisory Board (CAB) nicht ausreicht
    D. Der IT-Direktor führt den Vorsitz des ECAB

Antwort: C

ERLÄUTERUNG: weist darauf hin, dass das ECAB für Notfalländerungen verwendet wird, bei denen möglicherweise keine Zeit bleibt, ein vollständiges CAB anzurufen.

FRAGE 42

Was ist die passendste Beschreibung eines Problems in ITIL-Begriffen?

A. Eine Situation, die von einem Benutzer markiert wurde
B. Der Ursprung mehrerer Vorfälle
C. Ein schwerwiegender Vorfall mit großen Auswirkungen auf das Geschäft
D. Die Ursache für einen oder mehrere Vorfälle

Antwort: D

ERKLÄRUNG: In ITIL wird ein "Problem" als die zugrunde liegende Ursache definiert, die zu einem oder mehreren Vorfällen führt.

FRAGE 43

Welche der folgenden Aussagen stellt KEINE Art von Service Provider gemäß dem ITIL-Framework dar?

A. Inhouse
B. Ausgelagert
C. Helpdesk
D. Gemeinsame Serviceeinheit

Antwort: C

ERKLÄRUNG: Im ITIL-Framework wird "Service Desk" nicht als Art von Service Provider klassifiziert.

FRAGE 44

Welche dieser Behauptungen über die Benachrichtigung und Aufzeichnung von Vorfällen ist WAHR?

A. Nur Benutzer haben die Möglichkeit, Vorfälle zu melden
B. Jede Person, die eine Störung oder eine potenzielle Unterbrechung des Standarddienstes bemerkt, kann Vorfälle melden
C. Jede Interaktion mit dem Service Desk muss als Vorfall aufgezeichnet werden
D. Vorfälle, die von technischem Personal angesprochen werden, müssen ebenfalls als Probleme aufgezeichnet werden

Antwort: B

ERKLÄRUNG: In ITIL können Vorfälle von jedem gemeldet werden, der eine Störung oder eine potenzielle Unterbrechung des üblichen Dienstes feststellt.

FRAGE 45

Welches Verfahren ist für die Erteilung von Berechtigungen zur Nutzung eines IT-Dienstes zuständig?

A. Verwalten von Vorfällen

B. Verwalten des Zugriffs

C. Verwalten von Änderungen

D. Erfüllung von Anfragen

Antwort: B

ERKLÄRUNG: Die Zugriffsverwaltung ist der Prozess, der für die Autorisierung der Nutzung eines IT-Dienstes verantwortlich ist.

FRAGE 46

Welche Art von Dienstleistungen werden nicht direkt vom Unternehmen in Anspruch genommen, sind aber für den Dienstleister unerlässlich, um Dienstleistungen für den Kunden anzubieten?

    A. Dienstleistungen für Unternehmen
    B. Komponentenbasierte Dienstleistungen
    C. Dienstleistungen für den Support
    D. Dienstleistungen für Kunden

Antwort: C

ERKLÄRUNG: Unterstützende Dienste werden nicht direkt vom Unternehmen genutzt, sind aber für den Dienstleister erforderlich, um kundenorientierte Dienste bereitzustellen.

FRAGE 47

Wie viele Personen sollten im RACI-Modell die Verantwortung für einen Prozess tragen?

    A. So viele Personen, wie zur Erfüllung der Aufgabe erforderlich sind
    B. Nur einer ist der Eigentümer des Prozesses
    C. Ein Paar: der Eigentümer und der Ausführende des Prozesses
    D. Nur einer, der Designer des Prozesses

Antwort: B

ERKLÄRUNG: Im RACI-Modell ist nur eine Person, der Prozessverantwortliche, für einen Prozess verantwortlich.

FRAGE 48

Was ist der Begriff für das Hinzufügen, Ändern oder Entfernen eines sanktionierten, geplanten oder unterstützten Service oder Serviceelements und der zugehörigen Dokumentation?

- A. Eine Änderung
- B. Ein Modell für den Wandel
- C. Ein Antrag auf Änderung
- D. Ein Vorstand, der über Änderungen berät

Antwort: B

ERKLÄRUNG: Eine "Änderung" in ITIL bezieht sich auf das Hinzufügen, Ändern oder Entfernen eines autorisierten, geplanten oder unterstützten Dienstes oder einer Dienstkomponente und der zugehörigen Dokumentation.

FRAGE 49

Wo ist der geeignete Ort, um die folgenden Daten zu speichern?

1. Das Know-how der Mitarbeiter

2. Dokumentation von Benutzeraktionen

3. Fähigkeiten und Bedürfnisse der Lieferanten

4. Leistungsniveau der Benutzer

A. Der bevorstehende Zeitplan für Änderungen
B. Die Sammlung von Dienstleistungen
C. Eine Datenbank zum Verwalten von Konfigurationen (CMDB)
D. Das System zur Verwaltung von Servicewissen (SKMS)

Antwort: D

ERKLÄRUNG: Das Service Knowledge Management System (SKMS) ist der geeignete Ort, um solche Informationen in ITIL zu speichern.

FRAGE 50

Welche dieser Behauptungen über Standardänderungen sind zutreffend?

1. Die Methode ist vorab genehmigt

2. Das Risiko ist in der Regel minimal und gut verstanden

3. Einzelheiten der Änderung werden dokumentiert

4. Bestimmte Standardänderungen werden durch den Prozess der Erfüllung von Anfragen eingeleitet

A. Nur 1
B. Nur 2 und 3
C. Nur 1, 2 und 4
D. Alle Aussagen

Antwort: D

ERKLÄRUNG: Alle bereitgestellten Anweisungen beschreiben die Standardänderungen im ITIL-Framework genau.

FRAGE 51

Von welchem Prozess wird erwartet, dass er ein gemeinsames System für die Kategorisierung und Impact-Codierung mit dem Problemmanagement hat?

A. Management von Vorfällen
B. Verwaltung von Service-Assets und Konfigurationen
C. Verwaltung der Kapazität
D. Management der IT-Service-Kontinuität

Die richtige Antwort lautet: A

ERKLÄRUNG: Das Problemmanagement teilt sich wahrscheinlich Kategorisierungs- und Auswirkungscodierungssysteme mit dem Vorfallmanagement.

FRAGE 52

Welche Ratschläge gibt ITIL bezüglich der Regelmäßigkeit der Erstellung von Serviceberichten?

A. Die Intervalle für das Service-Reporting müssen von den Kunden festgelegt und genehmigt werden
B. Der Diensteanbieter sollte die Intervalle für die Berichterstattung festlegen
C. Berichte sollten wöchentlich erstellt werden
D. Die Intervalle für das Service-Reporting müssen für alle Services einheitlich sein

Die richtige Antwort lautet: A

ERKLÄRUNG: Laut ITIL sollte die Häufigkeit des Service-Reportings definiert und mit den Kunden abgestimmt werden.

FRAGE 53

Welche der folgenden Aufgaben übernimmt das Application Management?

A. Bestimmen des Standorts des Anbieters einer Anwendung
B. Sicherstellen, dass die erforderlichen Funktionen vorhanden sind, um das gewünschte Geschäftsergebnis zu erzielen
C. Auswahl des Anbieters für die Speichergeräte
D. Festlegen der Service-Level für den von der Anwendung unterstützten Dienst

Die richtige Antwort lautet: B

ERKLÄRUNG: Das Anwendungsmanagement ist dafür verantwortlich, sicherzustellen, dass die erforderlichen Funktionen verfügbar sind, um das gewünschte Geschäftsergebnis zu erzielen.

FRAGE 54

Was ist der Zweck eines RACI-Modells?

A. Bewertung der Leistung
B. Dokumentieren von Konfigurationselementen
C. Überwachung von Dienstleistungen
D. Festlegen von Rollen und Pflichten

Die richtige Antwort lautet: D

ERKLÄRUNG: Das RACI-Modell wird verwendet, um Rollen und Verantwortlichkeiten innerhalb eines Prozesses oder Projekts zu definieren.

FRAGE 55

In welcher Phase des Änderungslebenszyklus sollte der Korrekturplan bewertet werden?

A. Vor der Genehmigung der Änderung
B. Unmittelbar nachdem die Änderung erfolglos war und rückgängig gemacht werden muss
C. Nach der Umsetzung, aber vor der Überprüfung nach der Umsetzung
D. Nach der Überprüfung nach der Implementierung, wenn ein Problem mit der Änderung festgestellt wurde

Die richtige Antwort lautet: A

ERLÄUTERUNG: Im Änderungslebenszyklus sollte der Wartungsplan ausgewertet werden, bevor die Änderung genehmigt wird.

FRAGE 56

Welche der folgenden Behauptungen definiert den Umfang der Aktivitäten im Zusammenhang mit der Entwurfskoordination am genauesten?

A. Ausschließlich Änderungen, die neue Dienstleistungen mit sich bringen
B. Es ist obligatorisch, dass alle Änderungen einer Design-Koordinationsaktivität unterzogen werden
C. Nur Änderungen an geschäftskritischen Systemen
D. Jede Änderung, die die Organisation für vorteilhaft hält

Die richtige Antwort lautet: D

ERKLÄRUNG: Der Umfang der Designkoordinationsaktivitäten umfasst jede Änderung, die die Organisation als vorteilhaft wahrnimmt.

FRAGE 57

Wie sieht das MAIN-Verfahren für die strategische Interaktion mit den Kunden des Dienstleisters aus?

A. Verwaltung des Servicekatalogs
B. Verwaltung des Leistungsportfolios
C. Service-Helpdesk
D. Management von Geschäftsbeziehungen

Die richtige Antwort lautet: D

ERKLÄRUNG: Der primäre Prozess für die strategische Kommunikation mit den Kunden eines Dienstleisters ist das Business Relationship Management.

FRAGE 58

Welches der folgenden Ziele ist KEIN Ziel des Änderungsmanagements?

A. Um das Verständnis der Auswirkungen von Änderungen zu gewährleisten
B. Um sicherzustellen, dass Änderungen dokumentiert und bewertet werden
C. So bestätigen Sie, dass alle Änderungen an Configuration Items (CIs) im Configuration Management System (CMS) protokolliert werden
D. Bereitstellung und Überwachung von IT-Services nach vereinbarten Standards für Geschäftsanwender

Die richtige Antwort lautet: D

ERKLÄRUNG: Das Ziel, IT-Services auf vereinbartem Niveau für Geschäftsanwender bereitzustellen und zu verwalten, ist kein Ziel des Änderungsmanagementprozesses.

FRAGE 59

Welcher Begriff wird verwendet, um Kunden von IT-Dienstleistungen zu beschreiben, die in derselben Einheit wie der Dienstleister beschäftigt sind?

- A. Strategische Kundschaft
- B. Externe Kundschaft
- C. Geschätzte Kundschaft
- D. Inhouse-Kundschaft

Die richtige Antwort lautet: D

Inhouse-Kundschaft bezieht sich auf Kunden von IT-Services, die Teil derselben Organisation wie der Dienstleister sind.

Frage 60

Mit welchem zusätzlichen Prozess ist das Access Management maßgeblich vernetzt?

- A. Nur Kapazitätsmanagement
- B. Unterstützung der dritten Linie
- C. Management der Informationssicherheit
- D. Veränderungsmanagement

Richtige Antwort: C

Erläuterung: Das Zugriffsmanagement ist entscheidend mit dem Informationssicherheitsmanagement verknüpft, um einen sicheren und angemessenen Zugriff auf Ressourcen zu gewährleisten.

FRAGE 61

In welchem ITIL-Hauptbuch finden Sie umfassende Details zu Servicekatalogmanagement, Informationssicherheitsmanagement und Lieferantenmanagement?

A. Service-Strategie

B. Service-Design

C. Service-Übergang

D. Betrieb des Dienstes

Richtige Antwort: B

Erläuterung: Service Design bietet eine detaillierte Abdeckung von Servicekatalog-, Informationssicherheits- und Lieferantenmanagementprozessen.

Frage 63: Ist es zulässig, einen bekannten Fehler nach der Diagnose eines Problems, aber vor der Suche nach einer Problemumgehung zu erstellen?

A. Ja, das Erstellen eines bekannten Fehlerdatensatzes zu Informationszwecken kann jederzeit erfolgen, wenn dies als sinnvoll erachtet wird.

B. Nein, der bekannte Fehler sollte erstellt werden, bevor das Problem protokolliert wird.

C. Nein, ein bekannter Fehlerdatensatz wird erstellt, wenn der erste Vorfall gemeldet wird.

D. Nein, ein bekannter Fehlerdatensatz sollte während des nächsten Service-Releases erstellt werden.

Richtige Antwort: A

Erläuterung: Zu Informationszwecken kann bei Bedarf ein bekannter Fehlerdatensatz erstellt werden.

Frage 64: Welche Aspekte der Servicestrategie bringen einen Mehrwert für das Unternehmen?

1. Dem Dienstleister helfen zu verstehen, welche Service-Levels den Kundenerfolg sicherstellen.

2. Den Dienstleister in die Lage versetzen, schnell und effektiv auf Veränderungen des Geschäftsumfelds zu reagieren.

3. Unterstützung bei der Entwicklung eines Portfolios quantifizierbarer Dienstleistungen.

Ein. Alle oben genannten

Nur B. 1 und 3

Nur C. 1 und 2

Nur D. 2 und 3

Richtige Antwort: A

Erläuterung: Die Servicestrategie schafft Mehrwert, indem sie die Service-Level am Kundenerfolg ausrichtet, sich schnell an Veränderungen anpasst und messbare Service-Portfolios erstellt.

Frage 65: Welche Aspekte würde eine größere Problemüberprüfung bewerten?

1. Aktionen, die korrekt ausgeführt wurden
2. Aktionen, die falsch ausgeführt wurden
3. Strategien zur Verhinderung eines erneuten Auftretens
4. Verbesserungen für künftige Maßnahmen

Ein. Nur 1

B. Nur 2 und 3

C. Nur 1, 2 und 4

D. Alle oben genannten

Richtige Antwort: D

Erklärung: Eine umfassende Problemüberprüfung bewertet korrekte und falsche Maßnahmen, Strategien zur Verhinderung eines erneuten Auftretens und zukünftige Verbesserungen.

Frage 66: Welche der folgenden Aussagen beschreibt am besten eine Beziehung in der Verwaltung von Dienstressourcen und -konfigurationen?

A. Veranschaulicht das Layout der Hardware

B. Erläutert, wie Configuration Items (CIs) interagieren, um Dienste bereitzustellen

C. Gibt die Software an, die auf einer bestimmten Hardware installiert werden soll

D. Beschreibt, wie Versionsnummern in einer Version zugewiesen werden sollen

Richtige Antwort: B

Erläuterung: Es wird beschrieben, wie Configuration Items (CIs) interagieren und zusammenarbeiten, um Dienste effektiv bereitzustellen.

Frage 67: Welche der folgenden Quellen sind Quellen für bewährte Verfahren?

1. Akademische Forschung

2. Interne Erfahrung

3. Branchenpraktiken

Ein. Alle oben genannten

B. Nur 1 und 3

C. Nur 1 und 2

D. Nur 2 und 3

Richtige Antwort: A

176 | AKTUALISIERTE ITIL V4 EXAM PREP

Erläuterung: Best Practices werden aus akademischer Forschung, interner Erfahrung und etablierten Branchenpraktiken abgeleitet.

Frage 68: Welche Elemente sollten in einem Veränderungsmodell enthalten sein?

1. Schritte, die unternommen werden müssen, um die Änderung zu bewältigen
2. Verantwortlichkeiten, einschließlich der Frage, wer die einzelnen Aufgaben ausführen und Eskalationen handhaben sollte
3. Fristen und Schwellenwerte für den Abschluss von Maßnahmen
4. Beschwerdeverfahren

Ein. Nur 1, 2 und 3

B. Alle oben genannten

C. Nur 1 und 3

D. Nur 2 und 4

Richtige Antwort: A

Erläuterung: Ein Änderungsmodell sollte die Schritte, Verantwortlichkeiten und Zeitpläne für ein effektives Änderungsmanagement umreißen.

Frage 69: Welche der folgenden Aussagen ist KEIN Ziel des Problemmanagements?

A. Verringerung der Auswirkungen unvermeidbarer Vorfälle

B. Vermeidung von Problemen und den von ihnen verursachten Vorfällen

C. Beseitigung von Vorfällen, die wiederholt auftreten

D. Wiederherstellung des normalen Betriebs so schnell wie möglich

Richtige Antwort: D

Erläuterung: Das Problemmanagement konzentriert sich auf die Vermeidung und Behebung von Problemen, nicht auf die schnelle Wiederherstellung des Dienstbetriebs.

Frage 70: Welche Aussagen über das Service-Asset- und Konfigurationsmanagement sind zutreffend?

1. Ein Configuration Item (CI) kann gleichzeitig als Teil mehrerer anderer CIs vorhanden sein.
2. Die Auswahl der zu erfassenden CIs hängt vom gewünschten Kontrollgrad innerhalb der Organisation ab.

Ein. Nur 1

B. Nur 2

C. Beides

D. Keines der oben genannten

Richtige Antwort: C

Erläuterung: Beide Aussagen sind korrekt und weisen darauf hin, dass CIs Teil verschiedener anderer CIs sein können und die Auswahl der zu erfassenden CIs auf den Kontrollanforderungen der Organisation basiert.

Frage 71: Welche der folgenden Arten von Diensten sind in ITIL definiert?

1. Aktivieren

2. Kern

3. Verbesserung

4. Computer

Ein. Nur 1, 3 und 4

B. Nur 2, 3 und 4

C. Nur 1, 2 und 4

D. Nur 1, 2 und 3

Richtige Antwort: D

Erläuterung: ITIL definiert Servicetypen als Enable, Core und Enhancing, ohne den Begriff "Computer".

Frage 72: Wo sollten die Details einer Problemumgehung aufgezeichnet werden?

Ein. Innerhalb eines Service Level Agreements (SLA)

B. In einem Problemdatensatz

C. Im Informationssystem des Verfügbarkeitsmanagements

D. Im IT-Service-Continuity-Plan enthalten

Richtige Antwort: B

Erläuterung: Details zur Problemumgehung sollten im Problemdatensatz dokumentiert werden, um eine ordnungsgemäße Nachverfolgung und Lösung zu gewährleisten.

Frage 73: Welche der folgenden Aussagen ist KEIN Merkmal eines Prozesses?

Ein. Es ist messbar

B. Es führt zu spezifischen Ergebnissen

C. Es reagiert auf bestimmte Ereignisse

D. Es strukturiert eine Organisation

Richtige Antwort: D

Erklärung: Ein Prozess zeichnet sich dadurch aus, dass er messbar ist, spezifische Ergebnisse erzielt und auf Ereignisse reagiert, aber er strukturiert keine Organisation.

Frage 74: Welche der folgenden Aussagen beschreibt die Rolle des technischen Managements am besten?

Ein. Eine Funktion, die für die Verwaltung von Einrichtungen und Gebäudesteuerungssystemen verantwortlich ist

B. Eine Funktion, die Hardware-Reparaturdienste für Technologien bereitstellt, die bei der Bereitstellung von Kundendiensten verwendet werden

C. Leitende Angestellte, die für die Beaufsichtigung aller Mitarbeiter innerhalb der technischen Supportfunktion verantwortlich sind

D. Eine Funktion, die technisches Fachwissen und ein umfassendes Management der IT-Infrastruktur bietet

Richtige Antwort: D

Erläuterung: Technisches Management beinhaltet die Bereitstellung von technischem Fachwissen und die effektive Verwaltung der gesamten IT-Infrastruktur.

Frage 75: Die Implementierung von ITIL-Service-Management erfordert eine gründliche Vorbereitung und strategische Planung rund um die "vier Ps". Was bedeuten diese vier Ps?

Ein. Menschen, Prozesse, Partner, Leistung

B. Leistung, Prozess, Produkte, Probleme

C. Menschen, Prozesse, Produkte, Partner

D. Menschen, Produkte, Perspektiven, Partner

Richtige Antwort: C

Erläuterung: Bei der erfolgreichen Implementierung von ITIL Service Management stehen Menschen, Prozesse, Produkte und Partner im Mittelpunkt, um Effizienz und Effektivität zu gewährleisten.

Frage 76: Welche Elemente sollten die Grundlage einer IT-Service-Continuity-Strategie bilden?

1. Gestaltung der Service-Metriken
2. Strategie zur Aufrechterhaltung des Geschäftsbetriebs
3. Analyse der Auswirkungen auf das Geschäft (BIA)
4. Risikobewertung

Ein. Nur 1, 2 und 4

B. Nur 1, 2 und 3

C. Nur 2, 3 und 4

D. Nur 1, 3 und 4

Richtige Antwort: C

Erläuterung: Eine effektive IT-Service-Continuity-Strategie muss auf einer Business-Continuity-Strategie, einer Business-Impact-Analyse (BIA) und einer Risikobewertung aufbauen.

Frage 78: Welcher der folgenden Faktoren schafft eine Nachfrage nach Dienstleistungen?

A. Infrastruktur-Trends

B. Muster der Geschäftstätigkeit (PBA)

C. Kosten für die Bereitstellung von Support

D. Vereinbarungen zum Servicelevel (SLA)

Richtige Antwort: B

Erläuterung: Die Nachfrage nach Dienstleistungen wird in erster Linie durch Muster der Geschäftstätigkeit (PBA) bestimmt, die widerspiegeln, wie Unternehmen arbeiten und mit Dienstleistungen interagieren.

Frage 79: Welches der folgenden Ziele ist ein Ziel des Serviceübergangs?

Ein. So verhandeln Sie Service-Level für neue Services

B. Um sicherzustellen, dass Änderungen an Services den erwarteten Geschäftswert liefern

C. Reduzierung der Auswirkungen von Serviceausfällen auf den täglichen Geschäftsbetrieb

D. Planen und Verwalten von Einträgen im Servicekatalog

Richtige Antwort: B

Erläuterung: Das Hauptziel des Serviceübergangs besteht darin, sicherzustellen, dass alle Serviceänderungen den beabsichtigten Geschäftswert erzielen.

Frage 80: Was ist die beste Definition eines Ereignisses?

Ein. Jede Zustandsänderung, die für die Verwaltung eines Configuration Items (CI) oder IT-Service von Bedeutung ist

B. Eine unerwartete Unterbrechung eines IT-Dienstes oder eine Verschlechterung seiner Qualität

C. Die nicht identifizierte Ursache eines oder mehrerer Vorfälle, die einen IT-Dienst betreffen

D. Minderung oder Beseitigung der Ursache eines Vorfalls oder Problems

Richtige Antwort: A

Erläuterung: Ein Ereignis ist definiert als jede Zustandsänderung, die für die Verwaltung eines Configuration Items (CI) oder IT-Service von Bedeutung ist.

Frage 81: Welche der folgenden Aussagen beschreibt einen größeren Vorfall am besten?

Ein. Ein Vorfall, der so komplex ist, dass eine Ursachenanalyse erforderlich ist, bevor eine Problemumgehung gefunden wird

B. Ein Vorfall, der eine große Anzahl von Personen zur Lösung erfordert

C. Ein Vorfall, der von einem leitenden Manager gemeldet wurde

D. Ein Vorfall mit hoher Priorität oder erheblichen Auswirkungen auf den Geschäftsbetrieb

Richtige Antwort: D

Erläuterung: Ein schwerwiegender Vorfall zeichnet sich dadurch aus, dass er eine hohe Priorität oder erhebliche Auswirkungen auf das Geschäft hat.

Frage 82: Welche der folgenden Aktivitäten im Verfügbarkeitsmanagement sind proaktiv und nicht reaktiv?

1. Überwachung der Systemverfügbarkeit
2. Einbeziehung der Verfügbarkeit in die Gestaltung eines Lösungsvorschlags

Ein. Nichts von alledem

B. Beide oben genannten

C. nur 1

D. Nur 2

Richtige Antwort: D

Erläuterung: Die proaktive Gestaltung der Verfügbarkeit in einer vorgeschlagenen Lösung gewährleistet die Zuverlässigkeit von Anfang an, anstatt nur bestehende Systeme zu überwachen.

Frage 83: Welcher der folgenden Punkte betrifft KEIN Eventmanagement?

A. Erkennung von Eindringlingen

B. Aufzeichnung und Überwachung der Umgebungsbedingungen im Rechenzentrum

C. Erfassung von Abwesenheiten von Service-Desk-Mitarbeitern

D. Überwachen des Status von Configuration Items

Richtige Antwort: C

Erläuterung: Das Ereignismanagement umfasst in der Regel nicht die Erfassung von Abwesenheiten von Service-Desk-Mitarbeitern, da es sich auf die System- und Serviceüberwachung konzentriert.

Frage 84: Ein mehrstufiges SLA besteht aus einer dreischichtigen Struktur. Welche der folgenden Schichten ist in dieser Art von SLA NICHT enthalten?

A. Kundenebene

B. Service-Level

C. Unternehmensebene

D. Konfigurationsebene

Richtige Antwort: D

Erläuterung: Die Konfigurationsebene ist nicht Teil der dreischichtigen Struktur eines mehrstufigen SLA, das Kunden-, Service- und Unternehmensebene umfasst.

Frage 85: Welche Prozesse sind für die regelmäßige Überprüfung der zugrunde liegenden Verträge verantwortlich?

A. Lieferantenmanagement und Service-Level-Management

B. Lieferantenmanagement und Änderungsmanagement

C. Verfügbarkeitsmanagement und Service-Level-Management

D. Lieferantenmanagement und Verfügbarkeitsmanagement

Richtige Antwort: A

Erläuterung: Die Prozesse des Lieferantenmanagements und des Service Level Managements haben die Aufgabe, die zugrunde liegenden Verträge regelmäßig zu überprüfen.

Frage 86: Welcher Prozess ist für die Steuerung, Aufzeichnung und Berichterstattung über die Beziehungen zwischen IT-Infrastrukturkomponenten verantwortlich?

A. Verwaltung des Service-Levels

B. Änderungsmanagement

C. Management von Vorfällen

D. Verwaltung von Dienstressourcen und -konfigurationen

Richtige Antwort: D

Erläuterung: Der Service-Asset- und Konfigurationsmanagementprozess hat die Aufgabe, die Beziehungen zwischen IT-Infrastrukturkomponenten zu überwachen, zu dokumentieren und zu berichten.

Frage 87: Welche der folgenden Aktivitäten ist NICHT Teil des Deming-Zyklus?

A. Handeln

B. Planen

C. Tun

D. Koordinieren

Richtige Antwort: D

Erläuterung: Der Deming-Zyklus besteht aus den Aktivitäten Planen, Ausführen, Prüfen und Handeln; es enthält kein Koordinate.

Frage 88: Was ist die beste Beschreibung eines Service Level Agreements (SLA)?

Ein. Der Teil eines Vertrags, der die Verantwortlichkeiten jeder Partei festlegt

B. Eine Vereinbarung zwischen dem Dienstleister und einer internen Organisation

C. Eine Vereinbarung zwischen einem Dienstleister und einem externen Lieferanten

D. Eine Vereinbarung zwischen dem Dienstleister und seinem Kunden

Richtige Antwort: D

Erläuterung: Ein Service Level Agreement (SLA) ist eine formelle Vereinbarung zwischen einem Service Provider und seinem Kunden, in der die erwarteten Servicestandards festgelegt sind.

Frage 89: In welchen Bereichen wären ergänzende ITIL-Leitlinien hilfreich?

1. Anpassung bewährter Verfahren für bestimmte Industriezweige
2. Integration von ITIL mit anderen Betriebsmodellen

Ein. Beide oben genannten
B. Keiner der oben genannten Punkte
C. Nur Option 1
D. Nur Option 2

Richtige Antwort: A

Erläuterung: Die ergänzende ITIL-Anleitung hilft bei der Anpassung von Best Practices für bestimmte Branchen und der Integration von ITIL in andere Betriebsmodelle.

Frage 90: Welche der folgenden Aussagen beschreibt ein servicebasiertes Service Level Agreement (SLA) am besten?

Ein. Eine Vereinbarung mit einer bestimmten Kundengruppe, die alle von ihnen genutzten Dienste abdeckt
B. Eine Vereinbarung, die eine Dienstleistung für einen einzelnen Kunden abdeckt
C. Eine Vereinbarung, die servicespezifische Probleme innerhalb einer mehrstufigen SLA-Struktur regelt
D. Eine Vereinbarung, die einen Dienst für alle Nutzer dieses Dienstes abdeckt

Richtige Antwort: D

Erläuterung: Ein servicebasiertes SLA ist eine Vereinbarung, die einen einzelnen Service für alle Kunden abdeckt, die diesen Service nutzen.

Frage 91: Welche der folgenden Aufgaben würde die Zugriffsverwaltung übernehmen?

A. Gewährleistung der physischen Sicherheit für Mitarbeiter in Rechenzentren und anderen Einrichtungen

B. Kontrolle des Zugangs zu Computerräumen und anderen sicheren Bereichen

C. Verwalten des Zugriffs auf den Service Desk

D. Verwaltung der Rechte zur Nutzung eines Dienstes oder einer Gruppe von Diensten

Richtige Antwort: D

Erläuterung: Die Zugriffsverwaltung umfasst die Verwaltung der Berechtigungen und Rechte zur Verwendung eines bestimmten Dienstes oder einer Gruppe von Diensten.

Frage 92: Welche Tätigkeiten werden von einem Service Desk ausgeführt?

1. Protokollierung von Details zu Vorfällen und Serviceanfragen
2. Erste Untersuchung und Diagnose
3. Wiederherstellung des Dienstes
4. Umsetzung aller Standardänderungen

Ein. Alle oben genannten

B. Nur 1, 2 und 3

C. Nur 2 und 4

D. Nur 3 und 4

Richtige Antwort: B

Erläuterung: Ein Service Desk protokolliert Vorfälle und Serviceanfragen, stellt eine Erstdiagnose und arbeitet an der Wiederherstellung des Dienstes.

Frage 93: Wer ist für die Definition von Kennzahlen für das Änderungsmanagement verantwortlich?

Ein. Der Eigentümer des Änderungsmanagementprozesses

B. Der Veränderungsbeirat (CAB)

C. Der Dienstinhaber

D. Der Manager für kontinuierliche Serviceverbesserung

Richtige Antwort: A

Erläuterung: Der Change Management Process Owner hat die Aufgabe, die Metriken für das Change Management zu definieren.

Frage 94: Was fällt in den Bereich des Service-Asset- und Konfigurationsmanagements?

1. Identifizieren von Configuration Items (CIs)

2. Aufzeichnen von Beziehungen zwischen CIs

3. Virtuelle CIs erfassen und steuern

4. Genehmigung von Mitteln für Softwarekäufe zur Unterstützung des Service-Asset- und Konfigurationsmanagements

Ein. Nur 1, 2 und 3

B. Alle oben genannten

C. Nur 1, 2 und 4

D. Nur 3 und 4

Richtige Antwort: A

Erläuterung: Die Verwaltung von Dienstressourcen und -konfigurationen umfasst die Identifizierung von CIs, die Aufzeichnung von Beziehungen zwischen ihnen und die Verwaltung virtueller CIs.

Frage 95: Welche Phase des Ansatzes der kontinuierlichen Serviceverbesserung (CSI) lässt sich am besten mit der Formulierung "Verstehen und vereinbaren Sie die Prioritäten für Verbesserungen auf der Grundlage einer tieferen Entwicklung der in der Vision definierten Prinzipien" beschreiben?

Ein. Wo stehen wir jetzt?

B. Wo wollen wir sein?

C. Wie kommen wir dorthin?

D. Haben wir es geschafft?

Richtige Antwort: B

Erklärung: Der Ausdruck bezieht sich auf das Setzen von Prioritäten und das Definieren von Verbesserungszielen, was mit der Bestimmung übereinstimmt, wo wir sein wollen.

Frage 96: Welcher Prozess ist am wichtigsten für die Quantifizierung des finanziellen Werts von IT-Services für das Unternehmen?

A. Verwaltung des Service-Levels

B. Finanzmanagement

C. Nachfragemanagement

D. Risikomanagement

Richtige Antwort: B

Erläuterung: Das Finanzmanagement spielt die Schlüsselrolle bei der Bewertung und Quantifizierung des monetären Wertes, den IT-Services für ein Unternehmen bringen.

Frage 97: Was ist die beste Beschreibung eines Service-basierten Service Level Agreements (SLA)?

Ein. Das SLA deckt einen Service für alle Kunden ab, die diesen Service nutzen.

B. Das SLA umfasst alle Dienste, die von einer einzelnen Kundengruppe in Anspruch genommen werden.

C. Das SLA umfasst alle Kunden für alle erbrachten Dienstleistungen.

D. Das SLA bezieht sich auf einen Service ohne Kunden.

Richtige Antwort: A

Erläuterung: Ein servicebasiertes SLA ist eine Vereinbarung, die einen einzelnen Service für alle Kunden abdeckt.

Frage 98: Welche der folgenden Aussagen wird NICHT als Quelle für Best Practices angesehen?

A. Normen

B. Technologie

C. Akademische Forschung

D. Interne Erfahrung

Richtige Antwort: B

Erklärung: Technologie selbst ist keine Quelle für Best Practices; Stattdessen sind Standards, akademische Forschung und interne Erfahrung anerkannte Quellen.

Frage 99: Wie nennt man eine Dienstleistung, die zwischen zwei Geschäftseinheiten innerhalb derselben Organisation erbracht wird?

A. Strategischer Service

B. Gelieferte Dienstleistung

C. Interner Service

D. Externer Dienst

Richtige Antwort: C

Erläuterung: Ein Service, der zwischen zwei Geschäftseinheiten innerhalb derselben Organisation bereitgestellt wird, wird als interner Service bezeichnet.

Frage 100: Was ist der Prozess der Umwandlung von Ressourcen und Fähigkeiten in wertvolle Dienste?

A. Verwaltung von Dienstleistungen

B. Management von Vorfällen

C. Ressourcenmanagement

D. Service-Unterstützung

Richtige Antwort: A

Erläuterung: Der Akt der Umwandlung von Ressourcen und Fähigkeiten in wertvolle Dienste ist besser bekannt als Dienstmanagement.

Frage 101: Wer ist aus Sicht des Dienstanbieters die Person oder Gruppe, die sich auf die Dienstziele einigt?

Ein. Der Benutzer

B. Der Kunde

C. Der Lieferant

D. Der Administrator

Richtige Antwort: B

Erläuterung: Der Kunde ist die Person oder Gruppe, die den Servicezielen aus Sicht des Dienstleisters zustimmt.

Frage 102: Was ist der Zweck der Planung und Unterstützung des Serviceübergangs?

A. Bereitstellung einer Gesamtplanung für Serviceübergänge und Koordinierung der erforderlichen Ressourcen

B. Stellen Sie sicher, dass alle Dienstübergänge ordnungsgemäß autorisiert sind

C. Bereitstellung von Ressourcen, damit alle Infrastrukturelemente eines Serviceübergangs aufgezeichnet und nachverfolgt werden können

D. Definieren Sie Testskripts, um sicherzustellen, dass Dienstübergänge wahrscheinlich nicht fehlschlagen

Richtige Antwort: A

Erläuterung: Der Zweck der Service-Transition-Planung und -Unterstützung besteht darin, eine umfassende Planung für Service-Transitionen anzubieten und die erforderlichen Ressourcen zu koordinieren.

Frage 103: Welcher Prozess ist für die Aufrechterhaltung von Richtlinien, Standards und Modellen für Serviceübergangsaktivitäten und -prozesse verantwortlich?

A. Änderungsmanagement

B. Kapazitätsmanagement

C. Planung und Unterstützung des Serviceübergangs

D. Release-Management

Richtige Antwort: C

Erläuterung: Die Planung und Unterstützung des Dienstübergangs ist der Prozess, bei dem Richtlinien, Standards und Modelle für Dienstübergangsaktivitäten verwaltet werden.

Frage 104: Welcher Prozess zielt darauf ab, Service Design Packages (SDPs) auf der Grundlage von Service Charters und Change Requests zu erstellen?

A. Planung und Unterstützung des Serviceübergangs

B. Entwurfskoordination

C. Verwaltung des Service-Levels

D. Änderungsmanagement

Richtige Antwort: B

Erläuterung: Die Entwurfskoordination ist für die Erstellung von Service Design Packages (SDPs) auf der Grundlage von Service Charters und Change Requests verantwortlich.

Frage 105: Welche Aktivitäten würde ein Prozessmanager ausführen?

1. Überwachung und Berichterstattung über die Prozessleistung

2. Identifizierung von Verbesserungsmöglichkeiten

3. Ernennung von Personen für erforderliche Rollen

Ein. Alle oben genannten

B. Nur 1 und 3

C. Nur 1 und 2

D. Nur 2 und 3

Richtige Antwort: A

Erläuterung: Ein Prozessmanager ist an der Überwachung und Berichterstattung über die Leistung, der Identifizierung von Verbesserungen und der Ernennung von Rollen beteiligt.

Frage 106: Warum wird ITIL als so erfolgreich angesehen?

Ein. Die fünf ITIL-Bände sind kurz und bündig

B. Es ist nicht an eine bestimmte Anbieterplattform gebunden

C. Es sagt Service Providern genau, wie sie erfolgreich sein können

D. Es ist für den Einsatz im Projektmanagement konzipiert

Richtige Antwort: B

Erklärung: Der Erfolg von ITIL wird auf seine Unabhängigkeit von einer bestimmten Anbieterplattform zurückgeführt, was es sehr anpassungsfähig macht.

Frage 107: Welche Art von Datensatz sollte erstellt werden, wenn die Problemdiagnose abgeschlossen ist und eine Problemumgehung verfügbar ist?

Ein. Ein Serviceobjekt

B. Ein Vorfall

C. Eine Änderung

D. Ein bekannter Fehler

Richtige Antwort: D

Erläuterung: Wenn eine Problemdiagnose abgeschlossen ist und eine Problemumgehung verfügbar ist, sollte ein bekannter Fehlerdatensatz erstellt werden.

Frage 108: Welche zwei Komponenten des Finanzmanagements für IT-Dienstleistungen sind wesentlich?

A. Budgetierung und Abrechnung

B. Buchhaltung und Abrechnung

C. Budgetierung und Buchhaltung

D. Kalkulation und Abrechnung

Richtige Antwort: C

Erläuterung: Budgetierung und Buchhaltung sind die beiden wesentlichen Komponenten des Finanzmanagements für IT-Services, die die Finanzplanung und -verfolgung sicherstellen.

Frage 109: Was ist der Schwerpunkt des Business Capacity Managements?

A. Verwaltung, Kontrolle und Vorhersage der Leistung, Auslastung und Kapazität einzelner IT-Technologieelemente

B. Überprüfung aller Kapazitätslieferantenvereinbarungen und Untermauerung von Verträgen mit dem Lieferantenmanagement

C. Verwaltung, Kontrolle und Vorhersage der End-to-End-Leistung und -Kapazität operativer IT-Services

D. Rechtzeitige Quantifizierung, Konzeption, Planung und Implementierung zukünftiger Geschäftsanforderungen für IT-Services

Richtige Antwort: D

Erläuterung: Das Business Capacity Management konzentriert sich in erster Linie auf die Antizipation und Planung zukünftiger Geschäftsanforderungen für IT-Services, um sicherzustellen, dass sie rechtzeitig implementiert werden.

Frage 110: Welche Aussagen beschreiben die Ziele des Dienstressourcen- und Konfigurationsmanagements?

1. Identifizieren, Steuern, Melden und Überprüfen von Dienstressourcen und Konfigurationselementen (CIs)
2. Um die Integrität von Dienstressourcen und Konfigurationselementen zu berücksichtigen, zu verwalten und zu schützen
3. Einrichtung und Aufrechterhaltung eines genauen und vollständigen Konfigurationsmanagementsystems
4. Dokumentation aller Sicherheitskontrollen sowie deren Betrieb und Wartung

Ein. Nur 1 und 2

B. Nur 1, 2 und 3

C. Nur 1, 3 und 4

D. Alle oben genannten

Richtige Antwort: A

Erläuterung: Zu den Hauptzielen des Service-Asset- und Konfigurationsmanagements gehören das Identifizieren, Kontrollieren, Melden und Verifizieren von Service-Assets und Konfigurationselementen sowie das Verwalten und Schützen ihrer Integrität.

Frage 111: In welcher Phase des Change-Management-Prozesses werden die Maßnahmen behandelt, die zu ergreifen sind, wenn eine Änderung fehlschlägt?

A. Sanierungsplanung

B. Kategorisierung

C. Priorisierung

D. Überprüfung und Abschluss

Richtige Antwort: A

Erläuterung: Die Korrekturplanung umfasst die Vorbereitung von Maßnahmen, die ergriffen werden sollen, wenn eine Änderung nicht erfolgreich ist.

Frage 112: Welche der folgenden Punkte konzentriert sich hauptsächlich auf die Gestaltung neuer oder geänderter Dienste?

A. Änderungsmanagement

B. Service-Übergang

C. Service-Strategie

D. Gestaltung der Dienstleistungen

Richtige Antwort: D

Erläuterung: Das Dienstdesign befasst sich hauptsächlich mit der Erstellung neuer oder geänderter Dienste, um die Geschäftsanforderungen zu erfüllen.

Frage 113: Welche davon gilt als Best Practice für das Service Level Management?

1. Einbindung der Rechtsterminologie in Service Level Agreements (SLAs)
2. Es ist nicht notwendig, alle Ziele in einem SLA zu messen

Ein. Nur 1

B. Nur 2

C. Beides

D. Keines der oben genannten

Richtige Antwort: D

Erläuterung: Best Practices für das Service Level Management schlagen vor, juristischen Jargon in SLAs zu vermeiden und sicherzustellen, dass alle Ziele in einem SLA messbar sind.

Frage 114: Welche der folgenden Aussagen über den Dienstinhaber ist FALSCH?

A. Verwaltet die tägliche Überwachung und den Betrieb des Dienstes, den sie besitzen

B. Trägt zu kontinuierlichen Verbesserungsbemühungen für den Dienst bei, den sie besitzen

C. Ist ein Stakeholder in allen IT-Prozessen, die den Service unterstützen, den er besitzt

D. Ist für einen bestimmten Dienst innerhalb einer Organisation verantwortlich

Richtige Antwort: A

Erläuterung: Der Dienstbesitzer verwaltet nicht den täglichen Betrieb und die Überwachung des Diensts, dessen Eigentümer er ist.

Frage 115: Welche Funktionen sind im IT-Betriebsmanagement enthalten?

A. Netzwerkmanagement und Anwendungsmanagement

B. Technisches Management und Änderungsmanagement

C. IT-Betriebskontrolle und Facility Management

D. Facility Management und Release-Management

Richtige Antwort: C

Erläuterung: Das IT-Betriebsmanagement umfasst die Funktionen der IT-Betriebskontrolle und des Facility-Managements.

Frage 116: Welcher Prozess zielt darauf ab, die Kundenzufriedenheit zu verstehen und Aktionspläne zur Bekämpfung der Unzufriedenheit zu kommunizieren?

A. Verwaltung der Verfügbarkeit

B. Kapazitätsmanagement

C. Management von Geschäftsbeziehungen

D. Verwaltung des Servicekatalogs

Richtige Antwort: C

Erklärung: Das Geschäftsbeziehungsmanagement versucht, die Kundenzufriedenheit zu verstehen und Pläne zur Behebung von Unzufriedenheit zu kommunizieren.

Frage 117: Die definitive Mediathek wird verwaltet von:

A. Gebäudemanagement

B. Zugriffsverwaltung

C. Erfüllung der Anfrage

D. Verwaltung von Dienstressourcen und -konfigurationen

Richtige Antwort: D

Erläuterung: Die endgültige Medienbibliothek fällt in die Zuständigkeit des Service Asset and Configuration Management.

Frage 118: Was sind die drei Geschäftsmodelle von Dienstleistern?

A. Interner Dienstleister, ausgelagerter Dritter und Offshore-Partei

B. Anbieter interner Dienstleistungen, Anbieter externer Dienstleistungen, Shared Service Unit

C. Interner Dienstleister, externer Dienstleister, ausgelagerter Dritter

D. Interner Dienstleister, externer Dienstleister, Shared Service Unit

Richtige Antwort: D

Erläuterung: Zu den drei Geschäftsmodellen von Service Providern gehören interne Dienstleister, externe Dienstleister und Shared-Service-Einheiten.

Frage 119: Welche Aussage definiert den Umfang der Entwurfskoordinationsaktivitäten am genauesten?

Ein. Nur Änderungen, die neue Dienste einführen, sind enthalten

B. Alle Änderungen müssen enthalten sein

C. Es werden nur Änderungen an geschäftskritischen Systemen berücksichtigt

D. Alle Änderungen, die für die Organisation von Vorteil sind, sind enthalten

Richtige Antwort: D

Erläuterung: Entwurfskoordinationsaktivitäten umfassen alle Änderungen, die für die Organisation von Vorteil wären.

Frage 120: Welche Punkte stehen typischerweise auf der Tagesordnung eines Change Advisory Boards (CAB)?

1. Details zu fehlgeschlagenen Änderungen
2. Aktualisierungen des Änderungsplans
3. Überprüfung abgeschlossener Änderungen

Ein. Alle oben genannten

B. Nur 1 und 2

C. Nur 2 und 3

D. Nur 1 und 3

Richtige Antwort: A

Erläuterung: Die Tagesordnung des Change Advisory Board (CAB) enthält in der Regel Details zu fehlgeschlagenen Änderungen, Aktualisierungen des Änderungszeitplans und Überprüfungen abgeschlossener Änderungen.

Frage 121: Welche der folgenden Arten von Diensten sind in ITIL definiert?

1. Kern
2. Aktivieren
3. Spezial

Ein. Nur 1 und 3

B. Alle oben genannten

C. Nur 1 und 2

D. Nur 2 und 3

Richtige Antwort: C

Erläuterung: ITIL definiert Kern- und Enabling-Services, schließt jedoch keine speziellen Services ein.

Frage 122: Wie wird die Fähigkeit eines Dienstes, einer Komponente oder eines Configuration Items (CI) definiert, die vereinbarte Funktion bei Bedarf auszuführen?

A. Gebrauchstauglichkeit

B. Verfügbarkeit

C. Kapazität

D. Kontinuität

Richtige Antwort: B

Erläuterung: Verfügbarkeit bezieht sich auf die Fähigkeit eines Dienstes, einer Komponente oder eines CI, die vereinbarte Funktion bei Bedarf auszuführen.

Frage 123: Welche der folgenden Schritte können Schritte zur Lösung eines Vorfalls enthalten?

1. Vorfall-Modell
2. Bekannter Fehlerdatensatz

Ein. Nur 1

B. Nur 2

C. Beides

D. Keines der oben genannten

Richtige Antwort: C

Erläuterung: Sowohl Vorfallmodelle als auch bekannte Fehlerdatensätze können Schritte enthalten, die bei der Lösung eines Vorfalls helfen.

Frage 124: Welche Arten der Kommunikation werden von den Funktionen innerhalb des Servicebetriebs verwendet?

1. Kommunikation zwischen Rechenzentrumsschichten
2. Kommunikation im Zusammenhang mit Änderungen
3. Leistungsberichterstattung
4. Routinemäßige Betriebskommunikation

Ein. Nur 1

B. Nur 2 und 3

C. Nur 1, 2 und 4

D. Alle oben genannten

Richtige Antwort: D

Erläuterung: Servicebetriebsfunktionen verwenden verschiedene Arten der Kommunikation, einschließlich Schichtkommunikation, änderungsbezogene Kommunikation, Leistungsberichterstattung und routinemäßige Betriebskommunikation.

Frage 125: Wo würden alle potenziellen Möglichkeiten zur Verbesserung des Dienstes dokumentiert?

A. CSI-Register

B. Datenbank für bekannte Fehler

C. Informationssystem für das Kapazitätsmanagement

D. Datenbank für die Konfigurationsverwaltung

Richtige Antwort: A

Erläuterung: Alle möglichen Möglichkeiten zur Serviceverbesserung sind im CSI-Register (Continual Service Improvement) dokumentiert.

Frage 126: Welche Aussage beschreibt die Beziehung zwischen Dringlichkeit, Priorität und Wirkung genau?

A. Auswirkungen, Priorität und Dringlichkeit sind unabhängig voneinander

B. Die Dringlichkeit sollte nach Wirkung und Priorität bestimmt werden

C. Die Auswirkungen sollten nach Dringlichkeit und Priorität bestimmt werden

D. Die Priorität sollte nach Wirkung und Dringlichkeit bestimmt werden

Richtige Antwort: D

Erläuterung: Die Priorität wird sowohl auf der Grundlage der Auswirkungen des Problems als auch der Dringlichkeit festgelegt, die erforderlich ist, um es zu beheben.

Frage 127: Welcher der folgenden Punkte ist KEIN Vorteil der Verwendung öffentlicher Frameworks und Standards?

A. Öffentliche Rahmenbedingungen sind wahrscheinlich weit verbreitet

B. Sie sind immer kostenlos und ermöglichen eine schnelle Implementierung

C. Sie werden in verschiedenen Umgebungen getestet, um ihre Robustheit zu verbessern

D. Sie erleichtern die Zusammenarbeit zwischen Organisationen, indem sie eine gemeinsame Sprache bereitstellen

Richtige Antwort: B

Erläuterung: Öffentliche Frameworks sind nicht immer kostenlos, obwohl sie oft robuste und standardisierte Praktiken bieten, die die Zusammenarbeit erleichtern.

Frage 128: Welche Aussage über Prozesse ist FALSCH?

Ein. Sie sind Einheiten von Organisationen

B. Sie sind messbar

C. Sie liefern spezifische Ergebnisse

D. Sie reagieren auf bestimmte Ereignisse

Richtige Antwort: A

Erklärung: Prozesse sind keine Einheiten von Organisationen; Es handelt sich um messbare Aktivitäten, die darauf abzielen, bestimmte Ergebnisse zu liefern und auf bestimmte Ereignisse zu reagieren.

Frage 129: Welcher Prozess zielt darauf ab, "neue oder geänderte Dienste in unterstützten Umgebungen innerhalb der prognostizierten Kosten-, Zeit- und Ressourcenschätzungen zu etablieren"?

A. Service-Strategie

B. Planung und Unterstützung des Serviceübergangs

C. Verwaltung des Service-Levels

D. Änderungsmanagement

Richtige Antwort: B

Erläuterung: Die Planung und Unterstützung des Serviceübergangs ist für die Einführung neuer oder geänderter Services innerhalb der prognostizierten Kosten-, Zeit- und Ressourcenbeschränkungen verantwortlich.

Frage 130: Was sind Kunden eines IT-Dienstleisters, die Dienstleistungen im Rahmen eines rechtsverbindlichen Vertrags erwerben?

A. Strategische Kunden

B. Externe Kunden

C. Geschätzte Kunden

D. Interne Kunden

Richtige Antwort: B

Erläuterung: Kunden, die IT-Dienstleistungen im Rahmen eines rechtsverbindlichen Vertrags beziehen, werden als externe Kunden bezeichnet.

Frage 131: Was hilft der Ansatz der kontinuierlichen Serviceverbesserung (CSI) einem Unternehmen?

Ein. Es erleichtert die kontinuierliche Kommunikation innerhalb des Unternehmens.

B. Es unterstützt das Unternehmen dabei, fundierte Entscheidungen über Verbesserungsinitiativen zu treffen.

C. Es hilft den Stakeholdern, ihre Kunden besser zu verstehen.

D. Es bestimmt, wie das Unternehmen mit externen Lieferanten interagiert.

Richtige Antwort: B

Erläuterung: Der CSI-Ansatz ermöglicht es einem Unternehmen, fundierte Entscheidungen über Verbesserungsinitiativen zu treffen.

Frage 132: Welche Aussage beschreibt ein Operational Level Agreement (OLA) am besten?

Ein. Es enthält Ziele, die diejenigen innerhalb eines SLA unterstützen, um Verstöße aufgrund fehlgeschlagener unterstützender Aktivitäten zu verhindern.

B. Es handelt sich um eine Vereinbarung zwischen einem Lieferanten und einem anderen Teil derselben Organisation, die bei der Erbringung von Dienstleistungen hilft.

C. Es handelt sich um eine schriftliche Vereinbarung zwischen einem Lieferanten und IT-Kunden, in der die wichtigsten Serviceziele und Verantwortlichkeiten definiert sind.

D. Es handelt sich um einen rechtsverbindlichen Vertrag, in dem Dienstleistungen für einen IT-Dienstleister beschrieben werden, die die für Kunden erbrachten Dienstleistungen untermauern.

Richtige Antwort: B

Erläuterung: Ein OLA ist eine Vereinbarung zwischen verschiedenen Teilen derselben Organisation zur Unterstützung der Leistungserbringung.

Frage 133: Welches der folgenden Ziele ist KEIN Ziel der Betriebsführungsfunktion?

A. Schnelle Anwendung von Fähigkeiten zur Diagnose auftretender IT-Betriebsfehler

B. Bereitstellung betrieblicher Verbesserungen zur Erzielung reduzierter Kosten

C. Verwaltung der definitiven Mediathek (DML)

D. Aufrechterhaltung des Status quo, um die Stabilität der täglichen Prozesse und Aktivitäten zu gewährleisten

Richtige Antwort: C

Erläuterung: Die Betriebsverwaltung umfasst nicht die Verwaltung der definitiven Medienbibliothek (DML) als eines ihrer Ziele.

Frage 134: Welche der folgenden Aspekte sind die richtigen Aspekte des Service Designs?

1. Servicelösungen für neue oder geänderte Services
2. Managementrichtlinien und -richtlinien
3. Geschäftsanforderungen, Technologie- und Managementarchitekturen
4. Prozessanforderungen, Technologie- und Managementarchitekturen

Ein. Nur 1 und 2

B. Nur 2 und 3

C. Nur 3 und 4

D. Nur 1 und 4

Richtige Antwort: D

Erläuterung: Zu den Aspekten des Service-Designs gehören Lösungen für neue oder geänderte Services und Prozessanforderungen, Technologie und Management-Architekturen.

Frage 135: Was ist die beste Definition einer definitiven Mediathek?

Ein. Eine sichere Bibliothek, in der die neuesten Versionen autorisierter Softwareelemente gespeichert und geschützt werden

B. Ein strukturiertes Dokument mit definitiven Informationen zu allen laufenden IT-Services, einschließlich der für die Bereitstellung verfügbaren

C. Eine sichere Bibliothek, in der alle definitiven autorisierten Versionen aller Medienkonfigurationselemente gespeichert und geschützt werden

D. Eine Reihe von Tools und Datenbanken zur Verwaltung von Wissen, Informationen und Daten

Richtige Antwort: C

Erläuterung: Die definitive Medienbibliothek (DML) ist ein sicheres Repository, in dem alle definitiven autorisierten Versionen von Medienkonfigurationselementen gespeichert und geschützt werden.

Frage 136: Was ist ein Ziel des Design-Koordinierungsprozesses?

A. Sicherstellen, dass Service-Design-Pakete an Service Transition übergeben werden

B. Sicherstellen, dass alle Änderungen auf ihre Auswirkungen auf das Servicedesign bewertet werden

C. Dokumentation der anfänglichen Struktur und Beziehung zwischen Diensten und Kunden

D. Übergabe neuer Service-Level-Anforderungen an den Service-Level-Management-Prozess

Richtige Antwort: A

Erläuterung: Der Design-Koordinationsprozess zielt darauf ab, sicherzustellen, dass Service-Design-Pakete ordnungsgemäß an Service Transition übergeben werden.

Frage 137: Was definiert IT-Service-Management am besten?

Ein. Eine Organisation, die Dienstleistungen ausschließlich für externe Kunden erbringt

B. Der Kunde eines IT-Dienstleisters, der Serviceziele definiert und vereinbart

C. Implementierung und Verwaltung hochwertiger IT-Services, die den Geschäftsanforderungen entsprechen

D. Die Ressourcen, die verwendet werden, um den Kunden durch Dienstleistungen einen Mehrwert zu bieten

Richtige Antwort: C

Erläuterung: IT-Service-Management ist definiert als die Implementierung und Verwaltung hochwertiger IT-Services, die den Anforderungen des Unternehmens entsprechen.

Frage 138: Welche Rolle ist für das Sponsoring, die Gestaltung und die Verwaltung von Änderungen an einem Prozess und seinen Metriken verantwortlich?

Ein. Der Prozesspraktiker

B. Der Prozessverantwortliche

C. Der Dienstinhaber

D. Der Prozessmanager

Richtige Antwort: B

Erläuterung: Der Prozessverantwortliche ist für das Sponsoring, Entwerfen und Verwalten von Änderungen an einem Prozess und den zugehörigen Metriken verantwortlich.

Frage 139: Was sind die beiden Hauptaktivitäten im Problemmanagement?

A. Technik und Service

B. Ressourcen- und proaktive

C. Reaktive und technische

D. Proaktiv und reaktiv

Richtige Antwort: D

Erläuterung: Das Problemmanagement umfasst zwei Hauptaktivitäten: proaktives Management, um Probleme zu vermeiden, und reaktives Management, um sie zu beheben.

Frage 140: Welche Aktivität ist für die Phase "Wie kommen wir dorthin" des Ansatzes zur kontinuierlichen Serviceverbesserung richtig?

A. Service- und Prozessverbesserung

B. Bewertungen der Ausgangslage

C. Überprüfung von Richtlinien und Governance

D. Messbare Ziele

Richtige Antwort: A

Erläuterung: Die Phase "Wie kommen wir dorthin" konzentriert sich auf die Service- und Prozessverbesserung, um die gewünschten Ergebnisse zu erzielen.

Frage 141: Was ist passiert, wenn ein Techniker seinen Vorgesetzten darüber informiert, dass mehr Ressourcen benötigt werden, um den Service wiederherzustellen?

Ein. Eine funktionale Eskalation

B. Eine Service-Level-Eskalation

C. Eine Lösung für einen Vorfall

D. Eine hierarchische Eskalation

Richtige Antwort: D

Erläuterung: Der Techniker hat eine hierarchische Eskalation durchgeführt, indem er seinen Vorgesetzten darüber informiert hat, dass zusätzliche Ressourcen erforderlich sind, um den Vorfall zu lösen.

Frage 142: Welche Aussage über Service-Review-Meetings ist FALSCH?

A. Aktionen aus Service-Review-Meetings sollten nur dem Service-Provider zugewiesen werden.

B. Es sollten regelmäßig Sitzungen abgehalten werden, um die Dienstleistungen zu überprüfen.

C. Themen für die kommende Zeit sollten bei den Sitzungen erörtert werden.

D. Fortschritt und Erfolg des Service Improvement Program (SIP) sollten überprüft werden.

Richtige Antwort: A

Erläuterung: Es ist falsch zu sagen, dass Aktionen aus Service-Review-Meetings nur dem Service-Provider zugewiesen werden sollten.

Frage 143: Welche Aussage beschreibt den Wert der Servicestrategie für das Unternehmen am besten?

Ein. Es ermöglicht ein höheres Volumen erfolgreicher Änderungen.

B. Es reduziert ungeplante Kosten, indem es den Umgang mit Serviceausfällen optimiert.

C. Es verringert die Dauer und Häufigkeit von Dienstausfällen.

D. Es ermöglicht dem Dienstanbieter zu verstehen, welche Servicestufen den Erfolg seiner Kunden sicherstellen.

Richtige Antwort: D

Erläuterung: Die Servicestrategie hilft dem Serviceanbieter, die Serviceebenen zu verstehen, die seine Kunden erfolgreich machen.

Frage 144: Die Sanierungsplanung ist ein wichtiger Bestandteil des Prozesses?

A. Kapazitätsmanagement

B. Änderungsmanagement

C. Finanzmanagement für IT-Dienstleistungen

D. Verwaltung der Verfügbarkeit

Richtige Antwort: B

Erläuterung: Die Korrekturplanung ist ein wesentlicher Bestandteil des Änderungsmanagementprozesses.

Frage 145: Welcher Begriff beschreibt die Gewissheit, dass ein Produkt oder eine Dienstleistung die vereinbarten Anforderungen erfüllt?

A. Untermauerung des Vertrags

B. Gewährleistung

C. Vereinbarung zum Servicelevel

D. Nützlichkeit

Richtige Antwort: B

Erläuterung: Die Garantie bietet die Gewissheit, dass ein Produkt oder eine Dienstleistung die vereinbarten Anforderungen erfüllt.

Frage 146: Was sind Quellen für bewährte Verfahren?

A. Kunden, Lieferanten, Berater

B. Industriepraktiken, akademische Forschung, Ausbildung und Ausbildung

C. Substitute, Regulierungsbehörden, Kunden

D. Wettbewerb, Compliance, Verpflichtungszusagen

Richtige Antwort: B

Erläuterung: Best Practices stammen aus Branchenpraktiken, akademischer Forschung sowie Aus- und Weiterbildung.

Frage 147: Was ist ein Ziel der Service-Design-Lebenszyklusphase?

Ein. Einbettung der kontinuierlichen Serviceverbesserung (CSI) in alle Service-Design-Aktivitäten

B. Um sicherzustellen, dass alle Service-Design-Aktivitäten die minimale Menge an Ressourcen verbrauchen

C. Überwachung von Service-Level-Zielen, wie in Service Level Agreements vereinbart

D. Erstellung und Pflege eines Portfolios quantifizierter Dienstleistungen

Richtige Antwort: A

Erläuterung: Ein Ziel der Service-Design-Lebenszyklusphase besteht darin, die kontinuierliche Serviceverbesserung (CSI) in alle Service-Design-Aktivitäten zu integrieren.

Frage 148: Welches ist KEIN Service-Desk-Typ, der in der ITIL-Service-Betriebsanleitung beschrieben ist?

A. Lokal

B. Zentralisiert

C. Ausgelagert

D. Virtuell

Richtige Antwort: C

Erläuterung: ITIL Service Operation Guidance beschreibt lokale, zentralisierte und virtuelle Service Desks, erwähnt jedoch keine ausgelagerten Service Desks.

Frage 149: Welches ist ein Beispiel für die Verbesserung des Service-Nutzens durch Service-Management-Automatisierung?

A. Vorgegebenes Routing einer Serviceanforderung

B. Reduzieren des Zeitaufwands für die Zusammenstellung von Dienstdaten

C. Überwachen der Dienstverfügbarkeit

D. Schnellere Zuweisung von Ressourcen

Richtige Antwort: D

Erläuterung: Eine schnellere Ressourcenzuweisung ist ein Beispiel für die Verbesserung des Servicenutzens durch die Automatisierung des Servicemanagements.

Frage 150: Was ist die richtige Liste von Metriken zur Unterstützung von CSI-Aktivitäten (Continual Service Improvement)?

A. Technologie, Kunde und Geschäft

B. Unternehmen, Dienstleistungen und Technologie

C. Kunde, Geschäft und Prozess

D. Prozess, Technologie und Service

Richtige Antwort: D

Erläuterung: Zu den Metriken zur Unterstützung von CSI-Aktivitäten gehören Prozess-, Technologie- und Servicemetriken.

Frage 151: Welches ist ein Beispiel für einen internen Kunden?

Ein. Ein Kunde mit einem Vertrag über einen Breitbandanschluss von einem Internetdienstanbieter

B. Die Personalabteilung, deren Gehaltsabrechnungsservice von der IT-Abteilung ihres Unternehmens erbracht wird

C. Eine IT-Abteilung, die einen Netzwerkdienst eines Lieferanten nutzt

D. Eine Retailbank, die ihre Infrastruktur an einen Drittanbieter auslagert

Richtige Antwort: B

Erläuterung: Ein interner Kunde wird beispielhaft dadurch dargestellt, dass die Personalabteilung Gehaltsabrechnungsdienste von der IT-Abteilung seines Unternehmens erhält.

Frage 152: Wie lautet die korrekte Liste der drei Stufen eines mehrstufigen Service Level Agreements (SLA)?

A. Technologie, Kunde, Benutzer

B. Unternehmen, Kunde, Service

C. Unternehmen, Kunde, Technologie

D. Dienst, Nutzer, IT

Richtige Antwort: B

Erläuterung: Ein mehrstufiges SLA umfasst Unternehmens-, Kunden- und Service-Level, um verschiedene Aspekte von Servicevereinbarungen zu berücksichtigen.

Frage 153: Was bedeutet der Begriff "Weisheit" im DIKW-Modell (Data to Information to Knowledge to Wisdom)?

Ein. Die vollständige Sammlung aller Daten und Datenbestände innerhalb der Organisation

B. Das Wissen, organisatorische Prozesse und Menschen zu managen

C. Die vollständige Erfassung aller Prozessmanagementstrukturen in der Organisation

D. Das kontextuelle Bewusstsein, um ein starkes, vernünftiges Urteilsvermögen zu liefern

Richtige Antwort: D

Erklärung: Im DIKW-Modell bezieht sich "Weisheit" auf das kontextuelle Bewusstsein, das ein gesundes Urteilsvermögen ermöglicht.

Frage 154: Was beschreibt den Zweck der Risikoanalyse am besten?

Ein. Zur Bewertung von Wirkung und Dringlichkeit

B. Um Auswirkungen und Wahrscheinlichkeit zu bewerten

C. So überprüfen Sie die Sanierungsplanung

D. Überprüfung der Übergangsplanung

Richtige Antwort: B

Erläuterung: Das Hauptziel der Risikoanalyse besteht darin, sowohl die Auswirkungen als auch die Wahrscheinlichkeit potenzieller Risiken zu bewerten.

Frage 155: Welches ITIL-Verfahren wird verwendet, um den normalen Servicebetrieb so schnell wie möglich wiederherzustellen?

A. Verwaltung des Service-Levels

B. Management von Vorfällen

C. Problemmanagement

D. Verwaltung der Verfügbarkeit

Richtige Antwort: B

Erläuterung: Das Incident Management konzentriert sich darauf, den normalen Servicebetrieb so schnell wie möglich wiederherzustellen, um Störungen zu minimieren.

Frage 156: Welche Aussage über die bekannte Fehlerdatenbank (KEDB) ist richtig?

Ein. Sie wird vom Service Desk gepflegt und mit Details zu jedem neuen Vorfall aktualisiert.

B. Sie ist Teil der Configuration Management Database (CMDB) und enthält Problemumgehungen.

C. Es wird vom Problemmanagement verwaltet und vom Service Desk verwendet, um Vorfälle zu lösen.

D. Es wird vom Incident Management gepflegt und enthält Lösungen, die vom Problem Management implementiert werden sollen.

Richtige Antwort: C

Erläuterung: Die Datenbank für bekannte Fehler (KEDB) wird vom Problemmanagement gepflegt und vom Service Desk verwendet, um bei der Lösung von Vorfällen zu helfen.

Frage 157: Wo sollten alle Masterkopien der kontrollierten Software und Dokumentation gespeichert werden?

Ein. In der definitiven Kapazitätsbibliothek

B. In der maßgeblichen Mediathek

C. In der endgültigen Sicherheitsbibliothek

D. In der definitiven Produktionsbibliothek

Richtige Antwort: B

Erläuterung: Alle Masterkopien der kontrollierten Software und Dokumentation sollten in der endgültigen Medienbibliothek (DML) gespeichert werden.

Frage 158: Welches ist einer der fünf Aspekte des Service Designs?

A. Management-Informationssysteme und -Instrumente

B. Risikoanalyse und -managementansatz

C. Management-Richtlinie für die Erstellung von Business Cases

D. Corporate Governance und -politik

Richtige Antwort: A

Erläuterung: Einer der fünf Aspekte des Service-Designs umfasst Management-Informationssysteme und -Tools.

Frage 159: Welches Tool hilft bei der Definition von Verantwortlichkeit und Verantwortung innerhalb von Prozessen?

Ein. Ein CSI-Register

B. Eine Projektcharta

C. EIN RACI-Modell

D. Ein Kommunikationsplan

Richtige Antwort: C

Erläuterung: Ein RACI-Modell ist ein Instrument, das verwendet wird, um Verantwortlichkeit und Verantwortung innerhalb von Prozessen zu definieren, indem Rollen geklärt werden.

Frage 160: Welche Aussage über Change Management ist richtig?

Ein. Es optimiert das gesamte Geschäftsrisiko

B. Es optimiert das finanzielle Engagement

C. Es stellt sicher, dass alle Änderungen vom Change Advisory Board (CAB) genehmigt werden

D. Es stellt sicher, dass Serviceanfragen dem normalen Änderungsmanagementprozess folgen

Richtige Antwort: C

Erläuterung: Das Änderungsmanagement stellt sicher, dass alle Änderungen vom Änderungsbeirat (CAB) ordnungsgemäß genehmigt werden.

Frage 161: Welche Art von Benachrichtigung sollte gesendet werden, wenn ein Schwellenwert erreicht wird, sich etwas ändert oder ein Fehler auftritt?

Ein. Eine Notfalländerung

B. Eine Warnung

C. Ein Notfallereignis

D. Ein Antrag auf Änderung

Richtige Antwort: B

Erläuterung: Eine Warnung ist die Benachrichtigung, die gesendet wird, wenn ein Schwellenwert erreicht wird, eine Änderung auftritt oder ein Fehler auftritt.

Frage 162: Welches der folgenden Beispiele ist ein Beispiel für proaktives Problemmanagement?

A. Automatisierte Erkennung eines Fehlers mithilfe von Ereignis-/Warntools, um automatisch einen Vorfall auszulösen

B. Analyse eines Vorfalls durch eine technische Supportgruppe, die ein zugrunde liegendes oder wahrscheinliches Problem aufdeckt

C. Erkennung einer Ursache für einen oder mehrere Vorfälle durch den Service Desk

D. Trending historischer Ereignisaufzeichnungen zur Identifizierung der zugrunde liegenden Ursachen

Richtige Antwort: B

Erläuterung: Proaktives Problemmanagement umfasst die Analyse von Vorfällen, um zugrunde liegende Probleme zu identifizieren oder vorherzusagen.

Frage 163: Warum ist das Incident Management mit dem Service Level Management verbunden?

Ein. Um sicherzustellen, dass Problemdatensätze an alle Kunden weitergegeben werden

B. So stellen Sie sicher, dass der Status fehlerhafter Configuration Items (CIs) aufgezeichnet wird

C. Um sicherzustellen, dass die Incident-Lösungszeiten mit den Geschäftsanforderungen übereinstimmen

D. Um sicherzustellen, dass Problemumgehungen für Vorfälle für Kunden akzeptabel sind

Richtige Antwort: C

Erläuterung: Das Incident Management ist mit dem Service Level Management verbunden, um sicherzustellen, dass die Incident-Lösungszeiten den Geschäftsanforderungen entsprechen.

Frage 164: Was ist ein Merkmal eines Prozesses?

Ein. Es erfordert ein spezielles Werkzeug

B. Es ist leistungsorientiert und messbar

C. Es bietet allgemeine technische Fähigkeiten und Ressourcen

D. Es reagiert nicht auf einen bestimmten Auslöser

Richtige Antwort: B

Erklärung: Ein Prozess zeichnet sich dadurch aus, dass er leistungsorientiert und messbar ist.

Frage 165: Welche Aussage über Stakeholder ist wahr?

A. Kunden, Benutzer und Lieferanten sind Beispiele für Stakeholder, die sich außerhalb der Dienstanbieterorganisation befinden können

B. Externe Kunden arbeiten für dieselbe Organisation wie der IT-Dienstleister

C. Internen Kunden werden immer die IT-Dienstleistungen in Rechnung gestellt, die sie von der Organisation des IT-Dienstleisters erhalten

D. Interne Kunden erwerben Dienstleistungen von Drittanbietern durch einen rechtsverbindlichen Vertrag oder eine rechtsverbindliche Vereinbarung

Richtige Antwort: A

Erläuterung: Stakeholder, einschließlich Kunden, Benutzer und Lieferanten, können sich außerhalb der Service-Provider-Organisation befinden.

Frage 166: Welcher Teilprozess des Kapazitätsmanagements konzentriert sich auf die Verwaltung, Steuerung und Vorhersage der End-to-End-Leistung?

A. Management der Geschäftskapazität

B. Management der Lieferantenkapazität

C. Verwaltung der Servicekapazität

D. Verwaltung der Komponentenkapazität

Richtige Antwort: C

Erläuterung: Service Capacity Management ist der Teilprozess, der sich der Verwaltung, Kontrolle und Vorhersage der End-to-End-Leistung von Services widmet.

Frage 167: Welches ist KEIN Beispiel für ein Muster der Geschäftstätigkeit (PBA)?

A. Saisonale Schwankungen bei Kundenkäufen in einem Supermarkt

B. Nutzung von Schalterdiensten in einer Privatkundenbank in Spitzenzeiten

C. Kapazitätsauslastung des Netzes, das einen Dienst unterstützt

D. Regierungsbehörde, die Regulierungsberichte kurz vor Ablauf der Frist einreicht

Richtige Antwort: D

Erläuterung: Die Tendenz einer Regierungsbehörde, Berichte kurz vor Ablauf der Frist einzureichen, wird nicht als Muster der Geschäftstätigkeit (PBA) angesehen.

Frage 168: Die Zugriffsverwaltung ist für die Ausführung von Richtlinien verantwortlich, die in welchem Prozess definiert sind?

A. Verwaltung des Dienstleistungsportfolios

B. Informationssicherheitsmanagement

C. Änderungsmanagement

D. Problemmanagement

Richtige Antwort: B

Erläuterung: Die Zugriffsverwaltung führt die Richtlinien aus, die durch den Informationssicherheitsverwaltungsprozess definiert sind.

Frage 169: Welcher Begriff beschreibt, ob ein Dienst gebrauchsfähig ist?

A. Gebrauchstauglichkeit

B. Nützlichkeit

C. Gewährleistung

D. Verfügbarkeit

Richtige Antwort: C

Erläuterung: Garantie beschreibt die Zusicherung, dass ein Dienst gebrauchstauglich ist und den vereinbarten Anforderungen entspricht.

Frage 170: Was ist die richtige Kombination von Elementen, aus denen ein IT-Service besteht?

A. Kunden, Anbieter und Dokumente

B. Informationstechnologie, Menschen und Prozesse

C. Informationstechnologie, Netzwerke und Menschen

D. Menschen, Prozesse und Kunden

Richtige Antwort: B

Erklärung: Ein IT-Service besteht aus Informationstechnologie, Menschen und Prozessen, die zusammenarbeiten, um einen Mehrwert zu schaffen.

Frage 171: Was messen Servicemetriken?

A. Prozesse und Funktionen

B. Laufzeit und Kosten

C. Der End-to-End-Service

D. Verfügbarkeit der Infrastruktur

Richtige Antwort: C

Erläuterung: Servicemetriken werden verwendet, um die Leistung und Effektivität des gesamten End-to-End-Service zu messen.

Frage 172: Die Durchführung einer Lückenanalyse ist eine Schlüsselaktivität in welchem Teil des Deming-Zyklus zur Verbesserung von Dienstleistungen und Service-Management-Prozessen?

A. Planen

B. Tun

C. Prüfen

D. Handeln

Richtige Antwort: A

Erläuterung: Die Gap-Analyse ist eine wichtige Aktivität innerhalb der "Plan"-Phase des Deming-Zyklus, die hilft, verbesserungswürdige Bereiche zu identifizieren.

Frage 173: Was ist die beste Beschreibung eines Business Case?

Ein. Ein Entscheidungsunterstützungs- und Planungstool, das die wahrscheinlichen Ergebnisse einer Geschäftsmaßnahme prognostiziert

B. Ein tragbares Gerät für die sichere Aufbewahrung und den Transport wichtiger Dokumente

C. Eine Geschäftsbeschwerde über einen verpassten Service-Level

D. Die Bedingungen eines IT-Outsourcing-Vertrags

Richtige Antwort: A

Erläuterung: Ein Business Case ist ein Entscheidungsunterstützungs- und Planungsinstrument, das die wahrscheinlichen Folgen einer Geschäftsmaßnahme projiziert.

Frage 174: Welche der folgenden Aussagen lässt sich am besten als "Ein Entscheidungsunterstützungs- und Planungsinstrument, das die wahrscheinlichen Folgen einer Geschäftsmaßnahme projiziert" beschreiben?

Ein. Ein Problemmodell

B. Ein Serviceverbesserungsplan (SIP)

C. Ein Änderungsantrag (RFC)

D. Ein Business Case

Richtige Antwort: D

Erläuterung: Ein Business Case ist ein Planungsinstrument, das die wahrscheinlichen Folgen und Ergebnisse einer Geschäftsaktion vorhersagt.

Frage 175: Was ist die beste Beschreibung der von Service Design bereitgestellten Anleitung?

A. Konzeption und Entwicklung neuer Dienste

B. Entwerfen und Entwickeln von Serviceverbesserungen

C. Gestaltung und Entwicklung von Dienstleistungen und Service-Management-Prozessen

D. Täglicher Betrieb und Unterstützung von Diensten

Richtige Antwort: C

Erläuterung: Service Design bietet Anleitungen für das Design und die Entwicklung von Services und Service-Management-Prozessen.

Frage 176: Welcher Prozess verarbeitet häufige Änderungen, die mit geringem Risiko und geringen Kosten verbunden sind?

A. Zugriffsverwaltung

B. Erfüllung von Anfragen

C. Release- und Bereitstellungsmanagement

D. Management von Vorfällen

Richtige Antwort: B

Erläuterung: Request Fulfillment ist für die Verwaltung häufig auftretender Änderungen verantwortlich, die mit geringem Risiko und geringen Kosten verbunden sind.

Frage 177: Was sind die vier Gründe für die Überwachung und Messung, um einen Mehrwert für das Unternehmen zu schaffen?

A. Validieren; Direkt; Rechtfertigen; Verbessern

B. Bewerten; Diagnostizieren; Rechtfertigen; Eingreifen

C. Validieren; Direkt; Rechtfertigen; Eingreifen

D. Bewerten; Direkt; Rechtfertigen; Verbessern

Richtige Antwort: C

Erläuterung: Die vier Gründe für die Überwachung und Messung der Wertschöpfung sind Validieren, Lenken, Rechtfertigen und Eingreifen.

Frage 178: Was muss vor Beginn des 7step Continual Service Improvement (CSI)-Prozesses identifiziert werden?

A. Geschäftsziele, IT-Ziele, Prozessmetriken

B. Vorgehensmodelle, Ziele und Zielsetzungen

C. Vision und Strategie, taktische Ziele und operative Ziele

D. Geschäfts- und IT-Strategie- und Prozessdefinitionen

Richtige Antwort: C

Erläuterung: Die Identifizierung von Vision und Strategie, taktischen Zielen und operativen Zielen ist notwendig, bevor Sie mit dem 7-stufigen CSI-Prozess beginnen.

Frage 179: Was ist die Definition einer Ausschreibung?

Ein. Eine Fehlermeldung an den Benutzer einer Anwendung

B. Eine Warnung, dass ein Schwellenwert erreicht wurde oder dass sich etwas geändert hat

C. Eine Art von Vorfall

D. Ein Auditbericht, in dem Bereiche aufgeführt sind, in denen die IT nicht gemäß den vereinbarten Verfahren arbeitet

Richtige Antwort: B

Erläuterung: Eine Warnung ist eine Warnung, die darauf hinweist, dass ein Schwellenwert erreicht wurde oder sich etwas geändert hat.

Frage 180: Welche Aufgabe würde vom Request Fulfillment-Prozess NICHT ausgeführt?

A. Beschaffung und Lieferung von Komponenten der angeforderten Standarddienste (z. B. Lizenzen und Softwaremedien)

B. Bereitstellung eines Kanals für Benutzer, um Standarddienste mit einem vordefinierten Genehmigungs- und Qualifizierungsprozess anzufordern und zu erhalten

C. Bereitstellung von Informationen zum Vergleich der tatsächlichen Leistung mit Konstruktionsstandards

D. Bereitstellung von Informationen für Benutzer und Kunden über die Verfügbarkeit von Diensten und das Verfahren zu deren Erlangung

Richtige Antwort: C

Erläuterung: Der Request Fulfillment-Prozess liefert keine Informationen zum Vergleich der tatsächlichen Leistung mit Designstandards. Dies liegt nicht in seinem Anwendungsbereich.

Frage 181: Welche der folgenden Elemente können nicht von einem Tool gespeichert und verwaltet werden?

A. Daten

B. Weisheit

C. Informationen

D. Wissen

Richtige Antwort: B

Erklärung: Weisheit kann nicht von einem Werkzeug gespeichert und verwaltet werden, im Gegensatz zu Daten, Informationen und Wissen, die von Werkzeugen verwaltet werden können.

Frage 182: Welchen Prozess würden Sie am ehesten erwarten, an der Verwaltung von Basisverträgen beteiligt zu sein?

A. IT-Designer/Architekt

B. Prozessmanager

C. Servicekatalog-Manager

D. Lieferantenmanager

Richtige Antwort: D

Erläuterung: Der Lieferantenmanager ist in erster Linie für die Verwaltung von Basisverträgen verantwortlich.

Frage 183: Wie lautet der Name der Person, die mit der Durchführung einer Risikobewältigungsmaßnahme oder von Maßnahmen für ein bestimmtes Risiko oder eine Reihe von Risiken beauftragt ist?

A. Risikomanager

B. Risikokoordinator

C. Risiko-Aktionär

D. Risikoverantwortlicher

Richtige Antwort: C

Erläuterung: Die Person, die mit der Durchführung bestimmter Risikobewältigungsmaßnahmen beauftragt ist, wird als Risikoaktionsnehmer bezeichnet.

Frage 184: Was ist die beste Beschreibung des Unterschieds zwischen Servicemetriken und Technologiemetriken?

A. Servicemetriken messen den End-to-End-Service; Technologiemetriken messen einzelne Komponenten.

B. Servicemetriken messen Reife und Kosten; Technologiemetriken messen Effizienz und Effektivität.

C. Servicemetriken umfassen kritische Erfolgsfaktoren und Key Performance Indicators; Zu den Technologiemetriken gehören Verfügbarkeit und Kapazität.

D. Servicemetriken messen jeden der Servicemanagementprozesse; Technologiemetriken messen die Infrastruktur.

Richtige Antwort: A

Erläuterung: Servicemetriken bewerten die EndtoEnd-Leistung eines Dienstes, während sich Technologiemetriken auf einzelne Komponenten konzentrieren.

Frage 185: Was beschreibt die Risikonähe?

Ein. Der Zeitrahmen, in dem Maßnahmen zur Risikominderung umgesetzt werden sollten

B. Der Zeitplan für die Risikomanagementaktivitäten im Zusammenhang mit einem Plan

C. Der Zeitraum, in dem ein Risiko vom Risikoverantwortlichen überwacht wird

D. Der Zeitrahmen, in dem das Risiko eintreten könnte

Richtige Antwort: D

Erläuterung: Risikonähe bezieht sich auf den Zeitrahmen, innerhalb dessen ein Risiko voraussichtlich eintreten wird.

Frage 186: Was ist die beste Definition eines Vorfalls?

Ein. Eine Warnung, dass ein Schwellenwert erreicht wurde, sich etwas geändert hat oder ein Fehler aufgetreten ist

B. Eine ungeplante Unterbrechung eines IT-Dienstes oder eine Verringerung der Qualität eines IT-Dienstes

C. Eine Zustandsänderung, die für die Verwaltung eines Configuration Items oder IT-Service von Bedeutung ist

D. Verlust der Fähigkeit, spezifikationsgerecht zu arbeiten oder die erforderliche Leistung zu liefern

Richtige Antwort: B

Erläuterung: Ein Vorfall ist definiert als eine unerwartete Unterbrechung eines IT-Dienstes oder eine Verschlechterung seiner Qualität.

Frage 187: Welche der folgenden Aussagen über Prozesse ist falsch?

Ein. Das Ergebnis eines Prozesses muss den betrieblichen Normen entsprechen, die aus den Geschäftszielen abgeleitet werden

B. Das Ziel eines jeden IT-Prozesses sollte in Form von geschäftlichen Vorteilen und Zielen ausgedrückt werden

C. Ein Prozess kann Richtlinien, Standards und Richtlinien definieren

D. Prozesskontrolle ist definiert als "die Aktivität der Planung und Regelung eines Prozesses mit dem Ziel, Best Practices zu erreichen"

Richtige Antwort: D

Erklärung: Die falsche Aussage ist, dass Prozesskontrolle definiert ist als "die Aktivität der Planung und Regelung eines Prozesses mit dem Ziel, Best Practice zu erreichen"; Dies ist nicht die Standarddefinition.

Frage 188: Was ist ein Service Level Agreement?

Ein. Der Abschnitt eines Vertrags, der die Verantwortlichkeiten jeder Partei umreißt

B. Eine Vereinbarung zwischen dem Dienstleister und seinem Kunden

C. Eine Vereinbarung zwischen einem Dienstleister und einem externen Lieferanten

D. Eine Vereinbarung zwischen dem Dienstleister und einer internen Organisation

Richtige Antwort: B

Erläuterung: Ein Service Level Agreement (SLA) ist eine formelle Vereinbarung zwischen dem Service Provider und seinem Kunden, in der die erwarteten Servicestandards aufgeführt sind.

Frage 189: Einer der fünf Hauptaspekte des Service Designs ist das Design von Servicelösungen. Was beinhaltet es?

A. Anforderungen, Ressourcen und Fähigkeiten, die benötigt und vereinbart wurden

B. Nur die erforderlichen und vereinbarten Anforderungen

C. Nur die erforderlichen und vereinbarten Fähigkeiten

D. Nur die benötigten Ressourcen und Fähigkeiten

Richtige Antwort: A

Erläuterung: Das Entwerfen von Servicelösungen umfasst das Identifizieren und Vereinbaren der erforderlichen Anforderungen, Ressourcen und Fähigkeiten.

Frage 190: Wer ist dafür verantwortlich, dass der Request Fulfillment-Prozess gemäß dem vereinbarten und dokumentierten Prozess durchgeführt wird?

Ein. Der Service Desk Manager

B. Der Service-Manager

C. Der Process Manager für die Auftragserfüllung

D. Der Eigentümer des Anforderungserfüllungsprozesses

Richtige Antwort: D

Erläuterung: Der Request Fulfillment Process Owner ist dafür verantwortlich, dass der Prozess wie dokumentiert und vereinbart ausgeführt wird.

Frage 191: Mitarbeiter in einer IT-Abteilung sind Experten für die Verwaltung bestimmter Technologien, aber keiner von ihnen weiß, welche Dienstleistungen dem Unternehmen angeboten werden. Welches Ungleichgewicht stellt das dar?

A. Extremer Fokus auf die Kosten

B. Extremer Fokus auf Reaktionsfähigkeit

C. Anbieterorientiert

D. Extremer Innenfokus

Richtige Antwort: D

Erläuterung: Diese Situation zeigt einen extremen internen Fokus, bei dem sich die Mitarbeiter auf das Technologiemanagement konzentrieren, aber kein Bewusstsein für Unternehmensdienstleistungen haben.

Frage 192: Was ist der erste Schritt im 7-Schritte-Verbesserungsprozess?

Ein. Wo stehen wir jetzt?

B. Identifizieren von Lücken bei der Erfüllung von Service Level Agreements (SLA)

C. Bereiten Sie sich auf die Aktion vor

D. Definieren Sie, was Sie messen sollen

Richtige Antwort: D

Erklärung: Der erste Schritt im 7-Schritte-Verbesserungsprozess besteht darin, zu definieren, was Sie messen sollten.

Frage 193: Welche davon fällt nicht in die Zuständigkeit des Anwendungsmanagements?

A. Sicherstellen, dass die richtigen Fähigkeiten für die Verwaltung der Infrastruktur verfügbar sind

B. Bereitstellung von Anleitungen für den IT-Betrieb zur optimalen Verwaltung der Anwendung

C. Entscheidung, ob eine Anwendung gekauft oder erstellt werden soll

D. Unterstützung bei der Gestaltung der Anwendung

Richtige Antwort: A

Erläuterung: Application Management ist nicht dafür verantwortlich, sicherzustellen, dass die richtigen Fähigkeiten für die Verwaltung der Infrastruktur verfügbar sind.

Frage 194: Wenn im Servicebetrieb zu viel Wert auf "Stabilität" gelegt wird, was könnte das wahrscheinliche Ergebnis in Bezug auf die Reaktionsfähigkeit auf Kundenbedürfnisse sein?

A. Die Bedürfnisse der Kunden werden aufgrund der verbesserten Stabilität und weniger Ausfälle, die die pünktliche Lieferung stören, leichter erfüllt

B. Aus den gegebenen Informationen ist es nicht möglich, die Auswirkungen der Überbetonung der Stabilität zu kommentieren

C. Es wird wahrscheinlich nur ein positives Ergebnis einer verbesserten Stabilität geben; Kunden müssen sensibilisiert und ihre Erwartungen gehandhabt werden

D. Es ist möglich, dass die Reaktionsfähigkeit leidet und die Bedürfnisse der Kunden nicht innerhalb des Geschäftszeitrahmens erfüllt werden

Richtige Antwort: D

Erläuterung: Eine zu starke Konzentration auf Stabilität kann die Reaktionsfähigkeit beeinträchtigen und zu unerfüllten Kundenbedürfnissen innerhalb der erforderlichen Geschäftszeiträume führen.

Frage 195: Welche der folgenden Punkte betrifft in erster Linie Fairness und Transparenz?

A. Kapazitätsmanagement

B. Governance

C. Gestaltung von Dienstleistungen

D. Verwaltung des Service-Levels

Richtige Antwort: B

Erläuterung: Governance konzentriert sich auf die Gewährleistung von Fairness und Transparenz innerhalb einer Organisation.

Frage 196: Wer verwaltet Verträge im Zusammenhang mit einem ausgelagerten Rechenzentrum?

A. Service-Desk

B. IT-Betriebskontrolle

C. Technische Betriebsführung

D. Gebäudemanagement

Richtige Antwort: D

Erläuterung: Das Facility Management ist für die Überwachung von Verträgen im Zusammenhang mit einem ausgelagerten Rechenzentrum verantwortlich.

Frage 197: Eine IT-Abteilung steht unter dem Druck, Kosten zu senken, was dazu führt, dass die Qualität der Dienstleistungen sinkt. Welches Ungleichgewicht stellt das dar?

A. Übermäßiger Fokus auf Qualität

B. Übermäßig reaktiv

C. Übermäßig proaktiv

D. Übermäßiger Fokus auf die Kosten

Richtige Antwort: D

Erläuterung: Diese Situation verdeutlicht eine übermäßige Kostenorientierung, die zu einer Verschlechterung der Servicequalität führt.

Frage 198: "Service Management ist eine Reihe spezialisierter organisatorischer Fähigkeiten, um Kunden einen Mehrwert in Form von Dienstleistungen zu bieten." Was beinhalten diese spezialisierten organisatorischen Fähigkeiten?

A. Funktionen und Prozesse

B. Märkte und Kunden

C. Anwendungen und Infrastruktur

D. Menschen, Produkte und Technologie

Richtige Antwort: A

Erläuterung: Diese spezialisierten organisatorischen Fähigkeiten umfassen Funktionen und Prozesse, um Dienstleistungen effektiv zu erbringen.

Frage 199: Welchen Mehrwert bietet der Servicekatalog für die Organisation des Dienstleisters?

Ein. Durch die Bereitstellung einer zentralen Informationsquelle über die erbrachten IT-Dienstleistungen

B. Aufzeigen der geschäftlichen Auswirkungen einer Änderung

C. Anzeigen der Beziehungen zwischen Configuration Items

D. Vorhersage der Ursache von Problemen in der IT-Infrastruktur

Richtige Antwort: A

Erläuterung: Der Servicekatalog bietet einen Mehrwert, indem er eine zentrale Informationsquelle über die erbrachten IT-Dienstleistungen bietet.

Frage 200: Für welchen Prozess ist das Entzug oder die Einschränkung von Nutzungsrechten an einem IT-Service zuständig?

A. Zugriffsverwaltung

B. Management von Vorfällen

C. Erfüllung von Anfragen

D. Änderungsmanagement

Richtige Antwort: A

Erläuterung: Access Management hat die Aufgabe, Rechte zur Nutzung eines IT-Service zu entziehen oder einzuschränken.

Frage 201: Welcher Reaktionstyp wird empfohlen, um entweder eine Bedrohung oder eine Chance zu adressieren?

A. Fallback

B. Ablehnen

C. Teilen

D. Reduzieren

Richtige Antwort: C

Erläuterung: Die Freigabe ist ein empfohlener Reaktionstyp, um sowohl Bedrohungen als auch Chancen effektiv zu bewältigen.

Frage 202: Es gibt vier Arten von Metriken, die verwendet werden, um die Fähigkeit und Leistung von Prozessen zu messen. Welche Metrik fehlt in der folgenden Liste?

(1) Fortschritt

(2) Wirksamkeit

(3) Effizienz

(4) ?

A. Kosten

B. Konformität

C. Einhaltung der Vorschriften

D. Kapazität

Richtige Antwort: C

Erläuterung: Die fehlende Metrik ist Compliance, die die Einhaltung von Richtlinien und Vorschriften misst.

Frage 203: Was ist das Hauptziel von Access Management?

Ein. Bereitstellung von Sicherheitspersonal für Rechenzentren und andere Gebäude

B. So verwalten Sie den Zugriff auf Computerräume und andere sichere Standorte

C. So verwalten Sie den Zugriff auf den Service Desk

D. Um das Recht zur Nutzung eines Dienstes oder einer Gruppe von Diensten zu verwalten

Richtige Antwort: D

Erläuterung: Das Hauptziel von Access Management besteht darin, zu kontrollieren, wer das Recht hat, bestimmte Dienste oder Gruppen von Diensten zu nutzen.

Frage 204: Welche der folgenden Informationen sollte für den Service Desk zugänglich sein?

(1) Bekannte Fehlerdaten

(2) Zeitpläne ändern

(3) Service-Wissensmanagementsystem

(4) Die Ergebnisse der Überwachungsinstrumente

Ein. Nur 1, 2 und 3

B. Nur 1, 2 und 4

C. Nur 2, 3 und 4

D. Alle oben genannten

Richtige Antwort: D

Erläuterung: Der Service Desk sollte Zugriff auf all diese Ressourcen haben, um Vorfälle und Serviceanfragen effektiv zu verwalten.

Frage 205: Welche Aussage über das Leistungsportfolio und den Leistungskatalog ist am richtigsten?

Ein. Der Servicekatalog enthält nur Informationen über Dienste, die live sind oder für die Bereitstellung vorbereitet werden. Das Leistungsportfolio enthält nur Informationen über Dienstleistungen, die für die zukünftige Entwicklung in Betracht gezogen werden.

B. Der Servicekatalog enthält Informationen zu allen Dienstleistungen; Das Leistungsportfolio enthält nur Informationen über Dienstleistungen, die für die zukünftige Entwicklung in Betracht gezogen werden.

C. Das Leistungsportfolio enthält Informationen über alle Dienstleistungen; Der Servicekatalog enthält nur Informationen zu Diensten, die live sind oder für die Bereitstellung vorbereitet werden.

D. Servicekatalog und Serviceportfolio sind unterschiedliche Bezeichnungen für dieselbe Sache.

Richtige Antwort: C

Erläuterung: Das Serviceportfolio enthält Informationen zu allen Services, während der Servicekatalog nur Details zu Services enthält, die live sind oder sich in der Bereitstellung befinden.

Frage 206: Identität und Rechte sind zwei Hauptkonzepte, an denen einer der folgenden Prozesse beteiligt ist?

A. Zugriffsverwaltung

B. Gebäudemanagement

C. Veranstaltungsmanagement

D. Nachfragemanagement

Richtige Antwort: A

Erläuterung: Die Konzepte von Identität und Rechten sind grundlegend für den Zugriffsverwaltungsprozess, der die Berechtigungen und Identitäten von Benutzern verarbeitet.

Frage 207: Was ist die beste Definition eines Risikos?

A. Etwas, das nicht passieren wird

B. Etwas, das passieren wird

C. Etwas, das passiert ist

D. Etwas, das passieren könnte

Richtige Antwort: D

Erläuterung: Ein Risiko ist definiert als etwas, das eintreten könnte, was Unsicherheit und potenzielle Auswirkungen auf die Ziele impliziert.

Frage 208: Welche Veröffentlichungen bieten branchenspezifische Anleitungen und Organisationstypen?

Ein. Die Bücher zur Servicestrategie und zum Serviceübergang

B. Die ergänzenden ITIL-Leitlinien

C. Die Service-Support- und Service-Delivery-Bücher

D. Taschenführer

Richtige Antwort: B

Erläuterung: Die ITIL Complementary Guidance-Veröffentlichungen bieten spezifische Ratschläge, die auf verschiedene Branchen und Organisationstypen zugeschnitten sind.

Frage 209: Welche der folgenden Ziele sind die Ziele von Service Operation?

1. Um die Aktivitäten und Prozesse zu koordinieren und durchzuführen, die erforderlich sind, um Dienstleistungen auf vereinbartem Niveau für das Unternehmen zu erbringen und zu verwalten
2. Die erfolgreiche Freigabe von Diensten in die Live-Umgebung

Ein. Nur 1

B. Nur 2

C. Beides

D. Keines der oben genannten

Richtige Antwort: A

Erläuterung: Das Hauptziel des Servicebetriebs besteht darin, Aktivitäten und Prozesse zu koordinieren und auszuführen, die erforderlich sind, um Dienstleistungen auf vereinbarten Ebenen für das Unternehmen bereitzustellen und zu verwalten.

Frage 210: Welche Aktivitäten werden durch das Aufzeichnen von Beziehungen zwischen Configuration Items (CIs) unterstützt?

1. Bewertung der Auswirkungen und Ursachen von Vorfällen und Problemen
2. Bewertung der Auswirkungen der vorgeschlagenen Änderungen
3. Planen und Entwerfen einer Änderung eines bestehenden Dienstes
4. Planen einer Technologieaktualisierung oder eines Software-Upgrades

Ein. Nur 1 und 2

B. Alle oben genannten

C. Nur 1, 2 und 4

D. Nur 1, 3 und 4

Richtige Antwort: B

Erläuterung: Das Aufzeichnen von Beziehungen zwischen Configuration Items (CIs) hilft bei der Bewertung der Auswirkungen und Ursachen von Vorfällen und Problemen, vorgeschlagenen Änderungen und der Planung von Änderungen oder Upgrades.

Frage 211: Welche Rolle ist für einen bestimmten Dienst innerhalb einer Organisation verantwortlich?

Ein. Der Service Level Manager

B. Der Business Relationship Manager

C. Der Dienstinhaber

D. Der Service Continuity Manager

Richtige Antwort: C

Erläuterung: Der Dienstbesitzer ist für die Überwachung und Verwaltung eines bestimmten Diensts innerhalb der Organisation verantwortlich.

Frage 212: Welche der folgenden Punkte finden sich häufig in einem Vertrag, der einer IT-Dienstleistung zugrunde liegt?

1. Finanzielle Vereinbarungen im Zusammenhang mit dem Vertrag
2. Beschreibung der gelieferten Waren oder Dienstleistungen
3. Verantwortlichkeiten und Abhängigkeiten für beide Parteien

Ein. Nur 1 und 2

B. Nur 1 und 3

C. Nur 2 und 3

D. Alle oben genannten

Richtige Antwort: D

Erläuterung: Verträge, die IT-Dienstleistungen zugrunde liegen, enthalten in der Regel finanzielle Vereinbarungen, eine Beschreibung der bereitgestellten Waren oder Dienstleistungen sowie die Verantwortlichkeiten und Abhängigkeiten beider Beteiligter.

Frage 213: Welcher der folgenden Punkte ist KEIN Zweck von Service Transition?

Ein. Um sicherzustellen, dass ein Dienst verwaltet, betrieben und unterstützt werden kann

B. Schulung und Zertifizierung im Projektmanagement

C. Bereitstellung von Qualitätskenntnissen im Änderungs-, Release- und Bereitstellungsmanagement

D. Planen und Verwalten der Kapazitäts- und Ressourcenanforderungen für die Verwaltung eines Releases

Richtige Antwort: B

Erläuterung: Service Transition beinhaltet keine Schulung und Zertifizierung im Projektmanagement; Zu den Aufgaben gehören die Sicherstellung der Verwaltbarkeit von Diensten und die Bereitstellung von Wissen über Änderungs-, Release- und Bereitstellungsmanagement.

Frage 214: Welches der folgenden Ziele ist KEIN Ziel der Operations Management-Funktion?

A. Schnelle Anwendung von Fähigkeiten zur Diagnose auftretender IT-Betriebsfehler

B. Regelmäßige Überprüfung und Verbesserungen, um einen besseren Service zu geringeren Kosten zu erreichen

C. Erstlinienuntersuchung und -diagnose, die von Benutzern protokolliert werden

D. Aufrechterhaltung des Status quo zur Erreichung der Stabilität der täglichen Prozesse und Aktivitäten

Richtige Antwort: C

Erläuterung: Operations Management umfasst keine Erstlinienuntersuchung und -diagnose, die in der Regel vom Service Desk übernommen wird.

Frage 215: Die IT-Service-Continuity-Strategie sollte auf Folgendem basieren:

1. Gestaltung der Servicetechnik
2. Strategie zur Aufrechterhaltung des Geschäftsbetriebs
3. Analyse der geschäftlichen Auswirkungen
4. Risikobewertung

Ein. Nur 1, 2 und 4

B. Nur 1, 2 und 3

C. Nur 2, 3 und 4

D. Nur 1, 3 und 4

Richtige Antwort: C

Erläuterung: Eine effektive IT-Service-Continuity-Strategie basiert auf der Business-Continuity-Strategie, der Business-Impact-Analyse und der Risikobewertung.

Frage 216: Wann sollten Tests für einen neuen Dienst konzipiert werden?

Ein. Gleichzeitig mit der Konzeption des Dienstes

B. Nach Abschluss des Service-Designs, aber vor der Übergabe an Service Transition

C. Im Rahmen der Service-Übergangsphase

D. Vor Beginn des Service-Designs

Richtige Antwort: A

Erläuterung: Tests für einen neuen Dienst sollten gleichzeitig mit dem Dienst selbst entworfen werden, um eine umfassende Bewertung zu gewährleisten.

Frage 217: Die Definition der Prozesse, die für den Betrieb eines neuen Dienstes erforderlich sind, ist Teil von:

A. Service Design: Gestaltung der Prozesse

B. Servicestrategie: Entwicklung der Angebote

C. Service Transition: Planung und Vorbereitung der Bereitstellung

D. Servicebetrieb: IT-Betriebsmanagement

Richtige Antwort: A

Erläuterung: Die Definition der notwendigen Prozesse für einen neuen Service liegt in der Verantwortung der Service-Design-Phase, insbesondere der Gestaltung der Prozesse.

Frage 218: Was führt am ehesten zu einem Vertrauensverlust in den Service Level Management-Prozess?

A. Messungen, die mit der Wahrnehmung des Dienstes durch den Kunden übereinstimmen

B. Klare, prägnante und eindeutige Formulierungen in den Service Level Agreements (SLAs)

C. Einbeziehen von Elementen in das SLA, die nicht effektiv gemessen werden können

D. Einbeziehung von Kunden in die Ausarbeitung von Service Level Requirements

Richtige Antwort: C

Erläuterung: Die Aufnahme von Elementen in das SLA, die nicht effektiv gemessen werden können, kann zu einem Vertrauensverlust in den Service Level Management-Prozess führen.

Frage 219: Als strategisches Instrument zur Bewertung des Wertes von IT-Dienstleistungen gilt das Finanzmanagement für welche der folgenden Dienstleistertypen?

1. Ein interner Dienstleister, der in eine Geschäftseinheit eingebettet ist
2. Ein interner Dienstleister, der gemeinsam genutzte IT-Dienste bereitstellt
3. Ein externer Dienstleister

Ein. Alle oben genannten

B. Nur 1 und 2

C. Nur 1 und 3

D. Nur 2 und 3

Richtige Antwort: A

Erläuterung: Das Finanzmanagement gilt für alle Arten von Dienstleistern, ob intern (eingebettet oder gemeinsam genutzt) oder extern.

Frage 220: Welche Art von Verbesserung sollte durch die Verwendung des Deming-Zyklus erreicht werden?

A. Schnelle, einmalige Verbesserung

B. Amortisation innerhalb von 12 Monaten

C. Schnelle Erfolge

D. Stetige, kontinuierliche Verbesserung

Richtige Antwort: D

Erläuterung: Der Deming-Zyklus zielt auf eine stetige, kontinuierliche Verbesserung und nicht auf schnelle, einmalige Veränderungen ab.

Frage 221: Welcher Prozess ist für die Kontrolle, Aufzeichnung und Berichterstattung über Versionen, Attribute und Beziehungen von IT-Infrastrukturkomponenten verantwortlich?

A. Verwaltung des Service-Levels

B. Änderungsmanagement

C. Management von Vorfällen

D. Verwaltung von Dienstressourcen und -konfigurationen

Richtige Antwort: D

Erläuterung: Service Asset and Configuration Management übernimmt die Kontrolle, Dokumentation und Berichterstellung von Versionen, Attributen und Beziehungen im Zusammenhang mit IT-Infrastrukturkomponenten.

Frage 222: Was ist die Service-Pipeline?

Ein. Alle Dienstleistungen, die sich in der Konzept- oder Entwicklungsphase befinden

B. Alle Dienste außer denen, die eingestellt wurden

C. Alle Dienste, die im Service Level Agreement (SLA) enthalten sind

D. Alle komplexen Mehrbenutzerdienste

Richtige Antwort: A

Erläuterung: Die Service Pipeline umfasst alle Services, die sich in der Konzept- oder Entwicklungsphase befinden.

Frage 223: Welche der folgenden Aussagen ist richtig?

A. IT Service Continuity Management kann erst stattfinden, wenn das Business Continuity Management etabliert ist

B. Wenn Business Continuity Management etabliert ist, sollten Überlegungen zur Geschäftskontinuität im Mittelpunkt des IT Service Continuity Managements stehen

C. Business Continuity Management und IT Service Continuity Management müssen gleichzeitig etabliert werden

D. IT Service Continuity Management ist nicht erforderlich, wenn die IT an einen Drittanbieter ausgelagert wird

Richtige Antwort: B

Erläuterung: Wenn Business Continuity Management vorhanden ist, sollten seine Überlegungen im Vordergrund des IT Service Continuity Management stehen.

Frage 224: Configuration Management Databases (CMDBs) und das Configuration Management System (CMS) sind beides Elemente einer größeren Einheit?

Ein. Das Vermögensregister

B. Das Service Knowledge Management System

C. Die Datenbank für bekannte Fehler

D. Das Informationsmanagementsystem

Richtige Antwort: B

Erläuterung: Sowohl CMDBs als auch das CMS sind Komponenten des größeren Service Knowledge Management Systems (SKMS).

Frage 225: Wofür werden Anfragemodelle verwendet?

A. Kapazitätsmanagement

B. Modellierung von Ankunftsraten und Leistungsmerkmalen von Serviceanfragen

C. Vergleich der Vor- und Nachteile verschiedener Service-Desk-Ansätze, z. B. lokal oder remote

D. Identifizierung häufig erhaltener Benutzeranfragen und Definition, wie sie behandelt werden sollen

Richtige Antwort: D

Erläuterung: Anforderungsmodelle werden verwendet, um häufige Benutzeranforderungen zu identifizieren und die Verfahren für deren Bearbeitung zu skizzieren.

Frage 226: Eine einzelne Freigabeeinheit oder ein strukturierter Satz von Freigabeeinheiten kann definiert werden in:

Ein. Das RACI-Modell

B. Ein Release-Paket

C. Ein Anforderungsmodell

D. Der PDCA-Zyklus (Plan, Do, Check, Act)

Richtige Antwort: B

Erläuterung: Ein Release-Paket kann eine einzelne Release-Unit oder einen strukturierten Satz von Release-Units für die Bereitstellung enthalten.

Frage 227: Wer ist für die regelmäßige Überprüfung und Analyse von Risiken im Zusammenhang mit allen Lieferanten und Verträgen verantwortlich?

Ein. Der Service Level Manager

B. Der IT Service Continuity Manager

C. Der Servicekatalog-Manager

D. Der Lieferantenmanager

Richtige Antwort: D

Erläuterung: Der Lieferantenmanager hat die Aufgabe, alle Lieferanten und Verträge regelmäßig zu überprüfen und zu analysieren.

Frage 228: Welche der folgenden Punkte sollten beim Risikomanagement nicht berücksichtigt werden?

A. Sicherstellen, dass die Organisation den Betrieb im Falle einer größeren Störung oder Katastrophe fortsetzen kann

B. Gewährleistung der Sicherheit des Arbeitsplatzes für Mitarbeiter und Kunden

C. Schutz der Vermögenswerte der Organisation, z. B. Informationen, Einrichtungen und Gebäude, vor Bedrohungen, Schäden oder Verlusten

D. Sicherstellen, dass nur Änderungsanforderungen mit geminderten Risiken zur Implementierung genehmigt werden

Richtige Antwort: D

Erläuterung: Das Risikomanagement sollte sich nicht in erster Linie darauf konzentrieren, sicherzustellen, dass nur Änderungsanträge mit geminderten Risiken genehmigt werden. Sein breiterer Anwendungsbereich umfasst organisatorische Kontinuität, Sicherheit und Vermögensschutz.

Frage 229: Was ist die korrekte Definition einer Release Unit?

Ein. Eine Messung der Kosten

B. Eine Funktion, die in Service Transition beschrieben wird

C. Das Team, das für die Implementierung einer Version verantwortlich ist

D. Der Teil eines Dienstes oder einer IT-Infrastruktur, der normalerweise zusammen veröffentlicht wird

Richtige Antwort: D

Erläuterung: Eine Release-Einheit bezieht sich auf den Teil eines Dienstes oder einer IT-Infrastruktur, der normalerweise als eine Einheit freigegeben wird.

Frage 230: Welche der folgenden Aussagen über Prozesse ist falsch?

Ein. Es handelt sich um Einheiten von Organisationen, die bestimmte Arten von Arbeiten ausführen sollen

B. Sie müssen in relevanter Weise messbar sein

C. Sie liefern spezifische Ergebnisse

D. Sie reagieren auf bestimmte Ereignisse

Richtige Antwort: A

Erläuterung: Prozesse sind keine Organisationseinheiten; Es handelt sich um strukturierte Aktivitäten, die darauf abzielen, bestimmte Ergebnisse zu erzielen und auf bestimmte Ereignisse zu reagieren.

Frage 231: Welche der folgenden Aussagen würde als Teil jedes Prozesses definiert werden?

1. Rollen
2. Aktivitäten
3. Funktionen
4. Verantwortlichkeiten

Ein. Nur 1 und 3

B. Alle oben genannten

C. Nur 2 und 4

D. Nur 1, 2 und 4

Richtige Antwort: D

Erklärung: Jeder Prozess umfasst Rollen, Aktivitäten und Verantwortlichkeiten, um eine ordnungsgemäße Ausführung und Verwaltung zu gewährleisten.

Frage 232: Der Lieferantenmanagementprozess umfasst:

1. Service-Design-Aktivitäten, um sicherzustellen, dass Verträge die Serviceanforderungen erfüllen

2. Service-Betriebsaktivitäten zur Überwachung und Berichterstattung von Lieferantenleistungen

3. Kontinuierliche Verbesserungsaktivitäten, um sicherzustellen, dass Lieferanten die Geschäftsanforderungen erfüllen oder übertreffen

Ein. Nur 1 und 2

B. Nur 1

C. Alle oben genannten

D. Nur 1 und 3

Richtige Antwort: C

Erläuterung: Das Lieferantenmanagement umfasst Servicedesign, Servicebetrieb und kontinuierliche Verbesserungsaktivitäten, um sicherzustellen, dass Lieferanten die erforderlichen Standards erfüllen.

Frage 233: Welche Problemmanagement-Aktivität stellt sicher, dass die wahre Natur des Problems leicht verfolgt und aussagekräftige Managementinformationen erhalten werden können?

A. Kategorisierung

B. Protokollierung

C. Priorisierung

D. Schließung

Richtige Antwort: A

Erläuterung: Die Kategorisierung hilft, die wahre Natur eines Problems zu verfolgen und liefert aussagekräftige Managementinformationen.

Frage 234: Welcher Prozess wird hauptsächlich durch die Analyse von Patterns of Business Activity (PBA) unterstützt?

A. Verfügbarkeitsmanagement

B. Nachfragemanagement

C. Finanzmanagement

D. Verwaltung des Service-Levels

Richtige Antwort: B

Erläuterung: Demand Management wird in erster Linie durch die Analyse von Patterns of Business Activity (PBA) unterstützt, um die Servicenutzung zu verstehen und vorherzusagen.

Frage 235: Ein effektiver Serviceübergang kann die Fähigkeit eines Service Providers, große Mengen von was zu bewältigen, erheblich verbessern?

A. Service-Level-Anforderungen

B. Änderungen und Freigaben

C. Zurücksetzen von Passwörtern

D. Vorfälle und Probleme

Richtige Antwort: B

Erläuterung: Ein effektiver Serviceübergang verbessert die Fähigkeit des Service Providers, große Mengen an Änderungen und Releases effizient zu verwalten.

Frage 236: Welche Phase des ITIL-Lebenszyklus bietet den folgenden Vorteil: Die Gesamtbetriebskosten (TCO) eines Dienstes können minimiert werden, wenn alle Aspekte des Dienstes, der Prozesse und der Technologie bei der Entwicklung berücksichtigt werden?

A. Service-Design

B. Service-Strategie

C. Betrieb des Dienstes

D. Kontinuierliche Serviceverbesserung

Richtige Antwort: A

Erläuterung: Die Service-Design-Phase trägt dazu bei, die Gesamtbetriebskosten (TCO) zu minimieren, indem alle Serviceaspekte, Prozesse und Technologien während der Entwicklung berücksichtigt werden.

Frage 237: Worauf bezieht sich "Produkte" in der Formulierung "Menschen, Prozesse, Produkte und Partner"?

A. IT-Infrastruktur und Anwendungen

B. Dienste, Technologie und Tools

C. Waren, die von Dritten zur Unterstützung von IT-Dienstleistungen bereitgestellt werden

D. Alle Vermögenswerte des Dienstleisters

Richtige Antwort: B

Erläuterung: "Produkte" bezieht sich in diesem Zusammenhang auf Dienstleistungen, Technologien und Tools, die vom Dienstleister verwendet werden.

Frage 238: Die Implementierung von ITIL Service Management erfordert die Vorbereitung und Planung des effektiven und effizienten Einsatzes von:

Ein. Menschen, Prozesse, Partner, Lieferanten

B. Menschen, Prozess, Produkte, Technologie

C. Menschen, Prozesse, Produkte, Partner

D. Menschen, Produkte, Technologie, Partner

Richtige Antwort: C

Erläuterung: Eine effektive Implementierung von ITIL Service Management erfordert die effiziente Planung und Nutzung von Mitarbeitern, Prozessen, Produkten und Partnern.

Frage 239: Wann wird bestätigt, ob die Ziele eines Projekts erreicht wurden?

Ein. Während des Prozesses Projektabschluss

B. Während der abschließenden Endphasenbewertung

C. Während des Prozesses "Steuern einer Phase"

D. Während des Prozesses der Verwaltung der Produktlieferung

Richtige Antwort: A

Erläuterung: Die Projektziele werden während des Projektabschlussprozesses bestätigt, um sicherzustellen, dass alle Ziele erreicht wurden.

Frage 240: Was ist die Definition einer Risikoursache?

Ein. Die Auswirkungen eines Risikos auf die Phase und die Projekttoleranz

B. Die Quelle eines Risikos

C. Die Gesamtauswirkung eines Risikos auf den Business Case

D. Wie wahrscheinlich ist es, dass ein Risiko in einer bestimmten Projektsituation eintritt?

Richtige Antwort: B

Erläuterung: Eine Risikoursache bezieht sich auf die Quelle oder den Ursprung eines Risikos.

Frage 241: Welche der folgenden Elemente sind in Release- und Bereitstellungsmodellen enthalten?

1. Rollen und Verantwortlichkeiten
2. Vorlagenfreigabe und -bereitstellung
3. Unterstützende Systeme, Tools und Verfahren
4. Übergabeaktivitäten und Verantwortlichkeiten

Ein. Nur 1, 2 und 3

B. Nur 2, 3 und 4

C. Alle oben genannten

D. Nur 1 und 4

Richtige Antwort: C

Erläuterung: Release- und Bereitstellungsmodelle umfassen Rollen und Verantwortlichkeiten, Vorlagenfreigabe und -bereitstellung, unterstützende Systeme, Tools und Verfahren sowie Übergabeaktivitäten und Verantwortlichkeiten.

Frage 242: Welche der folgenden Ziele verfolgt Service Design?

1. Entwerfen Sie Dienstleistungen, um Geschäftsziele zu erreichen
2. Risiken identifizieren und managen
3. Effektive und effiziente Prozesse gestalten

4. Entwerfen Sie eine sichere und widerstandsfähige IT-Infrastruktur

Ein. Nur 1

B. Nur 2 und 3

C. Nur 1, 2 und 4

D. Alle oben genannten

Richtige Antwort: D

Erläuterung: Zu den Zielen des Service Designs gehören das Entwerfen von Services zur Erreichung von Geschäftszielen, das Identifizieren und Verwalten von Risiken, das Erstellen effizienter Prozesse und das Entwickeln einer sicheren und widerstandsfähigen IT-Infrastruktur.

Frage 243: Ordnen Sie die folgenden CSI-Implementierungsschritte (Continual Service Improvement) in der richtigen Reihenfolge in Übereinstimmung mit dem PDCA-Modell (Plan, Do, Check, Act) an.

1. Weisen Sie Rollen und Verantwortlichkeiten für die Arbeit an CSI-Initiativen zu.

2. Messen und überprüfen, ob der CSI-Plan ausgeführt und seine Ziele erreicht werden.

3. Identifizieren Sie den Umfang, die Ziele und die Anforderungen für CSI.

4. Entscheidung über die Durchführung weiterer Verbesserungen.

A. 3124

geb. 3421

Um 1324

D. 2341

Richtige Antwort: A

Erläuterung: Die richtige Reihenfolge für CSI-Implementierungsschritte nach dem PDCA-Modell ist: Umfang, Ziele und Anforderungen identifizieren; Rollen und Verantwortlichkeiten zuweisen; Messen und Überprüfen der CSI-Planausführung; Entscheiden Sie sich für weitere Erweiterungen.

Frage 244: Welche der folgenden Vorteile hat die Implementierung von Service Transition für das Unternehmen?

1. Fähigkeit, sich schnell an neue Anforderungen anzupassen
2. Reduzierte Kosten für die Entwicklung neuer Dienste
3. Verbesserter Erfolg bei der Umsetzung von Änderungen

Ein. Nur 1 und 2

B. Nur 2 und 3

C. Nur 1 und 3

D. Keine der oben genannten

Richtige Antwort: C

Erläuterung: Die Implementierung von Service Transition kommt Unternehmen zugute, indem sie ihre Fähigkeit verbessert, sich schnell an neue Anforderungen anzupassen und die Erfolgsquoten bei der Implementierung von Änderungen zu verbessern.

Frage 245: Was sind die Prozesse innerhalb von Service Operation?

A. Ereignismanagement, Vorfallmanagement, Problemmanagement, Anforderungserfüllung und Zugriffsmanagement

B. Ereignismanagement, Störungsmanagement, Änderungsmanagement und Zugriffsmanagement

C. Incident Management, Problem Management, Service Desk, Request Fulfillment und Management

D. Incident Management, Service Desk, Request Fulfillment, Access Management und Event Management

Richtige Antwort: A

Erläuterung: Zu den Service-Operations-Prozessen gehören Ereignismanagement, Incident-Management, Problemmanagement, Anforderungserfüllung und Zugriffsmanagement.

Frage 246: Welcher Prozess oder welche Funktion ist für die Definitive Media Library und Definitive Spares verantwortlich?

A. Gebäudemanagement

B. Zugriffsverwaltung

C. Erfüllung von Anfragen

D. Verwaltung von Dienstressourcen und -konfigurationen

Richtige Antwort: D

Erläuterung: Service Asset and Configuration Management ist für die Verwaltung der Definitive Media Library und der Definitive Spares verantwortlich.

Frage 247: Was ist die richtige Beschreibung eines Ergebnisses?

Ein. Das Ergebnis der Durchführung einer Aktivität, der Verfolgung eines Prozesses oder der Bereitstellung eines IT-Dienstes

B. Die Eingaben, die eine Aktion für eine Aktivität, einen Prozess oder einen IT-Service auslösen

C. Die Vorhersage des zukünftigen Bedarfsbedarfs für eine Aktivität, einen Prozess oder einen IT-Service

D. Die Konzeption und Entwicklung von Aktivitäten, die einen Prozess oder eine IT-Dienstleistung darstellen

Richtige Antwort: A

Erläuterung: Ein Ergebnis ist das Ergebnis der Durchführung einer Aktivität, der Befolgung eines Prozesses oder der Bereitstellung eines IT-Dienstes.

Frage 248: Ein Konfigurationsmodell kann verwendet werden, um Folgendes zu unterstützen:

1. Bewerten Sie die Auswirkungen und Ursachen von Vorfällen und Problemen
2. Bewerten Sie die Auswirkungen der vorgeschlagenen Änderungen
3. Planen und entwerfen Sie neue oder geänderte Dienste
4. Planen Sie Technologieaktualisierungen und Software-Upgrades

Ein. Nur 1, 2 und 3

B. Alle oben genannten

C. Nur 1, 2 und 4

D. Nur 3 und 4

Richtige Antwort: B

Erläuterung: Ein Konfigurationsmodell kann bei der Bewertung der Auswirkungen und Ursachen von Vorfällen und Problemen, der Bewertung vorgeschlagener Änderungen, der Planung neuer oder geänderter Dienste sowie der Planung von Technologieaktualisierungen und Softwareupgrades helfen.

Frage 249: Welche der folgenden Aussagen ist nicht als Teil jedes Prozesses definiert?

A. Rollen

B. Ein- und Ausgänge

C. Funktionen

D. Metriken

Richtige Antwort: C

Erläuterung: Funktionen sind nicht als Teil jedes Prozesses definiert. Prozesse umfassen in der Regel Rollen, Ein- und Ausgaben sowie Metriken.

Frage 250: Kundenwahrnehmungen und Geschäftsergebnisse helfen bei der Definition was?

Ein. Der Wert eines Dienstes

B. Governance

C. Gesamtbetriebskosten (TCO)

D. Wichtige Leistungsindikatoren (KPIs)

Richtige Antwort: A

Erläuterung: Kundenwahrnehmung und Geschäftsergebnisse sind Schlüsselfaktoren bei der Definition des Wertes einer Dienstleistung.

Frage 251: Welche der folgenden Fragen hilft die Anleitung zur Servicestrategie?

1. Welche Dienstleistungen sollten wir anbieten und für wen?

2. Wie unterscheiden wir uns von konkurrierenden Alternativen?

3. Wie schaffen wir einen Mehrwert für unsere Kunden?

Ein. Nur 1

B. Nur 2

C. Nur 3

D. Alle oben genannten

Richtige Antwort: D

Erläuterung: Der Leitfaden zur Servicestrategie hilft bei der Beantwortung von Fragen dazu, welche Services angeboten werden sollen, wie man sich von Mitbewerbern unterscheidet und wie man einen Mehrwert für Kunden schafft.

Frage 252: Welche der folgenden Punkte würden üblicherweise in einem Vertrag enthalten sein, der einer IT-Dienstleistung zugrunde liegt?

1. Marketing-Informationen

2. Vertragsbeschreibung und Geltungsbereich

3. Verantwortlichkeiten und Abhängigkeiten

Ein. Nur 1 und 2

B. Nur 1 und 3

C. Nur 2 und 3

D. Keine der oben genannten

Richtige Antwort: C

Erläuterung: Ein Vertrag, der einem IT-Service zugrunde liegt, enthält in der Regel die Vertragsbeschreibung und den Vertragsumfang sowie Verantwortlichkeiten und Abhängigkeiten.

Frage 253: Welche der folgenden Aussagen bietet die primäre Quelle für Anleitungen darüber, was durch das Informationssicherheitsmanagement geschützt werden muss?

A. IT-Verwaltung

B. Service-Desk-Manager

C. Unternehmensführung

D. Der Change Manager

Richtige Antwort: C

Erläuterung: Die Unternehmensführung ist die wichtigste Quelle für Orientierungshilfen darüber, was durch das Informationssicherheitsmanagement geschützt werden muss.

Frage 254: Wann kann ein bekannter Fehlerdatensatz erstellt werden?

1. Jederzeit, wenn es sinnvoll wäre, dies zu tun
2. Nachdem ein Workaround gefunden wurde

Ein. Nur 2

B. Nur 1

C. Keines der oben genannten

D. Beides

Richtige Antwort: D

Erläuterung: Ein bekannter Fehlerdatensatz kann zu jedem nützlichen Zeitpunkt oder nach der Suche nach einer Problemumgehung ausgelöst werden.

Frage 255: Was ist die beste Definition eines Ereignisses?

Ein. Jedes erkennbare oder erkennbare Ereignis, das für das Management der IT-Infrastruktur von Bedeutung ist

B. Eine ungeplante Unterbrechung eines IT-Dienstes oder eine Verringerung der Qualität eines IT-Dienstes

C. Die unbekannte Ursache eines oder mehrerer Vorfälle, die sich auf einen IT-Service auswirken

D. Reduzierung oder Beseitigung der Ursache eines Vorfalls oder Problems

Richtige Antwort: A

Erläuterung: Ein Ereignis ist jedes erkennbare oder erkennbare Ereignis, das für die Verwaltung der IT-Infrastruktur von Bedeutung ist.

Frage 256: Welche der folgenden Aussagen über die Meldung und Protokollierung von Vorfällen ist richtig?

A. Vorfälle können nur von Benutzern gemeldet werden, da sie die einzigen sind, die wissen, wann ein Dienst unterbrochen wurde.

B. Vorfälle können von jedem gemeldet werden, der eine Störung oder eine potenzielle Unterbrechung des normalen Dienstes feststellt, einschließlich des technischen Personals.

C. Alle Anrufe beim Service Desk müssen als Vorfälle protokolliert werden, um die Meldung von Service Desk-Aktivitäten zu unterstützen.

D. Vorfälle, die von technischem Personal gemeldet werden, müssen als Probleme protokolliert werden, da technisches Personal Infrastrukturgeräte und keine Dienste verwaltet.

Richtige Antwort: B

Erläuterung: Vorfälle können von jedem gemeldet werden, der eine Störung oder eine potenzielle Unterbrechung des normalen Dienstes bemerkt, einschließlich Benutzern und technischem Personal.

Frage 257: Welches der folgenden Beispiele ist ein Beispiel für Selbsthilfefähigkeiten?

Ein. Eine menügesteuerte Reihe von Funktionen für den Zugriff auf Serviceanfragen

B. Anrufe beim Service Desk zur Registrierung von Standardänderungen

C. Ein Softwareupdate, das automatisch auf alle Laptops in einer Organisation heruntergeladen wird

D. Software, die es Programmierern ermöglicht, Code zu debuggen

Richtige Antwort: A

Erläuterung: Zu den Selbsthilfefunktionen gehört eine menügesteuerte Reihe von Einrichtungen, auf die Benutzer zugreifen können, um selbst Serviceanfragen zu stellen.

Frage 258: Das Ziel dieses Prozesses lautet: "Verbesserung der Qualität der Entscheidungsfindung im Management, indem sichergestellt wird, dass zuverlässige und sichere Informationen und Daten während des gesamten Lebenszyklus verfügbar sind"?

A. Wissensmanagement

B. Verfügbarkeitsmanagement

C. Verwaltung von Serviceressourcen und -konfigurationen

D. Änderungsmanagement

Richtige Antwort: A

Erläuterung: Der Zweck des Wissensmanagements besteht darin, die Qualität der Managemententscheidungen zu verbessern, indem sichergestellt wird, dass zuverlässige und sichere Informationen und Daten während des gesamten Servicelebenszyklus verfügbar sind.

Frage 259: Welche der folgenden Aussagen ist kein Beispiel für Selbsthilfefähigkeiten?

A. Benutzer müssen bei Serviceanfragen immer den Service Desk anrufen

B. Eine menügeführte Auswahl an Selbsthilfeoptionen und Serviceanfragen

C. Eine Web-Frontend-Schnittstelle

D. Eine direkte Schnittstelle zur Backend-Prozessabwicklungssoftware

Richtige Antwort: A

Erläuterung: Die Anforderung, dass Benutzer bei Serviceanfragen immer den Service Desk anrufen müssen, ist kein Beispiel für Selbsthilfefunktionen.

Frage 260: Welche der folgenden Aussagen ist falsch?

Ein. Das SKMS ist Teil des Configuration Management Systems (CMS)

B. Das SKMS kann Daten über die Leistung der Organisation enthalten

C. Das Service Knowledge Management System (SKMS) umfasst Configuration Management Databases (CMDB)

D. Das SKMS kann die Qualifikationsstufen der Benutzer umfassen

Richtige Antwort: A

Erläuterung: Die Aussage, dass das SKMS Teil des Configuration Management Systems (CMS) ist, ist falsch. Das SKMS ist breiter angelegt und umfasst das CMS.

Frage 261: Wie lautet der Name der Gruppe, die Änderungen autorisiert, die eine schnellere Installation als der normale Prozess erfordern?

A. Notfall-CAB (ECAB)

B. Behörde für dringende Änderungen (UCA)

C. Dringendes Änderungsgremium (UCB)

D. CAB Notfallausschuss (CAB/EC)

Richtige Antwort: A

Erläuterung: Das Emergency Change Advisory Board (ECAB) ist die Gruppe, die für die Autorisierung von Änderungen verantwortlich ist, die schneller installiert werden müssen, als es der Standardprozess zulässt.

Frage 262: In welcher Kernpublikation finden Sie detaillierte Beschreibungen von Service Level Management, Verfügbarkeitsmanagement, Lieferantenmanagement und IT Service Continuity Management?

A. Service-Übergang

B. Service-Design

C. Service-Strategie

D. Betrieb des Dienstes

Richtige Antwort: B

Erläuterung: Die Kernpublikation "Service Design" enthält detaillierte Beschreibungen von Service Level Management, Verfügbarkeitsmanagement, Lieferantenmanagement und IT Service Continuity Management.

Frage 263: Welche dieser Aussagen über Service Desk-Mitarbeiter ist richtig?

A. Service Desk-Mitarbeiter sollten aus Personen mit hohen technischen Fähigkeiten rekrutiert werden, um die Schulungskosten zu minimieren.

B. Der Service Desk kann oft als Sprungbrett für Mitarbeiter dienen, um in technischere oder leitende Funktionen zu wechseln.

C. Der Service Desk sollte eine hohe Personalfluktuation anstreben, da der Schulungsbedarf gering ist und dazu beiträgt, die Gehälter zu minimieren.

D. Service-Desk-Mitarbeiter sollten davon abgehalten werden, sich für andere Stellen zu bewerben, um die Schulungskosten niedrig zu halten und geschultes Personal zu halten.

Richtige Antwort: B

Erläuterung: Der Service Desk fungiert oft als Sprungbrett für Mitarbeiter, um in technischere oder leitende Positionen innerhalb des Unternehmens aufzusteigen.

Frage 264: Service-Assets werden verwendet, um Werte zu schaffen. Welche der folgenden Arten sind die wichtigsten Arten von Service-Assets?

A. Dienstleistungen und Infrastruktur

B. Anwendungen und Infrastruktur

C. Ressourcen und Fähigkeiten

D. Nützlichkeit und Garantie

Richtige Antwort: C

Erläuterung: Zu den wertschöpfenden Service-Assets gehören zwei Haupttypen: Ressourcen und Funktionen.

Frage 265: Was ist die richtige Kombination von Service-Management-Begriffen über den gesamten Lebenszyklus hinweg?

A. 1A, 2B, 3C, 4D

B. 1C, 2D, 3A, 4B

C. 1C, 2B, 3A, 4D

D. 1B, 2C, 3D, 4A

Richtige Antwort: C

Erläuterung: Die richtige Kombination von Service-Management-Begriffen über den gesamten Lebenszyklus ist 1C, 2B, 3A, 4D.

Frage 266: Wann sollte ein Plan für die Verwaltung des Endes eines Lieferantenvertrags erstellt werden?

Ein. Wenn der Vertrag verhandelt wird

B. Wenn der Vertrag kurz vor dem Ende steht

C. Wenn der Lieferantenmanager ein Risiko sieht, dass der Vertrag möglicherweise bald enden muss

D. Wenn der Vertrag abgeschlossen wurde

Richtige Antwort: A

Erläuterung: Ein Plan für die Verwaltung des Endes eines Lieferantenvertrags sollte während der Verhandlungsphase des Vertrags erstellt werden.

Frage 267: Welcher der folgenden Sätze beschreibt eine Standardänderung am besten?

Ein. Eine Änderung der etablierten Richtlinien und Richtlinien des Dienstanbieters

B. Eine vorab autorisierte Änderung, die über ein akzeptiertes und festgelegtes Verfahren verfügt

C. Eine Änderung, die als Ergebnis eines Audits vorgenommen wird

D. Eine Änderung, die dem erforderlichen Änderungsprozess korrekt folgt

Richtige Antwort: B

Erläuterung: Eine Standardänderung ist eine vorab genehmigte Änderung mit einem klar definierten, etablierten Verfahren, für das keine zusätzliche Autorisierung erforderlich ist.

Frage 268: Welches der folgenden Modelle wäre am nützlichsten, um eine Organisationsstruktur zu definieren?

A. RACI-Modell

B. Service-Modell

C. CSI-Modell (Continual Service Improvement)

D. Der Deming-Zyklus

Richtige Antwort: A

Erläuterung: Das RACI-Modell ist am nützlichsten für die Definition der Organisationsstruktur durch Klärung von Rollen und Verantwortlichkeiten.

Frage 269: Das Verständnis der Nutzung von Diensten durch den Kunden und wie sich diese im Laufe des Geschäftslebenszyklus unterscheidet, ist Teil des Prozesses?

A. Verwaltung des Serviceportfolios

B. Verwaltung des Service-Levels

C. Komponenten-Kapazitätsmanagement

D. Nachfragemanagement

Richtige Antwort: D

Erläuterung: Beim Nachfragemanagement geht es darum, die Nutzungsmuster der Kunden zu verstehen und zu verstehen, wie sie sich während des gesamten Geschäftslebenszyklus ändern.

Frage 270: Was ist der Einstiegspunkt oder die erste Ebene des V-Modells?

A. Service-Lösung

B. Kunden-/Geschäftsanforderungen

C. Dienstfreigabe

D. Service-Anforderungen

Richtige Antwort: B

Erläuterung: Das V-Modell beginnt mit dem Verständnis der Kunden-/Geschäftsanforderungen, die als Einstiegspunkt dienen.

Frage 271: Service-Akzeptanzkriterien werden verwendet?

A. Stellen Sie die Entwurfsphase des Lebenszyklus sicher

B. Stellen Sie sicher, dass das Portfoliomanagement vorhanden ist

C. Stellen Sie die Bereitstellung und Unterstützung eines Dienstes sicher

D. Stellen Sie sicher, dass die Key Performance Indicators (KPIs) für den Service gemeldet werden

Richtige Antwort: C

Erläuterung: Service-Akzeptanzkriterien werden verwendet, um sicherzustellen, dass ein Service effektiv bereitgestellt und unterstützt wird und vordefinierte Standards erfüllt.

Frage 272: Welche der folgenden Aussagen ist richtig?

1. Die einzige Phase des Service-Management-Lebenszyklus, in der der Wert gemessen werden kann, ist der Service-Betrieb.

2. Alle Phasen des Lebenszyklus befassen sich mit dem Wert von IT-Services.

Ein. Beide oben genannten

B. Keiner der oben genannten Punkte

C. Nur 2

D. Nur 1

Richtige Antwort: C

Erläuterung: Nur Aussage 2 ist richtig, da sich alle Phasen des Service Management Lifecycles auf den Wert von IT-Services konzentrieren.

Frage 273: Wie interagiert das Problemmanagement mit dem Änderungsmanagement?

Ein. Durch die Installation von Änderungen zur Behebung von Problemen

B. Durch Verhandlungen mit dem Incident Management über Änderungen in der IT zur Problemlösung

C. Durch die Ausgabe von RFCs für dauerhafte Lösungen

D. Durch die Zusammenarbeit mit Benutzern zur Änderung ihrer IT-Konfigurationen

Richtige Antwort: C

Erläuterung: Problem Management arbeitet mit Change Management zusammen, indem es Requests for Change (RFCs) ausgibt, um dauerhafte Lösungen für Probleme zu implementieren.

Frage 274: Ein Vorfall erweist sich als schwer zu lösen. Ein Techniker informiert seinen Vorgesetzten, dass mehr Ressourcen benötigt werden, um den Dienst wiederherzustellen. Was ist geschehen?

Ein. Eine funktionale Eskalation

B. Eine Service-Level-Eskalation

C. Eine Lösung für einen Vorfall

D. Eine hierarchische Eskalation

Richtige Antwort: D

Erläuterung: Der Techniker hat eine hierarchische Eskalation eingeleitet, indem er seinen Vorgesetzten darüber informiert hat, dass zusätzliche Ressourcen zur Lösung des Vorfalls erforderlich sind.

Frage 275: Welche Funktion ist für das Schließen eines Vorfalldatensatzes verantwortlich?

A. Veranstaltungsmanagement

B. Der Service Desk

C. Entweder der Service Desk oder ein geeigneter externer Techniker

D. Jede geeignete Funktion

Richtige Antwort: B

Erläuterung: Der Service Desk ist für das Schließen eines Vorfalldatensatzes verantwortlich und stellt sicher, dass alle erforderlichen Maßnahmen abgeschlossen wurden.

Frage 276: Was ist der Hauptfokus des Komponentenkapazitätsmanagements?

A. Verwaltung, Kontrolle und Vorhersage der Leistung, Auslastung und Kapazität einzelner Elemente der IT-Technologie

B. Überprüfung aller Kapazitätslieferantenvereinbarungen und Untermauerungsverträge mit dem Lieferantenmanagement

C. Verwaltung, Kontrolle und Vorhersage der End-to-End-Leistung und -Kapazität der laufenden operativen IT-Services

D. Zukünftige Geschäftsanforderungen an IT-Services werden zeitnah quantifiziert, entworfen, geplant und implementiert

Richtige Antwort: C

Erläuterung: Das Hauptaugenmerk des Komponentenkapazitätsmanagements liegt auf der Verwaltung, Steuerung und Vorhersage der End-to-End-Leistung und -Kapazität der laufenden operativen IT-Services.

Frage 277: Was sollte der IT-Service-Continuity-Prozess in erster Linie unterstützen?

A. Kritische IT-Prozesse

B. Alle Leistungen im Leistungsportfolio

C. Strategie zur Aufrechterhaltung des Geschäftsbetriebs

D. Geschäftskritische Dienste in Spitzengeschäftszeiten

Richtige Antwort: C

Erläuterung: Der IT-Service-Continuity-Prozess unterstützt in erster Linie die Business-Continuity-Strategie, um sicherzustellen, dass das Unternehmen kritische Funktionen während Unterbrechungen aufrechterhalten kann.

Frage 278: Was beschreibt die Kunden und Nutzer eines IT-Dienstleisters am besten?

A. Kunden kaufen IT-Dienstleistungen; Benutzer nutzen IT-Dienste

B. Kunden entwerfen IT-Dienstleistungen; Anwender testen IT-Services

C. Kunden verkaufen IT-Dienstleistungen; Anwender verbessern IT-Services

D. Die Kunden einigen sich auf die Service-Levels; Benutzer kaufen IT-Dienstleistungen

Richtige Antwort: A

Erläuterung: Kunden erwerben IT-Services, während Benutzer die Personen sind, die diese IT-Services tatsächlich nutzen.

Frage 279: Was ist die beste Definition eines Lieferanten?

Ein. Ein Dritter, der für die Lieferung von Waren oder Dienstleistungen verantwortlich ist, die für die Erbringung von IT-Dienstleistungen erforderlich sind

B. Eine Shared-Services-Einheit, die für die Bereitstellung von Waren oder Dienstleistungen verantwortlich ist, die für die Erbringung von IT-Services erforderlich sind

C. Ein Dritter, der für die Lieferung von Waren oder Dienstleistungen verantwortlich ist, der durch eine Vereinbarung auf Betriebsebene vereinbart wurde

D. Eine Mischung aus internen und externen Parteien, die für die Bereitstellung von Waren und Dienstleistungen für ihre Kundengruppe verantwortlich sind

Richtige Antwort: D

Erläuterung: Ein Lieferant ist eine Kombination aus internen und externen Parteien, die die notwendigen Waren und Dienstleistungen bereitstellen, um IT-Dienstleistungen für Kunden bereitzustellen.

Frage 280: Was ist eine vorab autorisierte Änderung?

Ein. Eine normale Veränderung

B. Eine rückwirkende Änderung

C. Eine Standardänderung

D. Eine gewöhnliche Änderung

Richtige Antwort: C

Erläuterung: Eine vorab autorisierte Änderung, die in der Regel einem genau definierten Prozess folgt, wird als Standardänderung bezeichnet.

Frage 281: Was ist die beste Beschreibung eines Änderungsvorschlags?

Ein. Jeder Änderungsantrag (RFC), der an das Änderungsmanagement übermittelt wird

B. Eine autorisierte Änderung, die an Release und Bereitstellung übermittelt wird

C. Ein RFC, der so schnell wie möglich implementiert werden muss

D. Eine Begründung für eine Änderung mit erheblichen Kosten oder Risiken

Richtige Antwort: D

Erläuterung: Ein Änderungsvorschlag ist eine Begründung für eine Änderung, die mit erheblichen Kosten oder Risiken verbunden ist, und enthält eine detaillierte Begründung und mögliche Auswirkungen.

Frage 282: Wie nennt man eine Zustandsänderung, die für die Verwaltung eines Configuration Items (CI) von Bedeutung ist?

Ein. Eine Veranstaltung

B. Eine Ausgangsbasis

C. Eine Änderung eines Service Level Agreements

D. Ein Änderungsantrag (RFC)

Richtige Antwort: A

Erläuterung: Eine Zustandsänderung, die sich auf die Verwaltung eines Configuration Items (CI) auswirkt, wird als Ereignis bezeichnet.

Frage 283: Was ist die richtige Definition von Service-Management?

Ein. Eine Reihe spezialisierter Ressourcen für die Überführung von Services in die Live-Betriebsumgebung

B. Eine Reihe spezialisierter organisatorischer Fähigkeiten, um Kunden einen Mehrwert in Form von Dienstleistungen zu bieten

C. Eine Gruppe von Ereignissen, die die Nachfrage von Kunden nach Dienstleistungen erfüllen, die sie erhalten

D. Eine Gruppe von Personen, die Dienste verwaltet, um die Bedürfnisse von Benutzern und Kunden zu erfüllen

Richtige Antwort: B

Erläuterung: Servicemanagement ist definiert als eine Reihe spezialisierter organisatorischer Fähigkeiten, die darauf abzielen, Kunden durch Services einen Mehrwert zu bieten.

Frage 284: Wie werden Gruppen, Teams, Abteilungen und Abteilungen klassifiziert?

A. Prozesse

B. Funktionen

C. Rollen

D. Techniker

Richtige Antwort: B

Erläuterung: Gruppen, Teams, Abteilungen und Abteilungen werden als Funktionen innerhalb einer Organisation klassifiziert.

Frage 285: Dritte, die für die Lieferung von Waren oder Dienstleistungen verantwortlich sind, die für die Erbringung von IT-Dienstleistungen erforderlich sind, werden als welche Stakeholder beschrieben?

A. Externe Kunden

B. Lieferanten

C. Betrieb

D. Externe Berater

Richtige Antwort: B

Erläuterung: Lieferanten sind Dritte, die für die Bereitstellung der Waren oder Dienstleistungen verantwortlich sind, die für die Erbringung von IT-Dienstleistungen erforderlich sind.

Frage 286: Kann der Servicebetrieb die Effizienz im Geschäftsbetrieb durch die Automatisierung gängiger Routinen verbessern?

A. Nein, die Automatisierung gängiger Routinen verbessert die Effektivität, aber nicht die Effizienz.

B. Ja, durch die Automatisierung gängiger Routinen und die Einführung des Service Knowledge Management Systems (SKMS).

C. Ja, durch die Automatisierung gängiger Routinen kann produktiver gearbeitet werden.

D. Nein, die Automatisierung gängiger Routinen führt nur dazu, dass häufige Probleme vermieden werden.

Richtige Antwort: B

Erläuterung: Der Servicebetrieb kann die Geschäftseffizienz steigern, indem allgemeine Routinen automatisiert und das Service Knowledge Management System (SKMS) integriert werden.

Frage 287: Welche Verantwortung liegt in der Verantwortung eines Kunden innerhalb des Service Level Management-Prozesses?

A. Verträge mit Dritten aushandeln

B. Messen der Dienstverfügbarkeit

C. Lieferung von Waren oder Dienstleistungen

D. Vereinbarung von Service-Level-Zielen

Richtige Antwort: D

Erläuterung: Im Rahmen des Service-Level-Management-Prozesses sind die Kunden dafür verantwortlich, die Service-Level-Ziele zu vereinbaren.

Frage 288: Was muss ein Service Level Agreement (SLA) definieren?

A. Rechtsverbindliche vertragliche Verpflichtungen für beide Parteien

B. Rechtsverbindliche vertragliche Pflichten des IT-Dienstleisters

C. Wichtige Serviceziele und Verantwortlichkeiten sowohl des IT-Dienstleisters als auch des Kunden

D. Wichtige Serviceziele und Verantwortlichkeiten des IT-Dienstleisters

Richtige Antwort: C

Erläuterung: Ein Service Level Agreement (SLA) muss die wichtigsten Serviceziele und Verantwortlichkeiten sowohl des IT-Dienstleisters als auch des Kunden definieren.

Frage 289: Was beschreibt am besten eine Situation, in der das Emergency Change Advisory Board (ECAB) eingesetzt wird?

Ein. Nach einem vollständigen Change Advisory Board (CAB) zur Klärung aller ausstehenden Tagesordnungspunkte

B. Während der Haupt- oder Ferienzeiten, wenn Notfälle wahrscheinlicher sind

C. In einer Notsituation, in der es nicht möglich ist, eine vollständige CAB einzuberufen

D. Außerhalb der normalen Arbeitszeiten des Geschäftsbereichs

Richtige Antwort: C

Erläuterung: Das Emergency Change Advisory Board (ECAB) wird in dringenden Situationen eingesetzt, in denen es nicht möglich ist, das gesamte Change Advisory Board (CAB) zusammenzustellen.

Frage 290: Woran haben Kunden kein Eigentum, wenn sie einen Mehrwert aus Dienstleistungen erhalten?

A. Spezifische Kosten und Ergebnisse

B. Spezifische Kosten und Risiken

C. Spezifische Risiken und Auswirkungen

D. Spezifische Ergebnisse und Auswirkungen

Richtige Antwort: C

Erläuterung: Kunden besitzen keine spezifischen Risiken und Auswirkungen, wenn sie einen Mehrwert aus Dienstleistungen erhalten.

Frage 291: Welche Aussage über Service Asset and Configuration Management (SACM) ist falsch?

Ein. Der Umfang von SACM umfasst die Verwaltung des gesamten Lebenszyklus jedes Configuration Items (CI)

B. Konfigurations-Baselines und -Versionen werden von SACM erstellt

C. SACM unterhält ein genaues und vollständiges Konfigurationsmanagementsystem (CMS)

D. Alle Änderungen an CIs werden von SACM genehmigt

Richtige Antwort: B

Erläuterung: Die Aussage, dass SACM Konfigurationsbaselines und -versionen erstellt, ist falsch. SACM verwaltet den Lebenszyklus von CIs, pflegt ein genaues CMS und stellt sicher, dass alle Änderungen an CIs autorisiert sind.

Frage 292: Was beschreibt den Zweck des CSI-Registers am besten?

Ein. Um alle Verbesserungsmöglichkeiten zu erfassen, aufzuzeichnen und zu priorisieren

B. So speichern Sie Details zu allen Komponenten-CIs und ihren Schnittstellen

C. Ein zentrales Repository für alle Informationen im Zusammenhang mit dem IT-Service-Management zu sein

D. Um Details zu allen Live-Diensten und ihren Dienstzielen aufzuzeichnen

Richtige Antwort: A

Erläuterung: Der Zweck des CSI-Registers besteht darin, alle Verbesserungsmöglichkeiten innerhalb der Organisation zu erfassen, zu dokumentieren und zu priorisieren.

Frage 293: Was sind die Ziele des Problemmanagements?

1. Eliminieren Sie wiederkehrende Vorfälle
2. Minimieren Sie die Auswirkungen von Vorfällen, die nicht verhindert werden können
3. Erhöhen Sie die Sichtbarkeit und Kommunikation von Vorfällen
4. Geben Sie einen Auslöser für die Meldung von Vorfällen an

A. 1 und 2

B. 2 und 3

C. 3 und 4

D. 1 und 4

Richtige Antwort: A

Erläuterung: Die Hauptziele des Problemmanagements bestehen darin, wiederkehrende Vorfälle zu eliminieren und die Auswirkungen von Vorfällen zu minimieren, die nicht verhindert werden können.

Frage 294: Was sind Beispiele für "Engagement", "Planen" und "Verbessern"?

A. Aktivitäten in der Dienstleistungswertschöpfungskette

B. Verwaltung des Service-Levels

C. Inputs für die Dienstleistungswertschöpfungskette

D. Änderungskontrolle

Richtige Antwort: A

Erläuterung: "Engagieren", "Planen" und "Verbessern" sind Beispiele für Aktivitäten in der Service-Wertschöpfungskette innerhalb des ITIL-Frameworks.

Frage 295: Welche Aussage über die Ergebnisse ist richtig?

Ein. Ein Ergebnis kann durch mehr als eine Ausgabe aktiviert werden

B. Ergebnisse sind die Leistung des Dienstes

C. Eine Ausgabe kann durch ein oder mehrere Ergebnisse aktiviert werden

D. Ein Ergebnis ist eine materielle oder immaterielle Aktivität

Richtige Antwort: A

Erläuterung: Ergebnisse können durch mehrere Ausgaben ermöglicht werden, was ihre Vernetzung bei der Leistungserbringung zeigt.

Frage 296: Welche Aussage über Service Desks ist richtig?

Ein. Der Service Desk sollte eng mit Support- und Entwicklungsteams zusammenarbeiten

B. Der Service Desk sollte sich auf Selfservice-Portale verlassen, anstatt auf Eskalation zu Support-Teams

C. Der Service Desk sollte von den technischen Supportteams isoliert bleiben

D. Der Service Desk sollte alle technischen Probleme an Support- und Entwicklungsteams weiterleiten

Richtige Antwort: A

Erläuterung: Service Desks sollten eng mit Support- und Entwicklungsteams zusammenarbeiten, um eine effiziente Problemlösung zu gewährleisten.

Frage 297: Was ist kein Bestandteil des Dienstleistungswertsystems?

Ein. Die Leitprinzipien

B. Governance

C. Praktiken

D. Die vier Dimensionen des Dienstleistungsmanagements

Richtige Antwort: D

Erläuterung: Die vier Dimensionen des Service-Managements sind kein Bestandteil des Service-Wertesystems; sie sind Teil des breiteren ITIL-Frameworks.

Frage 298: Welche Aussage über die Schritte zur Erfüllung einer Serviceanfrage ist richtig?

Ein. Sie sollten komplex und detailliert sein

B. Sie sollten bekannt und bewährt sein

C. Sie sollten die Behandlung von Vorfällen beinhalten

D. Sie sollten kurz und einfach sein

Richtige Antwort: B

Erläuterung: Schritte zur Erfüllung einer Serviceanfrage sollten bekannt und bewährt sein, um Zuverlässigkeit und Effizienz zu gewährleisten.

Frage 299: Was ist definiert als Ursache oder potenzielle Ursache für einen oder mehrere Vorfälle?

A. Änderung

B. Veranstaltung

C. Bekannter Fehler

D. Problemstellung

Richtige Antwort: D

Erläuterung: Ein Problem wird als Ursache oder potenzielle Ursache für einen oder mehrere Vorfälle identifiziert.

Frage 300: Welcher Leitsatz empfiehlt, Aktivitäten zu eliminieren, die nicht zur Wertschöpfung beitragen?

A. Beginnen Sie dort, wo Sie sind

B. Zusammenarbeit und Förderung der Sichtbarkeit

C. Halten Sie es einfach und praktisch

D. Optimieren und automatisieren

Richtige Antwort: C

Erläuterung: Der Leitsatz "Keep it simple and practical" schlägt vor, Aktivitäten zu entfernen, die keinen Mehrwert bieten.

Frage 301: Wann sollte die Wirksamkeit einer Problemumgehung bewertet werden?

A. Wenn die Problemumgehung verwendet wird

B. Wenn das Problem behoben ist

C. Immer dann, wenn die Problemumgehung zu einem bekannten Fehler wird

D. Wann immer das Problem priorisiert wird

Richtige Antwort: A

Erläuterung: Die Wirksamkeit einer Problemumgehung sollte jedes Mal bewertet werden, wenn die Problemumgehung verwendet wird.

Frage 302: Identifizieren Sie das fehlende Wort im folgenden Satz: Eine Änderung ist definiert als das Hinzufügen, Ändern oder Entfernen von allem, was sich direkt oder indirekt auf [?] auswirken könnte.

A. Aktiva

B. Werte

C. Elemente

D. Dienstleistungen

Richtige Antwort: D

Erläuterung: Eine Änderung ist definiert als das Hinzufügen, Ändern oder Entfernen von Gegenständen, die sich direkt oder indirekt auf Dienste auswirken könnten.

Frage 303: Was ist der Zweck der Praxis des "Einsatzmanagements"?

Ein. Um sicherzustellen, dass die Dienstleistungen die vereinbarte und erwartete Leistung erreichen

B. Um neue oder geänderte Dienste zur Nutzung bereitzustellen

C. So verschieben Sie neue oder geänderte Komponenten in Live-Umgebungen

D. Festlegung klarer geschäftsbezogener Ziele für die Serviceleistung

Richtige Antwort: C

Erläuterung: Der Zweck der "Bereitstellungsverwaltung" besteht darin, neue oder geänderte Komponenten in Live-Umgebungen zu übertragen.

Frage 304: Was ist ein Beispiel für eine Serviceanfrage?

A. Anfordern einer Problemumgehung für ein Problem

B. Anfordern von Informationen zum Erstellen eines Dokuments

C. Anfordern einer Erweiterung einer Anwendung

D. Antrag auf Untersuchung eines beeinträchtigten Dienstes

Richtige Antwort: B

Erläuterung: Eine Serviceanfrage kann beispielhaft dargestellt werden, indem Sie nach Informationen zum Erstellen eines Dokuments fragen.

Frage 305: Identifizieren Sie das fehlende Wort im folgenden Satz: Der Zweck der Lieferantenmanagementpraxis besteht darin, sicherzustellen, dass die Lieferanten der Organisation und ihre [?] angemessen verwaltet werden, um die nahtlose Bereitstellung von Qualitätsprodukten und -dienstleistungen zu unterstützen.

A. Kosten

B. Benutzer

C. Wert

D. Leistungen

Richtige Antwort: D

Erläuterung: Die Lieferantenmanagementpraxis zielt darauf ab, sicherzustellen, dass Lieferanten und ihre Leistungen angemessen verwaltet werden, um die nahtlose Lieferung von Qualitätsprodukten und -dienstleistungen zu unterstützen.

Frage 306: Was ist eine Empfehlung des Leitprinzips "Fokus auf Werte"?

A. Machen Sie den "Fokus auf den Wert" zu einer Verantwortung des Managements

B. Konzentrieren Sie sich zuerst auf den Wert neuer und bedeutender Projekte

C. Konzentrieren Sie sich zuerst auf den Wert für den Dienstleister

D. Konzentrieren Sie sich bei jedem Schritt der Verbesserung auf den Wert

Richtige Antwort: D

Erläuterung: Der Leitsatz "Fokus auf den Wert" empfiehlt, sich bei jedem Schritt des Verbesserungsprozesses auf den Wert zu konzentrieren.

Frage 307: Welcher Leitsatz empfiehlt die Standardisierung und Rationalisierung manueller Aufgaben?

A. Optimieren und automatisieren

B. Zusammenarbeit und Förderung der Sichtbarkeit

C. Fokus auf Wert

D. Ganzheitlich denken und arbeiten

Richtige Antwort: A

Erläuterung: Der Leitgedanke "Optimieren und automatisieren" schlägt vor, manuelle Aufgaben zu standardisieren und zu rationalisieren, um die Effizienz zu steigern.

Frage 308: Was beschreibt eine Reihe definierter Schritte zur Implementierung von Verbesserungen?

Ein. Die Aktivität "verbessern" der Wertschöpfungskette

B. Das "Register der kontinuierlichen Verbesserung"

C. Das "Modell der kontinuierlichen Verbesserung"

D. Die Aktivität "Engage" in der Wertschöpfungskette

Richtige Antwort: C

Erläuterung: Das "Modell der kontinuierlichen Verbesserung" beschreibt eine Reihe definierter Schritte zur Umsetzung von Verbesserungen.

Frage 309: Was ist eine wichtige Voraussetzung für ein erfolgreiches Service Level Agreement?

Ein. Es sollte in Rechtssprache verfasst sein

B. Es sollte einfach geschrieben und leicht verständlich sein

C. Es sollte auf der Sicht des Diensteanbieters auf den Dienst basieren

D. Es sollte sich auf einfache operative Kennzahlen beziehen

Richtige Antwort: B

Erläuterung: Ein erfolgreiches Service Level Agreement sollte einfach und klar formuliert sein, damit es leicht verständlich ist.

Frage 310: Welcher Ansatz zur Bewertung des aktuellen Zustands eines Dienstes ist bei der Planung einer "kontinuierlichen Verbesserung" richtig?

Ein. Ein Unternehmen sollte immer eine einzige Technik verwenden, um sicherzustellen, dass die Metriken konsistent sind.

B. Ein Unternehmen sollte immer eine SWOT-Analyse (Stärken, Schwächen, Chancen und Bedrohungen) verwenden.

C. Eine Organisation sollte immer Kompetenzen in Methoden und Techniken entwickeln, die ihren Bedürfnissen entsprechen.

D. Ein Unternehmen sollte immer einen Ansatz verwenden, der Lean-, Agile- und DevOps-Methoden kombiniert.

Richtige Antwort: C

Erläuterung: Bei der Planung einer "kontinuierlichen Verbesserung" sollten Unternehmen Fähigkeiten in Methoden und Techniken entwickeln, die auf ihre spezifischen Bedürfnisse zugeschnitten sind.

Frage 311: Welche beiden Aussagen über die Kultur einer Organisation sind richtig?

1. Es entsteht aus gemeinsamen Werten, die auf der Art und Weise basieren, wie es seine Arbeit ausführt.

2. Sie wird durch die Art der Technologie bestimmt, die zur Unterstützung der Dienste verwendet wird.

3. Es sollte auf der Kultur potenzieller Lieferanten basieren.

4. Es sollte auf den Zielen der Organisation basieren.

A. 1 und 2

B. 2 und 3

C. 3 und 4

D. 1 und 4

Richtige Antwort: D

Erläuterung: Die Kultur einer Organisation wird durch gemeinsame Werte geformt und sollte mit den Zielen der Organisation übereinstimmen.

Frage 312: Wann sollte ein Änderungsantrag eingereicht werden, um ein Problem zu lösen?

Ein. Sobald eine Lösung für das Problem gefunden wurde

B. Sobald ein Workaround für das Problem gefunden wurde

C. Sobald die Analyse der Häufigkeit und der Auswirkungen von Sicherheitsvorfällen die Änderung rechtfertigt

D. Sobald die Analyse von Kosten, Risiken und Nutzen die Änderung rechtfertigt

Richtige Antwort: D

Erläuterung: Ein Änderungsantrag sollte eingereicht werden, wenn eine Kosten-, Risiko- und Nutzenanalyse die Änderung rechtfertigt.

Frage 313: Welcher Leitsatz trägt dazu bei, dass bessere Informationen für die Entscheidungsfindung zur Verfügung stehen?

A. Halten Sie es einfach und praktisch

B. Ganzheitlich denken und arbeiten

C. Optimieren und automatisieren

D. Zusammenarbeit und Förderung der Sichtbarkeit

Richtige Antwort: D

Erläuterung: Der Leitgedanke "Collaborate and promote visibility" stellt sicher, dass bessere Informationen zur Verfügung stehen, um fundierte Entscheidungen zu treffen.

Frage 314: Welche Praxis hat einen Zweck, der die Beobachtung eines Dienstes umfasst, um ausgewählte Zustandsänderungen zu melden, die als Ereignisse identifiziert wurden?

A. Informationssicherheitsmanagement

B. Überwachung und Ereignismanagement

C. Management von Vorfällen

D. Änderungskontrolle

Richtige Antwort: B

Erläuterung: Die Überwachung und Ereignisverwaltung umfasst die Beobachtung eines Dienstes, um ausgewählte Zustandsänderungen zu melden, die als Ereignisse identifiziert wurden.

Frage 315: Was beschreibt eine Standardänderung?

Ein. Eine Änderung, die nach einem definierten Prozess geplant, bewertet und genehmigt werden muss

B. Eine Änderung, die in der Regel als Serviceanforderung implementiert wird

C. Eine risikoreiche Änderung, die eine sehr gründliche Bewertung erfordert

D. Eine Änderung, die so schnell wie möglich umgesetzt werden muss

Richtige Antwort: B

Erläuterung: Eine Standardänderung wird in der Regel als Serviceanfrage implementiert und folgt einem vorab autorisierten Verfahren mit geringem Risiko.

Frage 316: Wie tragen Informationen über Probleme und bekannte Fehler zum "Incident Management" bei?

Ein. Es ermöglicht eine schnelle und effiziente Diagnose von Vorfällen

B. Es macht regelmäßige Kundenaktualisierungen überflüssig

C. Es macht die Zusammenarbeit bei der Lösung von Vorfällen überflüssig

D. Es ermöglicht die Neubewertung bekannter Fehler

Richtige Antwort: A

Erläuterung: Informationen über Probleme und bekannte Fehler helfen bei der schnellen und effizienten Diagnose von Vorfällen.

Frage 317: Welche Praxis besitzt und verwaltet Probleme, Anfragen und Anfragen von Benutzern?

A. Management von Vorfällen

B. Service-Desk

C. Änderungskontrolle

D. Problemmanagement

Richtige Antwort: B

Erläuterung: Die Service Desk-Praxis ist für die Verwaltung von Problemen, Abfragen und Anfragen von Benutzern verantwortlich.

Frage 318: Was definiert die Anforderungen an einen Dienst und übernimmt die Verantwortung für die Ergebnisse des Dienstverbrauchs?

Ein. Ein IT-Asset

B. Ein Kunde

C. Ein Configuration Item (CI)

D. Ein Benutzer

Richtige Antwort: B

Erläuterung: Ein Kunde definiert die Anforderungen an einen Service und übernimmt die Verantwortung für die Ergebnisse des Serviceverbrauchs.

Frage 319: Welche Stakeholder schaffen gemeinsam Wert in einer Servicebeziehung?

A. Investor und Lieferant

B. Verbraucher und Anbieter

C. Anbieter und Lieferant

D. Investor und Verbraucher

Richtige Antwort: B

Erläuterung: In einer Dienstleistungsbeziehung wird der Wert zwischen dem Verbraucher und dem Anbieter gemeinsam geschaffen.

Frage 320: Was beschreibt normale Veränderungen?

A. Änderungen, die risikoarm und vorab autorisiert sind

B. Änderungen, die nach einem Prozess geplant und bewertet werden müssen

C. Änderungen, die in der Regel als Serviceanforderungen initiiert werden

D. Änderungen, die so schnell wie möglich umgesetzt werden müssen

Richtige Antwort: B

Erläuterung: Normale Änderungen sind solche, die nach einem definierten Prozess geplant und bewertet werden müssen.

Frage 321: Was ist das erwartete Ergebnis der Nutzung einer Service-Wertschöpfungskette?

A. Wertströme von Dienstleistungen

B. Kundenbindung

C. Wertverwertung

D. Zur Anwendung der Praktiken

Richtige Antwort: C

Erläuterung: Das erwartete Ergebnis der Nutzung einer Service-Wertschöpfungskette ist die Realisierung von Werten für die Kunden und Stakeholder.

Frage 322: Was wird durch das Dienstleistungswertsystem beschrieben?

Ein. Wie alle Komponenten und Aktivitäten der Organisation als System zusammenarbeiten, um die Wertschöpfung zu ermöglichen

B. Dienstleistungen, die auf einem oder mehreren Produkten basieren und auf die Bedürfnisse einer Zielgruppe zugeschnitten sind

C. Gemeinsame Aktivitäten eines Dienstleisters und eines Dienstleistungsverbrauchers zur Sicherstellung einer kontinuierlichen gemeinsamen Wertschöpfung

D. Wie man den Systemansatz des Leitgedankens ganzheitlich anwendet Denken und Arbeiten

Richtige Antwort: A

Erläuterung: Das Service-Wertesystem beschreibt, wie die Komponenten und Aktivitäten einer Organisation zusammenhängend zusammenarbeiten, um die Wertschöpfung zu ermöglichen.

Frage 323: Was ist definiert als eine Komponente, die verwaltet werden muss, um einen IT-Service bereitzustellen?

Ein. Eine Serviceanfrage

B. Ein Configuration Item (CI)

C. Ein Vorfall

D. Ein IT-Asset

Richtige Antwort: B

Erläuterung: Ein Configuration Item (CI) ist definiert als jede Komponente, die verwaltet werden muss, um einen IT-Service bereitzustellen.

Frage 324: Welcher Leitsatz empfiehlt, die Mindestanzahl von Schritten zu verwenden, die zur Erreichung eines Ziels erforderlich sind?

A. Iterativ mit Feedback voranschreiten

B. Fokus auf Wert

C. Ganzheitlich denken und arbeiten

D. Halten Sie es einfach und praktisch

Richtige Antwort: D

Erläuterung: Der Leitsatz "Keep it simple and practical" schlägt vor, die wenigsten Schritte zu verwenden, die notwendig sind, um ein Ziel zu erreichen.

Frage 325: Welche beiden Aussagen über die Praxis des "Service Request Management" sind richtig?

1. Serviceanfragen sind Teil der normalen Servicebereitstellung
2. Beschwerden können als Serviceanfragen behandelt werden
3. Serviceanfragen resultieren aus einem Serviceausfall
4. Normale Änderungen sollten als Serviceanfragen behandelt werden

A. 1 und 2
B. 2 und 3
C. 3 und 4
D. 1 und 4

Richtige Antwort: A

Erläuterung: Serviceanfragen sind Teil der normalen Servicebereitstellung, und Beschwerden können als Serviceanfragen bearbeitet werden.

Frage 326: Welche Dimension umfasst ein Workflow-Management-System?

A. Organisationen und Personen

B. Partner und Lieferanten

C. Information und Technologie

D. Wertströme und Prozesse

Richtige Antwort: D

Erläuterung: Die Dimension, die ein Workflow-Management-System umfasst, ist "Wertströme und Prozesse".

Frage 327: Identifizieren Sie das fehlende Wort im folgenden Satz: Eine Dienstleistung ist ein Mittel, um die Wertschöpfung zu ermöglichen, indem sie die Ergebnisse erleichtert, die Kunden erreichen möchten, ohne dass der Kunde bestimmte [?] und Risiken verwalten muss.

A. Informationen

B. Kosten

C. Nutzen

D. Gewährleistung

Richtige Antwort: B

Erläuterung: Ein Service ermöglicht die von den Kunden gewünschten Ergebnisse, ohne dass sie bestimmte Kosten und Risiken verwalten müssen.

Frage 328: Identifizieren Sie das fehlende Wort im folgenden Satz: Die Verwendung von [?] sollte das Beobachtete unterstützen, nicht ersetzen, wenn das Leitprinzip "Beginnen Sie dort, wo Sie sind" verwendet wird.

A. Messung

B. Werkzeuge

C. Pläne

D. Prozess

Richtige Antwort: A

Erläuterung: Bei der Anwendung des Leitprinzips "Beginnen Sie dort, wo Sie sind" sollte die Verwendung von Messungen die Beobachtungen ergänzen und unterstützen, anstatt sie zu ersetzen.

Frage 329: Wie sollte die Automatisierung implementiert werden?

Ein. Indem menschliche Eingriffe ersetzt werden, wo immer dies möglich ist

B. Indem Sie zuerst die vorhandenen Werkzeuge austauschen

C. Indem wir uns zunächst auf die komplexesten Aufgaben konzentrieren

D. Indem Sie zuerst so viel wie möglich optimieren

Richtige Antwort: A

Erläuterung: Die Automatisierung sollte implementiert werden, indem menschliche Eingriffe ersetzt werden, wo immer dies möglich ist, um die Effizienz zu steigern und Fehler zu reduzieren.

Frage 330: Welche Kompetenzen werden von der Praxis des "Service Level Managements" verlangt?

A. Problemuntersuchung und -lösung

B. Unternehmensanalyse und kaufmännische Betriebsführung

C. Analyse und Priorisierung von Vorfällen

D. Balanced Scorecard-Überprüfungen und Reifegradbewertung

Erläuterung: Die Praxis des "Service Level Managements" erfordert Kompetenzen in der Geschäftsanalyse und im kaufmännischen Management, um sicherzustellen, dass die Dienstleistungen den vereinbarten Standards und Geschäftsanforderungen entsprechen.

Frage 331: Welche Aussage über die Kosten ist richtig?

A. Kosten, die dem Verbraucher auferlegt werden, sind Kosten für die Dienstleistung

B. Kosten, die dem Verbraucher abgenommen werden, sind Teil des Wertversprechens

C. Kosten, die dem Verbraucher auferlegt werden, sind Kosten für die Servicegarantie

D. Kosten, die dem Verbraucher entzogen werden, sind Teil des Dienstleistungsverbrauchs

Richtige Antwort: B

Erläuterung: Kosten, die dem Verbraucher entzogen werden, werden als Teil des Wertversprechens betrachtet und erhöhen den wahrgenommenen Wert der Dienstleistung.

www.ingramcontent.com/pod-product-compliance
Lightning Source LLC
Chambersburg PA
CBHW082232220526
45479CB00005B/1205